寡占・日本の新聞産業

――形成・構造・行動――

林　立　雄

溪水社

まえがき

　日本の新聞産業は、供給寡占である。供給寡占では同一産業に参加する少数の企業の製品が、市場占有率の大部分を占める。公正取引委員会は1980年7月、読売、朝日、毎日、産経、日経の一般日刊全国新聞紙5紙を寡占業種に指定した。80年当時、一般日刊紙の総発行部数4,639万部。5紙の合計部数は2,423万部、市場占有率52.2％で過半数を超えていた。特に、読売、朝日の上位2紙の集中度は高く、全国紙の総部数のうち65.5％を占めた。
　5紙は80年まで、4回同調的値上げした。このように、新聞産業には寡占的市場構造・協調的行動がみられ、定価が同調的・下方硬直的に設定されるなどブランド間の価格競争は活発でない――それが寡占業種に指定された理由だった。80年以後も、全国紙は4回同調的値上げを繰り返した。全国紙に追随して、北海道新聞、中日新聞、西日本新聞のブロック紙3紙と一県一紙の地方紙も、ほぼ同じ時期に同じ値上げ幅で購読料を改定した。新聞業界が、協調的寡占体制の特性である「横のカルテル」―「暗黙の了解」に基づく同調的価格改定行動をとることについては、「Ⅴ．新聞購読料」で、取り上げた。
　横のカルテルに対して、「縦のカルテル」と呼ばれるのが、再販売価格維持制度。日本の独占禁止法は、著作物である新聞を同法の適用除外「再販売価格維持制度」の対象としている。日本の新聞市場は、縦・横のカルテルの結合によって協調的寡占体制を維持した。協調的寡占体制の新聞産業は、戦時統制から解かれてから02年現在まで、法規によって規制されることはなかった。それどころか、新聞業界は、護送船団方式の中で種々の優遇措置と保護の恩典を享受してきた。その状況は、「Ⅰ．新聞・商品特性　2．新聞界『護送船団方式』」に記述した。

なかでも、法定再販制度は、協調的寡占体制の新聞産業の支柱的役割を果たした。法定再販制度によって、新聞メーカーの新聞社は系統販売店と片務的契約を結び、新聞社が指定する価格で商品＝新聞を売らせることができる。系統販売店は、クローズド・テリトリー制＝1地域1店の責任区域制を厳守し、区域内の読者と月ぎめ予約販売・戸別配達の契約をする。日本では、新聞読者の93％は販売店経由の定期購読者。そのうちの98％は宅配。

　マスコミの多メディア・多チャンネル化が進展し、古典的活字メディアの新聞離れ現象が目立ってきた。普及率は漸減傾向にある。日本経済の長期不況で、購読料値上げに踏み切れず、広告収入も減少を続け、新聞産業は閉塞状態にある。それでも、99年現在、1世帯当たり部数1.15部。世界1位を保っている。

　新聞業界は、再販制度に支えられた戸別配達制度こそが高い普及率を維持しているのだ、と強調する。戸別配達制度と再販制度は表裏一体の関係にあると主張する新聞協会、それに対して、戸別配達と再販制は無関係だ、と反駁する公取委との10年余にわたる抗論は、「Ⅳ．当面存置『再販売制度』」に詳述した。

　89年の日米構造問題協議に端を発した政府の規制緩和政策に沿って、公取委は著作物のカルテル適用除外法＝再販制度を廃止しようと目論み、「政府規制等と競争政策研究会」とその下部研究会「再販制度検討小委員会」を設けて、新聞産業の構造と市場行動を調査・検討作業を進め、新聞産業が内包する問題点を摘出しては、順次報告した。

　日本新聞協会も再販対策特別委員会を設けて、公取委の再販検討に対応し、再販維持のため政治的工作をし、行動をとった。00年度末、公取委が公表した結論は、「当面、再販制度存続」。新聞業界が、高普及率確保の決め手だ、と強調する戸別配達を裏づける再販制度は、「パンドラの匣」に封印。だが、再販制度と3点セットとされていた景品付き・割引き販売規制は解禁され、再販制度の効力は弱くなった。公取委は、新聞業界の再販制度運用や流通の

まえがき

　状況によっては、「パンドラの匣」の蓋に手をかけるという姿勢を崩していない。その緊張関係も記録しておいた。ついでに、余分な説明を付け加えると、表紙の図柄は、「パンドラの匣」をデザインしたものだ。
　新聞協会は、全国紙、ブロック紙、地方紙ともに加盟している業界団体だ。ところで、それら各紙で構成されるで販売市場は、二重構造である。読売、朝日、毎日、日経は同一題字の新聞を、東京、大阪、福岡県など複数の発行本社で制作し、全国同一価格で販売する。全国紙と名づけられる4紙の全国市場が成り立っている。もう一つ、府県圏域を商圏とする県紙と称される地方紙が存在する。第2次大戦中、政府は新聞統制するため強権を発動して、各県内に数多く存在した地方紙や地域紙を「一県一紙」に整理統合した。その一県一紙が現存する県紙の原型である。「Ⅱ．官制二重構造市場形成　1．戦時統合『一県一紙』」で、その県紙が形づくられる過程を記録した。

　二重構造での全国紙と地方紙の対抗関係について、新聞協会再販対策特別委員会委員長でもある読売新聞社長の渡邉恒雄は、96年6月に開かれた衆院規制緩和特別委員会で、全国紙5紙の寡占業種指定に関連づけて、こうコメントした。「公取委は一片の告示で『一般日刊全国新聞』として5紙を指定した。しかし、地方紙が70〜90％の普及率をもっているところでは、全国紙は3〜5％くらいしかシェアがない。現在、どの地域でも地方紙を含め多数発行されている。全国紙だけ特殊にみられるのは反対だ」。確かに多くの府県圏域では、地元紙が地域独占ないしガリバー型寡占体制にある。
　地方紙のうち、発行本社所在地の県だけではなく、周辺の複数の県にも販売エリアを広げている中日、西日本の両紙と商圏が広く、発行部数が多い北海道（道新）の3紙を、特にブロック紙と呼ぶ。日本特有の呼称だ。中日は愛知県の、西日本は福岡県の地元紙として、全国紙から報道・販売の攻勢をかけられている。一方、ブロック紙として、周辺各県に進出し、地元各県紙に攻勢をかける。その攻防の様相を「Ⅰ．新聞・商品特性　4．ヤヌスの貌『ブロック紙』」で描いた。

道新は、道内で地域紙「函館新聞」と局地戦を演じている。協調的寡占体制の新聞産業に新規参入し、成功した例は稀だ。97年、函館新聞が創刊。道新は、「函館新聞」と同一題字を登録商標出願して、夕刊に情報紙「函館新聞」を折り込んで配布したり、時事通信社に新規「函館新聞」に配信しないよう働けかけるなど新規参入を妨害したとして、98年公取委から排除勧告を受け、独占禁止法違反が確定した。函館新聞は函館市場参入を果たした。函館新聞には北海道の有力地域紙・十勝毎日が出資し、全国紙の読売、朝日、毎日がニュース提供、販売面などで支援を始めた。地域紙と全国紙に挟撃された道新の状況についても「Ⅰ．新聞・商品特性　５．新規参入・退出」で紹介した。

　読売は02年7月、持ち株会社をつくった。持ち株会社の下に、東京、大阪、西部の読売新聞3社と東京読売巨人軍の4社がぶらさがる。持ち株会社体制移行で「予想されるのが、米国のようなシンジケート型での、ニュース配信による地方紙の系列化だ。読売はすでに北海道の十勝毎日など多くの地方紙にニュースを供与しているが、持ち株会社となれば地方紙を買収してグループに組み入れることが簡単になる」（「FORESIGHT」02年5月号「読売『持ち株会社』移行で地方紙大買収がはじまる？」）。函館新聞の新規参入、それに伴う全国紙の地域紙支援方策は、21世紀には激化するといわれる「新聞大競争時代」の戦略―合従連衡のモデルをイメージできるのではなかろうか。
　全国紙とブロック紙・地方紙の商圏は重なる。府県圏域に限ってみると、衆院規制緩和特別委員会で読売新聞社長・渡邉恒雄がコメントしたように、地方紙＝県紙の多くは県域市場で圧倒的な占有率を維持し、全国紙の再進出を拒んでいる。
　経済学では、寡占をこう解説する。寡占とは―自由競争の優勝劣敗の結果、少数の大企業が生き残る。寡占産業のお利口な大企業同士は、産業全体が有利だと、みてとると、競争を一時休戦して、協調的寡占体制を構える。価格競争を避け、同調的価格改定をはかる、と。

ところが、全国紙の寡占化、地方紙の地域独占化は自由競争が転化したものではない。人為的な寡占化、それに地域独占化だ。官制の二重構造市場である。第2次大戦中、政府は国家総動員法の一環として、新聞統制を強行した。統制措置として日華事変前の37年、全国で13,075社もあった新聞社は、太平洋戦争開戦後の42年には54紙に整理統合されていた。全国紙が朝日、毎日、読売の3紙、経済・業界紙が日本産業経済（東京）、産業経済（大阪）の2紙。

　地方紙の一県一紙体制を徹底化した。戦時統制によって、新聞は表現の自由を失ったが、半面、地方紙にとっては、大きな戦時メリットがもたらされた。県内の狭い市場に数万から数千部程度の地方紙と地域紙が乱立して、営利事業として成り立たないよう不安定な経営を続ける新聞社の方が多かった。内閣情報局の主導、各県知事に仲介による新聞の整理統合で複数の零細・中小紙の資本・人材が集中され、設備・技術の集約化された。強権によって地方新聞企業が近代化したのである。現在の一県一紙の経営基盤は戦時政権によって形づくられた。その過程は、「Ⅱ．官制二重構造市場形成　1．戦時統合『一県一紙』」で言及。小磯内閣は、敗戦5月前の45年3月、アメリカ軍の本土攻撃で輸送・通信網が寸断されるのに備えて、新聞非常態勢措置を閣議決定した。全国紙の各県での全販売部数を一県一紙に譲渡する「持分合同」と呼ばれた戦時措置である。半年間ではあったが、朝日、毎日、読売の全国紙は東京、大阪、福岡周辺以外の同府県で姿を消した。各県域市場は、地元紙の独占市場と化した。敗戦直前の半年間に各地方紙は、自紙の独占販売体制を固め、戦後半世紀にわたって高普及率を確保している。その間に事情は「Ⅱ．官制二重構造市場形成　3．統制極め付け『持分合同』」でみておいた。

　一方、朝日、読売の全国紙は、戦時措置「持分合同」で地方紙に譲渡せざるをえなかった地方市場の部数の回復を経営戦略に据えて、地方紙と地方紙にニュース原稿を供給する共同通信に、戦後半世紀余にわたって、攻勢をか

けている。対共同通信攻勢の様相を「Ⅲ.『共同・地方紙連合』対『全国紙枢軸』」で記述した。

衆院規制緩和特別委員会で、新聞の再販制が論議された 96 年当時、日刊紙 (121 紙) 総発行部数は、5,356 万部。このうち朝刊部数は 4,726 万部。寡占業種指定の全国新聞紙 5 紙の朝刊部数は、①読売 1,020 万部 (総部数に占める比率 21.6 %) ②朝日 832 万部 (同 17.6 %) ③毎日 396 万部 (同 8.4 %) ④日経 299 万部 (同 6.3 %) ⑤産経 194 万部 (同 4.1 %)。5 紙の朝刊合計部数 2,741 万部は、総部数のうちの 58.0 % を占める。全国市場は、全国紙の寡占である。

読売の総部数は、94 年 5 月度の ABC (Audit Bureau Circulation、発行部数考査) で 1,000 万部を突破し、ギネスが発行部数世界一を認定した。戦前戦後部数 1 位を維持してきた朝日は読売に抜かれたが、800 万部を超える。読売、朝日の発行部数は世界でも 1、2 位である。読売、朝日両社の市場占有率を合わせると、40 % 近くを占める。複占化している。25 もの県圏市場では、地方紙が 50 % 以上のシェアを確保し、その残りの大部分を読売、朝日両紙が分け合う紙勢分布状態にある。戦前戦後、朝日と並ぶ二大紙とされた「毎日新聞の経営危機が誰の目にもわかる形で表面化したのは 1974 (昭和 49) 年のことである」(毎日新聞 130 年史刊行委員会『毎日の 3 世紀』毎日新聞社、02 年)。石油ショック後の 77 年には経営悪化の挙げ句、新社を設立して赤字経営の旧社の題字、従業員を引き継ぎ、経営危機を回避している間に、読売、朝日との販売競争に立ち後れ、両紙と格段の格差をつけられた。

経済紙・日経は、政治経済一極集中の東京市場では読売、朝日に次いで 3 位。県圏市場では、有力地方紙十数社に委託印刷し、その地方紙の販売店が抱き合わせて宅配する方式をとり、併読紙として売ってきた。

最下位の産経は山口県以西には支社局など取材拠点と専売店を設けず、全国紙としての経営システムを布いていない。産経はもともと大阪の新聞。東京市場では、伸び悩み続けた。格付けは全国紙だが、全国で販売部数が 1 万部を超える都道府県は 9 府県だけである。「部数的には、どう見ても『全国紙』とは言い難い」(「THEMIS」01 年 11 月号『『産経が値下げ競争』の口火を切った」)

と、産経広報部自らが認めるようなムラのある紙勢分布だ。

　産経は73年、紙面に「正論」欄を設け、右寄り路線を明確にした。日本の新聞は、主義主張を押し出した政論新聞時代が終わった明治末期から大正時代にかけて、商業新聞に性格を切り替えた。経営方針として、幅広い読者を獲得するため、「不偏不党」「中立公正」を編集方針に掲げる新聞社が多くなった。さらに、第2次大戦中は、大本営発表に代表される省庁発表の統一ニュースが全紙の紙面を埋めた。戦後も、横並び発表ジャーナリズムと批判される記者クラブでの記者会見やニュースソース提供の情報が紙面の大半を占める（「Ⅵ. 情報カルテル・記者クラブ」参照）。

　売手が生産し、販売する商品が買手にとって同質なものを完全寡占という。産経が右寄り論調を打ち出す70年代前半まで、各紙そろって発表ジャーナリズムの記者クラブを主要ニュース供給源とする新聞は完全寡占化した商品であった。80年代前半、読売が産経路線に転じた。94年、読売が同社作成「憲法改正案」を発表。全国紙の論調は、改憲の読売・産経と護憲の朝日・毎日に二極分化した。売手が生産し、販売する商品が買手にとって差別化されているものを不完全寡占というが、全国紙は不完全寡占化した。

　紙面が売り物の商品が完全寡占から不完全寡占に変わっても、その読者は論調路線の転化の応じて大量に移動しなかった。産経が打ち出した正論路線で、多数の読者を誘えなかった。各新聞社の系統販売店は月ぎめ予約・戸別配達制度で搦めとった読者を、容易にライバル紙にのり変えさせたりはしない。あの手この手を使って繋ぎ留める。

　再販売制度存続をかなえて、21世紀を迎えた新聞業界で、「生き残りを賭けた大競争時代」に入ったと言い交している。大時代がかった言条は、全国紙最下位の産経が「生き残りを賭けた」経営改革に踏み切った時点で、現実味を帯びてきた。

　協調的寡占体制の全国紙は、上位の読売、朝日、毎日をプライス・リーダーに同調的市場行動をとり、ブロック紙・地方紙はそれに追随する。戦後、

新聞産業が足並みをそろえた市場行動は、新聞代の値上げだった。産経は、業界横並び行動に逆行した。新聞代の値下げ。1社単独の連続値下げは、協調的体制の新聞産業を攪乱した。

　第1段、01年9月、即売紙1部100円に値下げ。「100円玉ひとつで買える」ワンコイン商法は当たった。

　第2段、02年2月から始めた休刊日の朝刊即売。新聞業界は01年まではほぼ全紙が月1回・年12回、統一して休刊していた。月ぎめ予約販売だから休刊日分は値上げとなる。即売の朝刊だけにしろ、業界が日程を合わせた休刊日に、新聞を発行・販売するのはカルテル的行為からの逸脱である。読売、朝日、毎日、日経の全国紙4紙は直ちに反転攻勢に出た。2月12日に予定していた休刊日を取り止め、札幌・東京・名古屋・大阪・福岡の都市圏で朝刊を宅配した。5都市圏のブロック紙、地方紙も急遽追随して朝刊を発行した。3月10日の休刊日、さらに全国ほとんどの地方紙も休刊を中止した全国紙に対抗するため、朝刊を宅配した。たちまちのうちに全国市場に波及した。

　第3段、02年4月から、東京本社発行の夕刊を廃止し、朝刊単独紙に移行した。他の全国紙と異なる商品形態で、競争する経営戦略をとった。購読料をデフレ適応型の安売り価格に改めた。

　競争紙のセット版朝刊より1,000円前後安い月ぎめ価格で売る。

　夕刊廃止・朝刊単独紙移行は、一か八かの決断。日本の新聞は、朝刊と夕刊を抱き合わせにしたセット版という欧米ではみられない商品形態が特徴だ。日露戦争当時（04〜05年）、戦局速報の号外を多発し、その号外が日刊化したのが朝・夕刊セット版である。全国紙、地方紙とも発行本社周辺ではセット版を発行する。発行本社から遠距離地域には、夕刊の記事のうち翌日付朝刊に載せてもニュース価値のある記事は朝刊用と並べた統合版紙を配る。日露戦争が造出した古典的活字ニュース媒体の朝夕刊セット版体制は、カラーテレビが急速に普及した70年代から崩れ出した。「朝刊はとるが、夕刊はいらない」という読者が増えた。

　新聞業界で、「セット割れ・単落ち」と呼ぶ現象は、マスコミの多メディア・

まえがき

多チャンネル化が進展するにつれて、顕著になった。ニュース摂取を朝刊から夕刊とリレーしないでも、IT系メディアでできる時代になった証拠の一つだ。01年、全国紙東京本社の朝刊と夕刊の比率は50～30％。新聞産業の構造内矛盾が、構造外のインパクトで表出したのである。「セット割れ・単落ち」が、最も進んでいるのは産経。産経の経営者は、そのピンチをチャンスに転換しようと、夕刊廃止・朝刊単独紙化の賭けに出た。

産経は、転換した経営方針の夕刊廃止・朝刊単独紙化・朝刊安売りを、早速テレビCMで流した。そのCMが「夕刊否定、新聞不要論につながる」と、他の全国紙経営者を刺激した。戦意を掻き立てられた東京新聞を含む他紙5紙は協調して、対産経販売攻勢に出た。産経が予告した休刊日の即売紙販売するというその日にぶっつけて、急遽休刊を取り止めて朝刊を宅配する行動をみせつけた。「生き残りを賭けた大競争時代に入った」21世紀初頭の市場行動を「Ⅴ．新聞購読料　8．揺らぐ協調的寡占体制」で記述した。

陰に陽に競争を繰り返しながら制作・販売する新聞という商品は、紙面に掲載されたニュース・情報が売り物だ。新聞社はニュース・情報を収集し、それを記事に書き、編集する加工場である。ところが、新聞業は、産業分類で製造業に分類される。執筆・編集した記事を工場で、新聞紙に高速で大量印刷する工程が拡大解釈されたのである。

ところが、製造された新聞紙は、再販制度の対象品目の著作物。著作物再販制度の対象は新聞、書籍、雑誌、レコード盤、音楽用テープ、音楽用CDの6品目に限定されている。同じ著作物を製作する新聞社と書籍、雑誌の出版社と異なる点がある。出版社は、印刷する原稿や記事の多くを外注する。これと対照的に新聞社は、大半の記事・原稿を自給自足する体制をとっている。各社とも記者集団を抱え、各社独自の取材網を布く。新聞社にニュース原稿を送信する通信社も、新聞社同様に記者集団・取材網を抱える。記者集団の多くの記者は、日々足でニュース記事を稼いでいるわけではない。新聞協会加盟の新聞、通信、放送の160社の取材記者約12,000人が、永田町・霞が関

を中心にして東京100、全国に800とも1,000ともいわれる政府各省庁、地方自治体、警察署などが施設内に記者室を設けている。日本列島に点在する記者室に全国紙、地方紙、通信社、放送局の記者が常駐する。常駐の記者集団は、記者クラブを構成する。全国紙、通信社、NHKは、全国1,000もの取材拠点をつなぐ取材網を張っているわけだ。

　ほとんどの記者クラブの規約は、新聞協会加盟社の記者のみクラブのメンバーとして認める。情報収集の寡占体制である。記者クラブ所属の記者に限って、当局主催の記者会見に臨むことができ、ニュースソースから情報資料を提供される。記者室を留守にして、特ダネを足で稼いでいる間に行われる記者会見の特オチが失点になる。記者クラブ員が相互規制して、発表を待つ。ニュースソースも会見のタイミングを見計うなど記者クラブ管理をすることによって、世論操作を謀る。国民・市民の「知る権利」にかかわる仕組みでもある。

　その閉鎖性・排他性、横並び発表ジャーナリズム、ニュースソースとの癒着など記者クラブの弊害は、新聞界内外から批判され続けている。新聞協会と新聞労連の数次にわたる自主改革の提案・提言した。記者クラブの実態について、「Ⅵ．情報カルテル・記者クラブ　1.『クラブ』八百有余・『記者』1万有余　2.週刊誌、クラブ加盟試行・拒否　3.省庁縦割り・クラブも縦割り　4.『関係者以外入室禁止』　5.記者室備品無償提供」で取り上げ、問題点を指摘した。

　記者クラブの情報カルテル化は、記者クラブが誕生して以来1世紀余をかけて形成された。1890年、帝国議会開設時に記者連中が議事堂の傍聴席を共同して要求したのをきっかけに、第1号の共同記者倶楽部がつくられた。日清戦争開戦（1894年）から日露戦争（1904〜05年）にかけて、相次いで各省・軍部に記者倶楽部が設けられた。日清、日露両戦争では、戦局報道速報を争った新聞記者が外務省の霞倶楽部、海軍省の潮沫会、陸軍省・参謀本部の北斗会を取材拠点にして、その当局公報に頼った。日清戦争では、政府・軍部

は報道統制のため発表方式を始め、その記事の検閲をした。発表ジャーナリズムの原型である。日露戦争時には、記者俱楽部側と政府・軍部側双方の日清戦争当時の報道担当者が現存し、前戦争の実績を踏まえ、戦況発表に加えて、現在では日常化しているブリーフィング(背景説明)を行った。その半面、統制は強化され、従軍記者の原稿は将校が検閲した。戦時報道の状況は、「Ⅵ. 情報カルテル・記者クラブ　6．記者俱楽部誕生」に記述した。

　日清、日露両戦争時の記者俱楽部統制管理方式は30年後、第2次世界大戦時の徹底した新聞統制の一環であった記者俱楽部整理統合の祖型となっている。太平洋戦争開戦直前に「新聞の戦時体制化」が閣議決定され、1省庁1俱楽部、俱楽部加入は個人加入を新聞社・通信社単位加入に変更する記者会規約を策定。それと合わせて、記者資格制度を設定し、内閣情報局が主導して設立された日本新聞会登録記者のみが省庁の記者室入室を許可された。記者室では、大本営発表に代表される情報の一元管理体制がとられた。「Ⅵ. 情報カルテル・記者クラブ　7．大本営発表」で、その状態を記した。
　記者俱楽部の戦時統制は終戦とともに、連合軍最高司令部（GHQ）によって廃止されたはずであった。ところが、新聞紙面で日本の政治・経済・社会は1940年体制を引きずっていると、しばしば指摘するが、新聞界自体も例外ではない。内閣情報局が制度化した戦時記者俱楽部体制は、戦後も記者クラブの体質として継承された。その変身ぶりは「Ⅵ. 情報カルテル・記者クラブ　8．変身・俱楽部がクラブに」に記述。
　閉鎖的で、ニュースソースと癒着した発表ジャーナリズム化した記者クラブをの在り方は、新聞界内外から批判され、非難され続けてきた。新聞界内外から再三再四「開かれた記者クラブ」に改革しようという提案・提言がなされた。実効は上がらなかった。
　なぜか。戦時中に官制よって寡占•情報カルテル化した記者クラブ体制は、「公共情報の収集の場として極めて便利である。各社別々に取材、競争する場合に比べて人手もコストもかからない」。というわけで、「記者クラブ制度が

崩壊すれば、4～5頁の紙面しかつくれない」といわれるほどニュース・情報の供給は、記者クラブ依存度を高めている。新聞界は改革の声を挙げるものの、寡占情報体制の既得権益を抱え込んできた。実状の一端を「Ⅵ．情報カルテル・記者クラブ　4．『関係者以外入室禁止』」に上げておいた。

　ところが、01年5月15日、記者クラブの既得権を改めるというニュースが長野から発信された。長野県知事・田中康夫が「『脱・記者クラブ』宣言」を発表。田中知事は、宣言した通り県庁舎内に設けられていた3つの記者クラブ員が常駐する記者室を撤去し、それに代えて知事のいう「表現者」なら誰でも出入り自由である「表現センター」を新設した。記者会見の主催は、記者クラブから知事主催に変え、これまた「表現者」なら誰でも参加できる方式とした。ニュースソース側からの記者クラブ改革である。そのいきさつを「Ⅶ．脱・記者クラブ」に記録した。

　田中知事が「長野モデル」と称する長野県政記者クラブ改革に対して、新聞協会会長・渡邉恒雄は「一時的、局地的現象に終わるものと確信しております」と、長野モデルが波及することに懸念を抱いた。その一方で、新聞協会は、長野モデルが誘因になったみられる「より開かれた記者クラブを目指す」『全国の記者クラブの基本的指針となる新たな見解』を作成、発表した。新見解については、「Ⅶ．脱・記者クラブ　4．『記者クラブ』と『記者室』」で取り上げた。

　新聞協会版記者クラブ改革の新見解は、権力の中枢である永田町・霞が関に構えている記者クラブをはじめ全国の記者クラブに及んでいない。

　「公共的情報源の打ち込まれたクサビとして、権力チェックの機能を十分に果たすため、記者クラブの閉鎖性をどう打破し、記者クラブをどう改革していくのか、新聞ジャーナリズムの姿勢が厳しく問われている」（天野勝文・松岡新児・植田康夫編『第二版現代マスコミ論のポイント』学文社、02年、53ジー）。確かに、記者クラブが変われば、新聞ジャーナリズムの姿勢が変わり、新聞が変わる。新聞はマスコミの首座を降りたが、権力監視の機能であるべきジャーナリズムの中核だ。新聞の変革は、政治社会変革の起動となる…。

まえがき

　文中しばしば紙勢を計るのに「占有率」と「普及率」を使った。例えば、東京・永田町の100世帯がとっている新聞総数を120部とする。そのうち、A紙が80部なら、同紙の占有率は、(80÷120)×100＝66.66％。100世帯のうち80世帯がA紙をとっているから、同紙の普及率は80％である。占有率は、A紙の当該地域の販売総数に占める割合。普及率は、当該地域の全世帯のうち何世帯がA紙をとっているかの割合である。

　全編を通じて、歴史上の人物、現役の個人もすべて敬称を省略しました。失礼しました。

　2002年3月

林　　立　　雄

寡占・日本の新聞産業
──形成・構造・行動──

目　　次

まえがき ……………………………………………………………… i

Ⅰ．新聞・商品特性 ………………………………………………… 1

　　1．大量生産・生鮮商品　1
　　2．新聞界「護送船団方式」　3
　　3．輸出入限定商品　5
　　4．ヤヌスの貌「ブロック紙」　9
　　5．新規参入・退出　13

Ⅱ．官制二重構造市場形成 ………………………………………… 23

　　1．戦時統合「一県一紙」　23
　　2．「全国紙」整理　26
　　3．統制極め付け「持分合同」　29
　　4．新興紙の参入・脱落　34
　　5．自由競争開始　37

Ⅲ．「共同・地方紙連合」対「全国紙枢軸」 …………………… 43

　　1．長崎（地方紙）の敵を江戸（同盟）で討つ　43
　　2．全国紙3社、共同脱退　47
　　3．全国紙4社、共同離れ　53

Ⅳ．当面存置「再販制度」……………………………………………59

　　1．縦・横のカルテル　59
　　2．例外なき規制緩和　65
　　3．中間報告「再販廃止へ」　67
　　4．再販論争国会　76
　　5．議員連盟、新聞労連が支援　82
　　6．公取委、新聞協会と対話　85
　　7．パブリックコメント「再販維持」　91
　　8．再販制度「当面存置」　93
　　9．解禁「景品付き」・「割引き」販売　96
　　10．旬の野菜に「無代紙」　100
　　11．サンパチルール　102
　　12．パンドラの匣　105

Ⅴ．新聞購読料 ………………………………………………………111

　　1．同調的値上げ・追随改定　111
　　2．プライス・リーダー　115
　　3．値上げ理由、異紙同句　121
　　4．新聞代内外価格差　122
　　5．簪　124
　　6．即売5％だけ　127
　　7．同調的休刊日　130
　　8．揺らぐ協調的寡占体制　132

xvi

Ⅵ．情報カルテル・記者クラブ ……………………………147

　1．「クラブ」八百有余・「記者」1万人有余　147
　2．週刊誌、クラブ加盟試行・拒否　150
　3．省庁縦割り・クラブも縦割り　155
　4．「関係者以外入室禁止」　161
　5．記者室備品無償供与　164
　6．記者倶楽部誕生　168
　7．大本営発表　173
　8．変身、倶楽部がクラブに　178

Ⅶ．脱・記者クラブ ……………………………………………187

　1．「『脱・記者クラブ』宣言」黙殺　187
　2．異例・県主催記者会見　193
　3．開かれた「表現道場」　196
　4．知事・市長主導でクラブ改革　198
　5．「記者クラブ」と「記者室」　200

あとがき ……………………………………………………………209

寡占・日本の新聞産業

―――形成・構造・行動―――

Ⅰ．新聞・商品特性

1．大量生産・生鮮商品

**1世帯
1.15部普及**

　現在、新聞とは、何かという規定はない。1909年制定の新聞紙法第一条は、「新聞と称するは一定の題号を用い時期を定め又は六箇月以内の期間に於て時期を定めずして発行する著作物」と定めていた。新聞紙法は終戦後、49年に廃止された。本書では、すべての種類のニュースを掲載する日刊紙で、社団法人日本新聞協会（以下「新聞協会」と略）加盟社が発行する一般紙を取り上げる。

　新聞協会定款は、入会条件を細則で定めている。「(イ)一般時事または主としてスポーツに関するニュースを報道するものであること　[(ロ)略]　(ハ)週6日以上発行すること　(ニ)建てページは4ページ以上　(ホ)発行部数は1万以上であること」。

　協会入会細則によると、週6日以上、つまり毎日、ニュースを印刷した新聞紙＝商品を1万部以上大量生産・販売しなくては業界団体に入れない。新聞協会の入会条件は、①新鮮であるべきニュースを売る「生鮮商品」　②大量生産・大量販売いう新聞の商品特性　がおり込まれているわけである。

　99年10月現在の新聞協会会員日刊紙は121紙。内訳はセット紙48紙、朝刊単独紙58紙、夕刊単独紙15紙。総発行部数は、朝・夕刊セットを1部と計算すると、5376万728部。大量生産である。99年3月31日現在の自治省住民基本台帳によると、日本の総世帯数は4681万1712世帯で、1世帯当たり1.15部の新聞を販売している。全国の全世帯に普及している大量販売商品だ。

　欧米や中国では、朝刊紙と夕刊紙は、別個の新聞社が発行する。日本では、一つの新聞社が朝刊と夕刊を1セットで発行するのが48紙もある。セット紙とかセット版と呼ばれる。全国紙、ブロック紙、主要地方紙は、セット紙を

発行している。発行部数も、朝夕刊合わせて1部として数える。

セット版は日露戦争号外以来　日本特有の朝・夕刊セット版体制は、日露戦争（04〜05年）の戦況速報合戦が作り出した。各紙は速報競争で号外を連続発行した。なかでも、大阪毎日が04年1月から夕刊号外を毎日発行した[1]。本来、臨時発行の号外が定期発行化し、各紙も追随。朝・夕刊セットの商品形態が定着していった。

発行本社や全国各地の分散印刷工場から遠隔の地域は、夕刊は配達されない。夕刊掲載の記事のうち、翌日の朝刊までニュースバリューが保てる記事は、翌日の朝刊紙面に組み込まれる。統合版という。

例えば、広島市域では、地元紙の中国はセット紙を販売する。広島市場への輸送時間がかかる大阪本社や四国に印刷工場を置く朝日、毎日、読売は夕刊は費用対効果からみて、メリットに乏しい。夕刊は販売しない。統合版を毎朝、戸別配達する。

実は、70年代からセット版体制が崩れ始め、業界用語でいう「セット割れ・単落ち」傾向が進んでいる。夕刊をとらない「単落ち」して、朝刊単独の読者が増えてきた。

「セット割れ」現象が顕著となった産経東京本社は、02年4月から同本社管内の夕刊の夕刊を廃止し、統合版形態の朝刊単独紙を発行する決断をした。

セット紙の場合、朝刊の商品寿命は、半日経って、新しい商品の夕刊が製造・配達された時点で、商品価値をほとんど失う。統合版は、24時間間隔で配達される。謳い文句ではないが、「三日前の古新聞」は、資源ゴミと化してしまう。

山田健太は、超短期寿命の新聞を「新鮮さが命である生鮮食料品になぞらえ、生鮮商品」[2]と特徴づける。生鮮食料品は冷蔵して、商品価値を保つことができるが、生鮮商品の新聞は、在庫しても商品寿命は維持できない。データベースに収めて、記録として利用することはできる。だが、本来の販売するという商品価値は消滅してしまう。

規模の大小を問わず、どの新聞社も、生鮮商品である新聞が刷り上がると、間をおかず印刷工場→販売店→予約購読者宅に、年間通じて、1日に1回な

いし２回、ほぼ定刻に配達される。大量生産された新聞は、その日のうちにほぼ全生産量がさばかれる。究極のジャスト・イン・タイム商品といわれる新聞は、在庫ゼロ。これも商品特性の一つである。

　新聞独特のマスプロ・マスセールスを可能にしているのは、読者の93％(97年現在)以上が月ぎめ講読契約をしている読者であるからだ。大量生産するにしても、読者＝消費者数を把握しきっていれば、計画的に数量を限定生産し、原価計算もでき、無駄なコストが省ける。

２．新聞界「護送船団方式」

新聞株は非上場・社内持株　日本の新聞販売方式には特性がある。新聞業界は、独占禁止法の禁止規定の適用除外として許容された再販売価格維持制度によって、戸別配達制度と同一紙同一価格が維持され、その結果高い普及率を上げることができたと強調する。さらに、再販制度を基軸に新聞販売制度の３点セットとされる特殊指定と景表法が値引き販売や景品付き販売を規制して、過当販売競争は法規で排除されていた。

　戦後の新聞業界は、独禁法とその関連法規によって保護されただけはなく、「何の規制もなくなったばかりか、護送船団システムで、むしろ弱い者を守らせたり、逆に政府に働き掛けて新聞界に有利なことをさせる法律があるだけです」という。河北新報社主の一力一夫が83年、東大新聞研究所で講義した「実践新聞論」[3]で、新聞業界は護送船団システムの中で種々の優遇措置と保護の恩典を享受し続けている、と講じた一節である。

　新聞経営者である一力は、優遇措置として、①事業税の減免　②第三種郵便の認可　③株式異動の制限　④再販売価格維持制度・特殊指定　を指摘した。

　元朝日新聞社長秘書役・本郷美則は、その著書『新聞があぶない』[4]の中で、「新聞が享受する特典」として、一力の指摘した優遇措置に加えて、⑤輸入新聞用紙の関税特別減免　⑥法人税課税基準の減価償却資産・設備の耐用年数について、新聞社の特例　⑦取材に伴う飲食費は、交際費に算入されない　⑧

一部の新聞社の「有価証券報告書」提出特別免除　⑨記者クラブ制度（後述）を上げている。

　①**事業税の減免**　51年度制定の地方税法によって、公益性を理由に新聞業、新聞送達業は85年度まで免除されていた。

　②**第三種郵便の認可**　日刊紙は例外なく郵便法第二三条三項目に定められた第三種郵便の認可を受けている。認定を受けた刊行物は郵送料が割り引かれる。99年現在、郵送されている日刊紙は0.1％。ところが、公選法によると「第三種郵便の認可」のある新聞でないと、選挙報道が許されない。

　③**株式異動の制限**　商法特例法「日刊新聞を発行する株式会社の株式の保有にかかわる法律」（51年制定、66年改定）は、言論の独立と多様性を守るため、株式が第三者に渡ることを制限している。新聞社は、定款で「株式の譲渡先を会社の関係者に限る（譲渡制限）」「株式保有者が会社と関係がなくなったとき、その株式を会社に譲渡するよう求めることができる（保有制限）」という制限規定を定めることができる。多くの新聞社は、制限規定を設け、株式を非上場・社内株制をとっている。制限障壁が立ちはだかる限り、外国の第三者が経営参加することは難しい。

　⑤**輸入新聞用紙の関税特別減免**　輸入新聞用紙の関税率は90年からゼロ。99年の輸入用紙は全用紙の約16％。

　⑥**法人税課税基準の減価償却資産・設備の耐用年数について、新聞社の特例**　普通乗用車の減価償却設備耐用年数は6年だが、報道通信用は5年。一般企業の印刷設備耐用年数は10年、新聞社のは5年。

　⑦**取材に伴う飲食費は、交際費に算入されない。**54年租税特別措置法に基づき、交際費課税が設けられた。新聞業界は、これによって取材活動が制約されるとして、税制当局に要請して、取材費を交際費とみなさないように認められた。

　⑧**一部の新聞社の「有価証券報告書」提出特別免除**　株式会社のディスクロージャーを目的に93年証券取引法が改正され、資本金5億円以上、500以上の株主をもつ一般株式会社は株式を公開しているか、非公開かにかかわらず事業年度毎に「有価証券報告書」を大蔵大臣に提出することを義務付けられた。

94年から95年にかけて、毎日、西日本、神戸、岩手日報、朝日、産経、日経の6社だけは報告書を提出した。ところが、95年9月、「企業内容等の開示に関する大蔵省令」が改正され、有価証券報告書の提出義務が免除される道が開かれた。免除の対象企業は、商法特例法で例外扱いにしてある新聞社だけなのである。

力関係の鉄則 　金融、通信、運輸、エネルギーなど基幹産業も規制緩和や撤廃で護送船団方式は崩され、これら市場は自由競争に移行した。新聞産業は、特殊指定と景表法が廃止された以外、依然として保護規制の枠内で、新聞制作を続けている。新聞の際立った商品特性は、ジャーナリストがつくる商品であることだ。『新聞があぶない』の著者・本郷美則は、こう問いかける。「公権力を監視し、その暴走を阻止する使命を負う新聞が、政・官の裁量に頼って『公権力の庇護』に甘んじていたのでは、新聞本来の使命を遂行できるかどうか。答えは」――「保護される者は、保護する者に刃向かえない。これは、力関係の鉄則である」[5]。

3．輸出入限定商品

国際衛星版発行 　戦前戦中、生鮮商品＝新聞を輸出するに適した門司港がある門司市（北九州市）に毎日、隣の小倉市（同）に朝日が、それぞれ発行本社を置いた。朝鮮半島、当時の満州国（中国東北部）、関東州（中国大連）、台湾などに新聞を送り出していた。「輸出紙」の読者のほとんどは在留邦人で、準国内市場であったというのが実態である。

　戦後も世界各地の在外公館や商社、銀行、現地法人、そこに勤める在留邦人向けに東京発行の新聞を主体に海外向け新聞輸送会社が、生鮮商品を空輸した。

　80年代半ば、日本の新聞「輸出」方式にも技術革新がもたらされた。日本の新聞界で、72年に高知新聞社と山梨日日がコンピューターを使った新聞製作、全面CTS（Computer Type-setting System、または、Cold Type System）に移行した。地方紙の両社を嚆矢として、78年日経、80年朝日、86年読売と

全国紙も全面ＣＴＳ製作を実現させた。

　全国紙は、CTS製作の紙面を全国各地の分散印刷工場に紙面電送して、印刷→販売店→宅配の工程・販売方式を取り入れた。この方式を海外向けにも応用した。通信衛星（CS）を使って紙面電送し、海外で現地印刷し、周辺で販売する。国内と同時発行できる。　朝日が、85年1月1日付の国際衛星版をロンドンとニューヨークで発行した。同年11月1日付で読売が、ニューヨークとロサンゼルスで国際衛星版の販売開始。1年遅れて、日経もニューヨークとロサンゼルスで国際衛星版を売り出した。3社は、CSを使って生鮮商品としての新聞を「輸出」させたが、戦前同様に実質的には、国内市場の延長である。やはり戦前の旧満州、台湾向け輸出紙と同じように顧客の多くは、本国の情報を衛星版に求める在留邦人である。

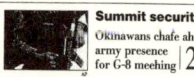

INTERNATIONAL Herald Tribune と The Asahi Shimbun を重ねた題字

「ヘラルド・朝日」相乗り　　一方、通信衛星を使って日本に紙面電送し、東京で現地印刷する「輸入紙」も出現した。インターナショナル・ヘラルド・トリビューン（INTERNATIONAL Herald Tribune）は、パリ、マルセーユ、チューリッヒ、ローマ、ハーグー、ロンドン、ニューヨーク、シンガポール、香港、東京の世界10地点で同時に印刷し、約20万部を180カ国に配る。

　このうち、日本ではインターナショナル・ヘラルド・トリビューン社と朝日新聞社が合同英字新聞「INTERNATIONAL Herald Tribune／The Asahi Shimbun」（略称「ヘラルド朝日」）を発行させることの合意し、01年4月2日創刊した。「Herald Tribune／The Asahi Shimbun」と両紙の題字を重ねた合同英字新聞は、東京と大阪の朝日の印刷工場で合計45,000部刷られ

ている。講読料月決め3,900円、1部150円。

　インターナショナル・ヘラルド・トリビューン[6]の社主は、ライバル紙のニューヨーク・タイムズ社とワシントン・ポスト社。ニュヨーク・ヘラルド社が1世紀以上も前、パリにも発行本社を置いて、インターナショナル・ヘラルド・トリビューン紙を発行し始めた。歴としたアメリカの新聞社がパリに所在するから「パリのアメリカ人」と呼ばれる。世界中の読者を対象に編集する。読者リストにはエリゼ宮、ダウニング街、ホワイトハウス、ヨーロッパ、アジア、中南米、アフリカ諸国の元首の官邸、政府機関が、並んでいるといわれる。筆者・林も海外旅行をすると、買い求める。ホテルのロビーや新聞売場で買うことができるし、何よりも広島カープの対戦成績も載せてあるからだ。それほど世界中の読者を対象に、きめ細かく編集している。

　世界中で、1世紀以上も売れている理由は、編集の方針、体制によるところが大きいと思われる。同紙の主要な情報供給源は、独自取材とニューヨーク・タイムズとワシントン・ポストの両紙である。それに世界各国の通信社の原稿、同社と契約したフリーランサーやコラムニストが寄稿する。アメリカの新聞資本が創立、経営するパリ本社に集められ、「パリのアメリカ人」が編集する。同社には、ヨーロッパで知恵の象徴とされるフクロウの大きなブロンズが据えてある。歴史は、夜もつくられる。昼夜分かたず、世界中の動向をフクロウのような鋭敏な耳目でキャッチし、知恵を働かせて紙面づくりをするという意なのだ。国際的に通用する偏らない生鮮商品としての新聞づくり、それ故に長期にわたって、広く行き渡っているのであろう。

　インターナショナル・ヘラルド・トリビューンは、日本の英字新聞の紙面に同居するという方法で「INTERNATIONAL Herald Tribune」を日本に定着させようとしているが、外国マスコミ資本の日本上陸には障壁が立ちはだかっている。

　新聞資本を保護するための商法特例法「日刊新聞を発行する株式会社の株式の保有にかかわる法律」は、新聞社の株式の異動の制限している。これに基づいて、新聞各社は、株式を非上場・社内株制をとっており、外国の第三者が日本の新聞経営に参加することは難しい[7]。

日本進出
狙う欧州紙　それならば、新規参入はどうだろうか。日本の新聞産業は、寡占体制で固まったままだ。新聞の普及率は長期低下傾向をたどり、業界は閉塞状況にある。日本の新聞市場で一定のシェアを確保するためには、特殊な言語である日本語を使いこなせる取材・編集スタッフを抱えて紙面づくりをしなくてはならい。海外から新規参入するには、困難と思われる社会経済的状況なのに、日本進出をうかがう動きがある。

　ヨーロッパのフリーペーパー（無料日刊紙）が日本での発行を望んでいる、という。01年2月27日、世界新聞協会（WAN）事務局次長モーゲンス・シュミットが日本新聞協会を訪れてもたらした情報である。それによると、ヨーロッパでは、イギリスの「メトロ」を代表格に11ヵ国で、フリーペーパーが発行され、アメリカにも進出した。そのうちの数紙が営業面の条件が整えば、日本にも進出する可能性を示している。ヨーロッパのフリーペーパーは、企業の広告だけを頼りに起業し、鉄道や地下鉄の駅で通勤客を相手に配布される。通信社の配信記事を編集したニュース、スポーツ、娯楽の軟派中心の短文が特徴で若者に人気がある。各紙とも10万部規模で発行。まだ既存の新聞の販売部数を奪っていないが、広告面では既存紙に食い込んだと[8]、説明した。

　新聞の商品特性に一つは、自国産自国消費であった。新聞は、大量に輸出入されなかった。商法特例法など保護されて、新聞経営に外国資本は参加できなかった。

　新聞だけではなく、全国紙が親会社である民放キー局にも外国資本は手を出さなかった。電波メディアの世界では、衛星の使用で視聴域が国境をやすやすと越えてボーダーレス化した。外国メディア産業資本も電波とともに国境を越え、マスコミ鎖国の日本に参入をはかった。96年、メディア王と呼ばれるルパート・マードックが、テレビ朝日の株を大量に買収し、筆頭株主になった。日本のマスコミは、「黒船来る」と色めきたった。翌97年、テレビ朝日の親会社・朝日新聞社がマードックの所有するテレビ朝日の株全部を買い戻した、といった一件も起こっている。

4．ヤヌスの貌「ブロック紙」

日本では、一般日刊紙を全国紙、ブロック紙、地方紙の三種に分類する。中でも、ブロック紙は、販売エリアが複数の県にまたがる中日新聞、西日本新聞と北海道全域をカバーする北海道新聞の3紙が、これに当たる。日本特有の名称だ。

3社は　海外支局・特派員を分担したり、それぞれカバー地域の原稿・情報の交換をするなどさまざま形で取材報道の提携・協力関係にある。

(1)　中日新聞

中日新聞社、資本金3億円。42年、新愛知新聞社と名古屋新聞社が合併して、中部日本新聞社発足。65年、北陸中日新聞社から営業権譲渡。67年、東京新聞から営業権譲渡。71年、中日新聞社に改称。名古屋、東京、北陸(金沢市)、東海(浜松市)の4本社制。中日新聞、東京新聞、北陸中日新聞、日刊県民福井、中日スポーツ、東京中日スポーツを発刊。名古屋本社　朝刊271万部、夕刊75万部、従業員1,945人。東京本社　朝刊65万部、夕刊35万部、従業員1,215人。北陸本社　朝刊12万部、夕刊1万部、従業員252人。東海本社　従業員81人(部数はいずれも00年現在)。海外総支局　ワシントン、ニューヨーク、ロンドン、パリ、ベルリン、ウィーン、ブリュッセル、モスクワ、テヘラン、カイロ、バンコク、マニラ、ソウル、北京、上海、香港、台北、シドニー。
(注)　日本新聞協会『日本新聞年鑑'00/'01』(00年)から作成。

**中日王国
は堅陣**　戦時統制によって愛知県の新聞は一県一紙としての中部日本新聞(以下「中日」と略)に統合された。さらにアメリカ軍の本土攻勢対策の非常措置「持分合同」で、同県の新聞市場は、中日の地域独占となった。戦後占領期、新興紙が続々創刊しては、消失した。結局、新聞分布図

を大きく塗り替えるに至らなかった。占領が終わり、51年、13年ぶりに新聞用紙の統制が撤廃、新聞購読料の統制も廃止されると、競争再開。全国紙は、持分合同で自紙の空白地帯となり、その代わりに地方紙＝県紙の独占市場になってしまった各県での持分（45年4月、全国紙が各県紙に合同された自社発行部数）を取り戻すため、地方紙攻勢を始めた。

攻勢第一陣は、朝日と毎日。両社は整理統合で発行中止された名古屋をターゲットにして、50年、名古屋で印刷を再開。戦中戦後安定していた主読紙の座を死守しようとする中日と激しい販売競争を演じた。

競争圏外から観戦していた読売は、戦況を「中日王国を誇る中日新聞、戦後約三十年、中部地区で悪戦苦闘を続けてきた朝日、毎日」とみてとり、参戦した。「七百万部近い発行部数を全国的に有する読売新聞ではあるが、中部地区だけは戦後、積年のエアポケットになっていた。発行以前の読売新聞は、愛知、三重、岐阜の三県を合わせ、二千五百部程度の部数を出していたに過ぎなかったのである。従って、中部読売と手を握り、読売の名をこの地区に普及させる」[9]。中部読売は、読売新聞社が名古屋高速印刷株式会社と1974年に業務提携して新聞発行させたダミー会社。

全国紙・朝毎読は、ブロック紙・中日を攻め続けたが、中日王国は、堅陣だった。97年、中日の愛知県の普及率は70％強。残り30％を、朝日11.05％、日経5.63％、読売4.93％、毎日4.01％と全国紙4紙が分け合う。中日が、ガリバー役の寡占である。

中日は、発行本社所在地の愛知県では、全国紙の攻勢を守りきってきた。一方、愛知県外の周辺の県、さらには東京を中心に関東各県にも進出している。愛知県外では、攻守所を変えて、各県それぞれの地方紙＝県紙や首都圏を地盤とする読売、朝日など全国紙と取材、販売面で攻勢をかける立場にある。

新聞の商品特性の一つにつけ加えられるのは、薄利多売商品であることだ。産経が01年9月から、「ワンコイン作戦」と名付けて、駅の売店やコンビニの即売朝刊を1部100円で売り出したが、即売版は、たいていコインで買われる。古代ローマのコインには双面神・ヤヌスの相貌が刻印されていた。愛知王国を守る一方で、愛知県外では地元紙や全国紙を攻めなければならない。

Ⅰ．新聞・商品特性

ブロック紙は、いうなれば、ヤヌスの如く、前面で虎、後面で狼と攻守を交わさなければ、存続していけない。

攻守の結果、中日の00年4月の朝刊発行部数は2,482,242部(「日本新聞年鑑」'00,'01年版掲載)。全国紙とされる産経の2,007,633部を474,609部も上回っている。発行部数は読売、朝日、毎日に次いで4位にランクされる。

63年、中日は東京新聞と業務提携し、さらに67年、東京新聞の営業権は、中日に譲渡された。中日資本は、首都圏に進出した。中日東京本社発行の東京新聞は朝刊653,186部。北陸中日（発行本社・金沢）が石川、富山両県で朝刊合計116,6620部発行している。中日本体は、愛知、静岡(普及率2位10.18%)、長野、岐阜（同1位61.78%）、三重（同1位52.75%）、福井、滋賀の7県に及ぶ。

北陸中日は、石川県で地元紙の北国・富山新聞についで2位（同27.11%）、富山県でも朝日、毎日に勝る。

東京新聞は、東京、茨城、栃木、群馬、埼玉、千葉、神奈川の関東7都県をカバーし、中日の販売エリアである静岡県にも定期購読者を持っている。

中日が大規模な新聞社である実績は、数字をあげるよりも、プロ野球団のオーナーであるといった方が説得力があるかもしれない。新聞社多しといえども、プロ野球団を擁する社は、東京読売巨人軍の読売と中日ドラゴンズの中日の2社だけである。

(2) 西日本新聞

西日本新聞社　本社：福岡市。資本金3億円6000万円。43年、福岡日日新聞社と九州日報社が合併して、西日本新聞社発足。西日本スポーツを発行。朝刊84万部、夕刊19万部(00年現在)。従業員957人。海外総支局　ワシントン、パリ、中国、台北、ソウル、バンコク。

（注）日本新聞協会『日本新聞年鑑'00/'01』(00年)から作成。

「北九州戦争」
で苦戦
　戦時新聞統合で、九州日報と福岡日日が合併したのが西日本新聞（以下「西日」と略）である。

　西日本社のある福岡県は、一県一紙主義の原則から除外された。朝鮮半島や中国大陸などに新聞を送り出していた朝日、毎日の発行本社が現在の北九州市に設けられていたので国策として、除外の取り扱いを受けた。県内には、地元紙と全国紙2紙の3発行所が並在した。

　終戦後、朝日、毎日両社の西部本社は、その経営規模を維持するためにも、敗戦ですべて失った海外の販売部数を国内市場に振り替える必要に迫られた。朝日、毎日の西部本社の販売エリアである九州一円と山口県で、朝毎両紙と地盤を守るブロック紙西日、各県紙との間で激しい競争が繰り広げられた。

　64年、全国展開をめざす2紙が、激戦に加わった。8月、日経が西部支社（福岡市）で現地印刷開始。9月、西部読売が北九州市で発行開始。西部読売は、プロ野球東京読売巨人軍を経営する読売興業が発行する形をとった。

　日経は、80年代に分散印刷体制を地方紙に委託印刷する方式を導入して全国展開をはかった。日経に刺激された読売、朝日、毎日もただちに追随した。印刷拠点は、販売激戦地福岡県と周辺に集中した。北九州市に共に発行本社を置く朝日は太宰府市（福岡県）で、毎日は鳥栖市（佐賀県）で、それぞれ印刷を始めた。読売も交通の要である鳥栖に輪転機を据えた。印刷拠点を中心に「北九州戦争」といわれる販売合戦が交わされた。

　福岡県での戦果（97年普及率）は、①西日33.83％　②読売22.04　③朝日18.41　④毎日16.72　⑤日経4.60。

「地の利」
が左右
　地元紙・西日は1位を保っているが、同じブロック紙の地元普及率（北海道新聞51.29％、中日70.25％）に比べると、全国紙に地盤を蚕食されている。

　中日が、「ブロック紙」対「全国紙」、「ブロック紙」対「各県紙＝地方紙」といった両にらみの対立構図をとっているスタンスを双面神・ヤヌスに例えた。ところで、西日の相貌は双面では足りそうにない。地元では、全国紙4紙を迎え撃つ。他方、九州6県と山口県に進出し、各県紙と競い合う。相貌は十一面観音、振る舞いは阿修羅の如くであらねばならない。

九州6県の県紙－佐賀新聞、長崎新聞、熊本日日新聞、大分合同新聞、宮崎日日新聞、南日本新聞(鹿児島県)は、そろって地盤が堅く、いずれも県内普及率1位。いずれも地域独占かガリバー型寡占状態にある。
　西日は福岡市から時間距離が短い西九州の佐賀(97年普及率2位24.28％)、長崎(同2位24.28％)の両県には食い込んでいる。全国紙が発行本社を置く北九州市から幹線路が延びている大分、宮崎両県は地元紙に次いで全国紙の占有率が高く、西日は伸び悩み状態だ。
　九州の紙勢分布図は、新聞という商品が「地の利」に、いかに左右されるかを物語っている実例といえる。

5．新規参入・退出

寡占市場　　寡占企業にとって、もっとも気がかりな出来事は、寡占市場へ
参入困難　　の新規参入である。新聞産業も例外ではない。終戦後5年間は、戦時新聞統制が解かれ、新興紙が簇出した。戦時整理統合で54紙に絞り込まれたが、新興紙などの参入で2倍以上の126紙に膨れ上がった。
　新興紙は、新聞用紙不足や新聞制作技術、販売力が既存紙に及ばず、相次いで新聞市場から退出。50年代以後、全国市場としては全国紙の寡占化、府道県域市場は一県一紙の地方紙の地域独占が固定化し、新規参入は困難となっていた。
　例外はある。70年代半ば、愛媛県で創刊した「日刊新愛媛」が創刊された。異業種からの参入である。新規参入紙は、新聞代を既存紙より低い購読料に設定し、拡張員を大量に投入して、市場占有率を確保しようとする。既存紙は、必死に市場占有率を守る。協調的寡占は、競争的寡占に一転する。日刊新愛媛は、10年後、オーナーの本業である造船業が破綻し、その道連れとなって、愛媛県の新聞市場から消えた。
　広島市で創刊した夕刊紙が、わずか1カ月足らずで廃刊した例もあった。
　一方、新規参入し、地元紙の参入阻止行動を排除して、市場を占有した例外がある。一道一紙のブロック紙・北海道新聞が高い普及率を維持する函館

地区で、創刊した「函館新聞」は、全国紙にも支援されて、参入を成し遂げた。協調的寡占の新聞産業では、新規参入を仕掛け、成功させた例は半世紀にわたってみられなかった。局地的市場への新規参入ではあるが、この参入をめぐる地域紙とブロック紙と全国紙それぞれの対応は、新聞産業の変容の兆候とも見受けられる。

(1) 「函館新聞」新規参入実現

異紙同一題字が攻防　対立する2紙の題字は、どちらも「函館新聞」。異紙同一題字なので、仮に頭にA、Bを付けて区別する。

A函館新聞は、函館地区に新規参入し、1997年1月1日付で創刊された夕刊紙である。ブランケット版、16㌻、月ぎめ購読料1,800円、約2万部。

片やB函館新聞は、北海道新聞社（以下「道新」と略）が、A函館新聞の参入を阻止しようとして夕刊と併せて無料配布した地域情報紙だ。道新の函館の部数約8万7千部。

94年8月、函館商工会議所副会頭で地元不動産・デベロッパー「テーオー小笠原」の会長小笠原金悦が、地元紙創刊の構想を明らかにした。日経が、その構想を「函館で夕刊紙発刊計画」と報道すると、道新は2カ月後の11月5日から、別刷りの地域情報版「B函館新聞」を夕刊に付録として函館市と周辺3町に折り込み始めた。

それと同時に「函館新聞」をはじめ、9件の函館などの地名をつけた新聞題号を商標として特許庁に登録出願した。特許庁は、拒絶査定した。道新が不服申し立てをすると、申し立ても退けた。道新側は、東京高裁に特許庁長官を相手取り審決の取り消しを求めて提訴した。

A函館新聞社は、公正取引委員会に道新が市場新規参入を妨害しているのは、独占禁止法違反（私的独占の禁止）の疑いがあると、審査を申告した。申告による妨害行為は、①函館新聞社設立と函館新聞という題字の新聞の新規発行が伝えられると、道新は、「函館新聞」など新紙が用いると予想される新

聞題号を出願登録して、A函館新聞社に題号使用の自由を阻もうとした　②A函館新聞社が時事通信社にニュース配信契約をしようとしたのに対して、道新は、時事通信社にニュース配信をしないよう働きかけた　③道新は新聞用紙メーカーにA函館新聞社には用紙を売らないように働きかけた――というものである。

　公取委は、申告に応じて、道新の札幌本社、函館支社、時事通信社、王子製紙など製紙メーカー3社を立ち入り調査した[11]。その結果、98年2月、公取委は道新に対して「函館新聞への妨害行為」をとがめる排除勧告を出した。勧告の要点は、①A函館新聞に使用させないために行なった商標登録出願をすべて取り下げること　②時事通信社にA函館新聞への配信は、道新の関与するものでないと通知すること　③A函館新聞の広告集めを困難にするための広告料の（安い）設定をやめること、などである[12]。

　道新は排除勧告について応諾を拒否、その後審判で争った。2年後の00年2月7日、一転して事実関係を認めるとともに自らとるべき競争回復のための計画書を公取委に提出した。公取委は、計画書を調べた上で、「北海道新聞は函館地区で夕刊を発行している函館新聞社の新規参入を妨害した。今後はこうした違反行為をやめるよう同意審決を行った」と発表した[13]。これで道新の独禁法違反が事実上確定した。

　同意審決に先立って、99年10月1日、道新は、特許庁への新聞題字商標登録出願と題字出願を拒絶した特許庁を相手取った行政訴訟を取り下げた。

　また、道新発行のB函館新聞は99年8月27日付けの紙面に「9月1日付けから配布区域を道南全域に拡大、題字を『みなみ風』に改題して発行する」と告げる社告を載せた。二紙同一題字の混同は、解消した。夕刊紙として発刊したA函館新聞は、00年4月1日、朝刊紙に移行した。

戦時統合絡みの参入・妨害　函館新聞発行前の99年、函館市の各紙の部数（占有率）は道新87,189部（84.5％）で、地元ブロック紙のガリバー型寡占状態。全国紙3紙はほぼ同数で、毎日4.27部（4.2％）、読売4,206部（4.1％）、朝日4,135部（4.0％）。それに日経2,975部（2.9％）が続く。

　地元・ブロック紙絶対優位の局地的市場に、創刊部数20,000部の函館新聞

が参入した。函館新聞が道新の執拗な参入阻止行動を懸命に排除して、新規参入しようとした行動を後押したのは、戦中戦後にわたる北海道の新聞市場形成にかかわる「因縁」なのである。

　新規参入に加担してＡ函館新聞に出資した十勝毎日新聞社長の林光繁は、市場形成過程のかかわり方をこう指摘する。「日本の新聞の危機は、1940年体制、即ち国家総動員体制の呪縛が解けていないところにあります。軍の統制に基づく発足をルーツだとして、ルーツ紙の題字を使用してはならないと言う。戦時でできた新聞が新規参入を妨げるとは何をかいわんや、です」「地方紙の寡占状態の弊害がこんなに大きいとは思いませんでした。県紙、ブロック紙に逆らったら商売ができなくなる」[14]。

　道新は、戦時新聞統合で、北海タイムスを中核にして、林が「ルーツ紙の題字」と指摘する函館新聞、小樽新聞、釧路新聞など11紙が合併した一道一紙であった。

　戦後十数年間、「北海道には二日遅れの（東京発行）の新聞が届けられ、地元紙北海道新聞、北海タイムスなどの独壇場だったのが、この日を境にして地方紙の王道楽土は中央紙と地方紙の血まみれの激戦区へと一変した」「中央紙の地方進出の第一期は朝、毎、読三紙の札幌印刷開始です。（この日）昭和三十四年四月一日に朝日と毎日、翌年五月一日に読売が北海道札幌で印刷を開始しました。（中略）"有楽町と同じ新聞"というのが朝、毎、読の触れ込みです」[15]。

　当時、有楽町は、新聞街で朝、毎、読の本社が建ち並んでいた。朝日は、有楽町で作った都内版と同じ新聞のフィルムをマイクロウエーブで札幌に電送する。北海道支社は、それを受信、刷版を作って輪転機にかけた「有楽町と同じ新聞」を道内に配った。「地方紙と中央紙との攻防戦が一つの新しい段階に突入」した。だが、道新には、中央紙（全国紙）だけを相手にしているわけにはいかない地域情勢がある。ヤヌスの如く双面をもって、表の貌で全国紙、裏の貌で地域紙と両面のライバルと対峙しなくてはならない[16]。

北海道新聞社 本社：札幌。資本金3億円4650万円。47年、北海タイムス、小樽新聞、旭川新聞、旭川タイムス、新函館、室蘭日報、釧路新聞、十勝毎日新聞、北見新聞、網走新聞、根室新聞の11社を統合して、北海道新聞社発足。朝刊122万部、夕刊73万部（00年現在）。従業員1034人。海外支局 ワシントン、ロンドン、パリ、ウィーン、モスクワ、ユジノサハリンスク、ソウル、カイロ、シンガポール、北京。

（注）日本新聞協会『日本新聞年鑑 '00/'01』（00年）から作成。

全国紙と地域紙が挟撃　広域にわたる北海道には、Ａ函館新聞に出資した十勝毎日新聞はじめ北海タイムス、釧路新聞、苫小牧民報、室蘭民報など地域紙が、局地的市場をカバーしている。

　なかでも十勝毎日新聞は、19年の創刊。帯広市を中心に十勝支庁管内の発行部数84,400部（97年現在）、地元普及率67.1％。ガリバー型寡占状態だ。北海道全域の普及率でも3.58％、毎日を抜いて4位の位置を占める。

　地域紙・十勝毎日新聞が出資したＡ函館新聞に対して全国紙・読売、朝日、毎日の3紙が、合従連衡して支援を始めた。①スポーツ関係記事は読売が提供し、一般記事は、朝日、毎日が編集協力する　②販売・配達は、読売、朝日、毎日3紙の系統販売店（計30店）が、合売で援助する共同行動をとる。

　道新の道内占有率は51.8％。過半数は確保している。函館市の占有率は高い。84.5％である。残り25.5％を全国紙が分け合う。道新の地域独占体制を切り崩すきっかけをつかむため、全国紙が地域紙の新規参入を支援するのであろう。

　全国紙と地域紙が組んでのブロック紙攻勢に対して、北海道新社長室長の岸本忠は「我々は、全国紙の攻勢と地元紙の台頭の挟撃にあっている立場です。全国紙対策同様、地方紙対策も必要です」[17]と両面作戦をとらざるをえない立場にあることを強調する。

全国紙、地域紙に配信　このように「道新を過敏なまで神経質にさせている」のは、地域紙の背後に立つ全国紙が、透けてみえるからだ。北海道

だけではなく、産業的に行きづまっている新聞界で、全国各地で全国紙の読売、朝日両社が地方紙・地域紙を支援・提携する動きが目立ってきた。読売はＡ函館新聞に記事提供を始めたのを手始めに地域紙にヨミネットと名付けたパソコン通信を使った記事配信サービスを行う。函館新聞、石巻日日、宮古新報、大島新聞、夕刊きりしま、長野日報が配信サービスを利用する。サービス料は、基本料金が月額１万円、ニュース５分野と写真は分野ごとに１万円。部数によって料金差があるが、10万部以下の地域紙が全分野のサービスを受けても月額10万円で賄える。朝日も釧路新聞、米沢新聞、桐生タイムス、岡山日日新新聞に記事を提供している。

　ヨミネット配信記事を使った場合は、クレジット「読売」を入れる取り決めだ。配信システムやクレジット使用をめぐって読売の経営戦略ではなかろうか、という見方がある。「一部報道では、ヨミネットが読売の"共同潰し"と地方紙の系列化を目指したものだと伝えられた」。

　この見方について、読売新聞広報部長の桜井恒和は、こう説明する。「メディアとして21世紀を生き抜くための方向の一つとして通信社機能を持ちたいが、だからといって、すぐに通信社になることは難しい」「迷惑なのが、いま読売のメディア企画局がやっている地域紙への情報サービスと共同（脱退）の話が連動しているかのように報じられていること。（後略）」「（ヨミネット・サービスは）読売側からもちかけたものではなく、地域紙の方から"使いたい"と言ってきたということです。（中略）地域紙の系列化なんて過剰反応もいいところですよ」[18]。

　ニュース配信よりも強い提携を結んでいるケースもある。読売は、函館新聞の出資社である十勝毎日新聞社に委託して読売新聞東北海道版の現地印刷をしている。

　業界事情に通じる桂敬一は「新聞各紙は、（中略）北海道新聞と函館新聞とが対立する事件の今後の展開を、重たい気分で注目している」[19]と、新聞社の局地的間対立を新聞産業全体に視野を広げて注目する。

(2) 「日刊新愛媛」突如、廃刊

「来島ドック」が新聞発行　76年、愛媛県で発行を始めた日刊新愛媛が、たちまち地域独占の県紙・愛媛新聞の部数を上回る急成長、10年後の86年、一夜にして消滅した。新聞界の異聞だ。

　日刊新愛媛は、マスコミとは異業種の来島どっく・グループのオーナー、「四国の大将」と呼ばれた坪内寿夫が宇和島市の新愛媛を買収、改題して発行した。月ぎめ購読料2,450円の愛媛新聞に対して、900円の低価格で部数拡張をはかった。社員の大部分は、関連企業からの出向で、新聞経営の赤字は関連企業の経費で埋めた。編集方針は、当時の白石県政に対する徹底的な攻撃であった。

　改題当初3万部だった日刊新愛媛は、84年、21万部の愛媛新聞を抜いて「25万部達成記念式典」をあげた。その2年後、突如、廃刊してしまった。新聞専業ではなく、コングロマリットの一員であることが原因となった。坪内がオーナーであった来島どっく、佐世保重工が造船不況で銀行管理に陥り、四国の大将は、失脚。日刊新愛媛は、造船業の道づれになって、沈没。愛媛新聞は、独占的県紙の座を回復した。

(3) 参入即退出「日刊ザ・ひろしま」

地方都市で夕刊即売　ブロイド版夕刊紙。99年1月21日付で創刊し、1カ月余たった2月27日付27号一面トップで、休刊を告げた。

　発行人は、広島市西区商工センターの印刷会社経営者。販売は日本特有の戸別配達をしないで、広島市周辺のコンビニエンスストアや駅のスタンドなどで即売した。16㌻か18㌻で一部90円。創刊当初、1万部近く売れたが、1カ月足らずで3,000部前後に落ち込んでしまった。

　タブロイド版、即売方式の新聞の成功例には、首都圏で売れる夕刊フジと日刊ゲンダイがある。ワンコインで買えて、混雑した車内でも読みやすいサイズであり、軟派中心の編集が通勤者に受けた。

　広島都市圏は、通勤者数が首都圏より断然少ない。市場規模と販売方式のミスマッチが指摘されよう。

紙面には「夕刊紙に付きものの風俗・レジャー・娯楽情報が乏しく」「JR広島駅などで売店を経営する西日本キヨスク広島支店は『見出しは派手だったが、内容がともなわず、(中略)地元紙の夕刊を買う固定層は動かない』」[20]と中途半端な編集方針も指摘された。

　経営的には、取材・編集コストが既存新聞社に比べて、割高であったといえよう。新聞協会加盟社の場合、ニュース・情報供給の大半を、東京に100前後、全国に800ある新聞記者クラブに依存しているのが現状だ。広島市にも10余の記者クラブが県庁、市役所、公共団体等に設けられ、ニュース・情報が、毎日一定量供給される。日本列島に張り巡らされた記者クラブシステムは、取材コストを節減する機能を備えている。東京のタブロイド版夕刊紙も親企業の新聞社、雑誌社から流される情報を夕刊調の味付けをするのだから、取材コストは抑えられる。

　新聞協会未加盟で記者クラブ入会が容易でない「日刊ザ・ひろしま」は、専ら自社の記者が「足で稼ぐ」取材方法をとらざるを得ない。スタッフ30人抱えていた発行人は「日刊紙を発行するには最低50人以上の人員が必要だが、そこまでの資本はなかった」[21]ことを超早期退出の理由に上げた。夕刊風に表現すれば、離陸した途端、給油不足で失速、墜落。

1）山本文雄編著『日本マス・コミュニケーション史［増補］』(93年、東海大学出版会) 90ページ。
2）日本新聞労働組合連合編『新聞が消えた日』(98年、現代人文社)のうち山田健太「新聞の現在位置」121ページ。
3）一力一夫『実践新聞論—東京大学新聞研究所講義録—』(83年、河北新報社) 48ページ。
4）本郷美則『新聞があぶない』(99年、文春新書) 参照、115〜121ページ。
5）前掲本郷美則『新聞があぶない』114ページ。
6）木下玲子『influential—影響の王国』(91年、新潮社) 参照、167〜190ページ。
7）前掲山田健太「新聞の現在位置」130ページ。
8）中国新聞・夕刊「無料日刊紙　日本進出　欧州の数社が発行臨む」(01年2月28日付)

9) 読売新聞100年史編集委員会『読売新聞100年史』(91年、読売新聞社) 832ペー。
10) 前掲読売新聞100年史編集委員会『読売新聞100年史』831ペー。
11) 桂敬一代表編集者『21世紀のマスコミ 01 新聞』(97年、大月書店) のうち「桂敬一『二 一世紀への新聞のゆくえ』」参照、247～248ペー。
12) 函館新聞「公正取引委員会 函館新聞社の新規参入の妨害行為に対する審査決定で当社の主張前面認める」(98年2月6日付)
13) 中国新聞「北海道新聞に 公取委同意審決」(00年2月29日付)、朝日新聞「北海道新聞 独禁止法違反が確定 函館新聞の新規参入妨害 公取委が同意審決」(同日付)
14) 桜井よし子「日本の危機 第六回」(「週刊新潮」98年4月2日号)
15) 前掲一力一夫『実践新聞論―東京大学新聞研究所講義録―』155ペー。
16) 朝日新聞「北海タイムス 読売が商標権 読売新聞社は二十四日、一九九八年九月に廃刊した北海道の地方紙『北海タイムス』の題字の商標権を取得した、発表した」(00年3月25日付)
17) 前掲桜井よし子「日本の危機 第六回」
18) 榊克巳「混沌の新聞界で憶測呼ぶ読売新聞の『野望』」(「創」99年3月号)
19) 前掲「桂敬一『二 一世紀への新聞のゆくえ』」249ペー。
20) 朝日新聞第2広島版 (99年2月26日付)
21) 前掲朝日新聞第2広島版 (99年2月26日付)

Ⅱ．官制二重構造市場形成

1．戦時統合「一県一紙」

内閣情報局、　　軍部の政治支配力が著しく強化される転機となった二・二
統制着手　　六事件の起こった翌 37（昭和 12）年、全国に非日刊紙も含めると新聞社は 13,075 社も存在した。その 5 年後、第 2 次大戦が開戦した 41（昭和 16）年 4 月には、3 分の 1 に減少して、5,190 社[1]。

日刊紙の減少も急激だった。

38 年＝739 紙→41 年 1 月＝244 紙→同年 1 月＝184 紙→42 年 2 月＝128 紙→42 年 10 月＝54 紙（一県一紙・ブロック紙 3 紙・全国紙 5 紙）

野口悠紀雄はその著書『一九四〇年体制』[2]で、総力戦を遂行するため、大蔵省は「一県一行主義」、そして内務省と内閣情報局は「一県一紙主義」の徹底化を進め、新聞は 54 紙に統合された。戦時中に強行された統合の統制措置が新聞産業構成の原型を形づくった、としている。野口が名づけた 1940 年体制形成から 60 年たった 02 年現在、その遺制である新聞産業には、全国紙 5 紙、ブロック紙 3 紙、一県一紙の地方紙が 34 紙、一県二紙の地方紙が 4 紙、計 46 紙が存続している。一般日刊紙を全国紙、ブロック紙、地方紙に分類するのも 1940 年体制以来の慣行でる。

新聞の 1940 年体制は、二・二六事件前後から準備されてきた。事件後の 36 年 3 月 6 日に成立した広田弘毅内閣は、非常時をスローガンにかかげ、戦争準備の総動員体制を整えた。その体制に沿って、11 月に言論統制をめざす内閣直属の情報委員会を設置した。戦時体制化が進むにつれて、情報委員会→情報部→情報局へと組織を拡大充実し、言論統制・宣伝啓蒙活動を加速化させた。

戦時体制は 38 年 4 月、第 1 次近衛文麿内閣が成立してから一段と強化された。近衛内閣は国家総動員法を制定し、議会の承認がなくても、労働力、物

資などすべてを政府の方針にしたがって動員できる戦時体制を確立した。情報委員会も総動員体制に合わせて、同年9月、内閣情報部に改組。さらに、40年7月、第2次近衛内閣が組閣されると、同年12月、情報局制を公布した。内閣情報部に陸海軍部報道部、内務省警保局、外務省情報部を加えて報道情報統制管理を一元的に統合した。内閣情報局は、新聞用紙の統制を内閣の所管に移し、用紙配給を利用して、地方紙の一県一紙体制、全国紙の題号統一など新聞の整理統合に着手した。

整理統合の第一段階は、38年7月から40年5月まで。『朝日新聞社史　大正・昭和戦前編』[3]によると、「戦時下の言論統制と資源枯渇防止」を理由に進められた。「悪徳不良紙と経営難の新聞の整理がまずおこなわれた。悪徳不良紙とは、脅迫をするもの、無断で広告をのせ料金を強請するものなどで、旬刊か週刊であり、小野秀雄『新聞研究五十年』によると東京市だけで千を越えたという」。

直接手がけたのは、内務省警保局管下の各府県特高課である。『神戸新聞百年史』(656ﾍﾟｰｼﾞ)は、こう記録している。「兵庫県内では統合前には業界紙なども含めた各種の新聞が八百余あったとされるが、特高課が統廃合を勧告、強権を発動して推進した。（中略）神戸新聞は県内に発行本社を置く唯一の地方紙として生き残った」。

38年5月、全国に13,429紙もあったのが、2年後の40年4月末には8,124紙に急減していた。

強権で年間3千紙消滅　第二段階は、40年5月から41年9月まで。「一県一紙」を目標に、各県内の弱小新聞が整理された。知事が助言、仲介する形をとり、県特高課が強権を発動する役割を演じた。新聞用紙の割当を整理統合に利用した。そのため、新聞雑誌用紙の統制は商工省と企画院の所管であったのを40年5月、情報局に新聞雑誌用紙統制委員会を設置して、用紙割当の実権を同委員会に移管し、内閣直轄とした。委員長は内閣書記官長、幹事長は内閣情報部長が担当した。

『朝日新聞社史　大正・昭和戦前編』は、御手洗辰雄の『新聞太平記』の一節を引いて、中小新聞の統合、廃刊の事情を証している。「情報局で案を立て、

Ⅱ．官制二重構造市場形成

警保局を通じて府県の特高課に命じてやらせたのだから、その方法の手荒なことは当然である。まず用紙の供給を断ったが、それでも統制外の高い紙を買い入れて発行すると、読者名簿を提出させ、一々読者に講読中止を勧告してまわる念の入った府県もあった。尚その上広告主をまわって広告を止め、甚だしいのは広告を恐喝として検挙する非常手段さえとった県もある」。

用紙割当の強権を発動で、地方紙の一県一紙体制づくりが進展した。40年4月末、全国の新聞は8,124紙、1年後は5,190紙。1年間に3千紙近くの

一県一紙一欄（普通日刊新聞紙整理完成調　内閣情報局　昭和17年11月7日現在）
備考：未完成の地方次の如し　東京、愛知

道府県	紙　名	道府県	紙　名	道府県	紙　名
北海道	北海道新聞	石川	北国毎日新聞	岡山	合同新聞
青森	東奥日報	福井	福井新聞	広島	中国新聞
岩手	新岩手日報	山梨	山梨日日新聞	同上	呉新聞
宮城	河北新報	長野	信濃毎日新聞	山口	関門日報
秋田	秋田魁新報	岐阜	岐阜合同新聞	徳島	徳島新聞
山形	山形新聞	静岡	静岡新聞	香川	香川日日新聞
福島	福島民報	愛知	中部日本新聞	愛媛	愛媛合同新聞
茨城	茨城新聞	三重	伊勢新聞	高知	高知新聞
栃木	下野新聞	滋賀	滋賀新聞	福岡	西日本新聞
群馬	上毛新聞	京都	京都新聞	佐賀	佐賀合同新聞
埼玉	埼玉新聞	兵庫	神戸新聞	長崎	長崎日報
千葉	千葉新報	奈良	奈良日日新聞	熊本	熊本日日新聞
神奈川	神奈川新聞	和歌山	和歌山新聞	大分	大分合同新聞
新潟	新潟日報	鳥取	日本海新聞	宮崎	日向日日新聞
富山	北日本新聞	島根	島根新聞	鹿児島	鹿児島日報
				沖縄	沖縄新報

（注）『現代史資料(41)　マス・メディア統制（二）』（みすず書房）のうち「九七　昭和十七年上半期のおける出版物の発行状況」（496～497ﾍﾟ）から作成

新聞が消滅した。それらの新聞は廃刊させられたり、同じ県内の優越的な新聞に吸収合併された。県によっては、政友会系紙と民政党系紙が対立したり、部数の拮抗している新聞が存在する県では、二度、三度に分けて整理統合が進められた。有力紙が並立している北海道では、各紙が一斉に解散し、新会社を設立する形をとった[4]。

多くの一県一紙は、「新聞」「新報」「日報」の道府県名を冠した題号を付けられ、今日に及んでいる。

その中で、広島県だけは一県一紙の例外扱いとなった。中国新聞と呉新聞の一県二紙。その間の事情を、『中國新聞80年史』[5]が伝えている。「『呉新聞』が一県一紙という新聞統合のワクから除外されて存続したのは、戦時中四十万にのぼる呉市民に海軍関係ニューを提供する使命と、空襲が激化して戒厳令が布かれた場合、鎮守府として治安維持のため一つの新聞を確保していなければならないとの理由からである」。海軍の意向を、内閣情報局が枉げて受け入れたのであった。終戦後、海軍が解体すると、呉新聞は中国新聞に統合した。

2．「全国紙」整理

情報局代行の新聞連盟　太平洋戦争開戦の41年に入ると、言論の統制は本格的になり、政府は新聞界も大政翼賛体制に沿って一元的統制機構を持つべきであると要求した。これに応えて、国策通信社・同盟理事長の古野伊之助が呼びかけ、朝日・緒方竹虎、毎日・高石真五郎、読売・正力松太郎の全国紙3社首脳が政府の要求について意見交換した。新聞界の自主的統制によって政府の統制を回避しようと目論んで、自主的統制機構をつくることとした。

41年5月28日、社団法人日本新聞連盟を設立。事は、3社首脳の思惑のように運ばなかった。新聞連盟の機構に同盟が介入し、情報局が乗り出して、政府が利用する存在と化した。新聞社110社が加盟。理事長に中外商業新報社長・田中都吉が就任、新聞社14社から理事、監事を出した。それに内閣情

報局次長、同第二部長、警保局長が参与理事に加わった[6]。

　連盟は内閣情報局に代行して、新聞用紙の割当、販売店の統一、記者倶楽部の整理統合を行うことになっていたが、実質的には情報局が執行した。新聞界も総動員体制に組み込まれ、政府主導の新聞統合が急速に進められる。

　新聞連盟の政府係参与理事は41年9月、新聞統合に関する議題を理事会に提出した。政府の狙いは、資本を1社に集めて、全国の新聞を一元的に統制する新聞共同会社を設立しようというものである。東京・大阪に大新聞数種、北海道・名古屋・福岡に有力地方紙を残し、その他は一県一紙として、全国の新聞を新聞共同会社が一元的に統制できるようにする計画だった[7]。

　『読売新聞百年史』によると、「全国の新聞を一元化する統制会社案をめぐって議論がふっとうしていた」という。「政府の諮問をうけ理事会では、みずからのクビをしめるような統制案に結論がでるわけがない。毎週三回もの審議を続けたが、理事社のうち地方新聞六社と中央紙の報知、国民の八社が賛成、反対は読売、朝日、毎日、都の四社で、とうていまとまる見通しはなかった」。見通しのないまま開いた11月5日の理事会は、「殺気立った発言の応酬がつづいた」。読売の正力社長は「生命をかけても反対する」と抵抗した。正力が強硬に反対した理由は、①新聞の自由を否定している　②資本と経営の分離をはかっている　③統制会社が実行されると、独立した新聞社でなくなり、幹部の任免権は政府に握られ、新聞は一方的なニュースの伝達機関に堕してしまう、というものであった。

　紛糾した理事会は、「中央紙に食われ、凋落気味の地方紙代表理事は『国の要請ならば』といって賛成に傾いた。しかし正力社長と毎日の山田代表、朝日の緒方代表は強硬に反対した。（中略）理事会は収拾のつかぬまま散会した」[8]。

　理事会後、朝日、毎日、読売の3社首脳部は対策について協議を重ねた。3社は一元会社案を撤回すれば、その他の案は田中理事長に一任することで妥協した。田中は、次の裁定案[9]を作製して、政府に申達した。

　①新聞はすべて法人組織とし、株式または出資は社内従業員のみ保有しなければならない。

②新聞経営には適正利潤を認め、その配当は一般国策会社並みとする。
　③新聞はすべて許可主義とし、首脳者には一定の適格条件を設ける。
　④新聞連盟を強化して統制機関とし、官庁権限もそれに移譲して新聞の統制整理を助長させる。
　⑤新聞共同会社を設立し、新聞連盟運用上に必要な財産処理機関とする。
　（以下略）

4 大新聞市場統合閣議決定　政府は新聞連盟理事長が申達した裁定案に基づいて、太平洋戦争開戦5日後の41年12月13日、新聞事業令を公布した。新聞事業令は、新聞事業のすべてを政府が握って、首相及び内務大臣が総合的運営をはかり、統制団体の設立を命令することができるし、事業の委託、共同経営、譲渡、廃止、休止も首相及び内務大臣の許可を必要とし、その違反者に事業の廃止、休止を命じることができる強制力を持っている。

　政府は新聞事業令によって、有力新聞社104社を新統制団体の有資格者に指定し、42年2月5日、日本新聞会を創立させた。会長に新聞連盟理事長の田中都吉が就任、各新聞社が出した評議員、委員に加えて、内閣情報局、内務省から部長、課長が出向し、実権を握った。日本新聞連盟は解消した。

　内閣情報局は日本新聞会を実施機関に仕立てて、四大新聞市場の新聞統合に取りかかった。情報局は42年6月、東京、大阪、名古屋、福岡の新聞統合を新聞会に要請した。7月24日、情報局のまとめた大要次のような「東京・大阪・名古屋・福岡地区の主要新聞統合案大綱」[10]を閣議決定した。

　東京　朝日、東京日日は存続。読売と報知が合併して読売報知に、都と国民が合併して東京新聞になる。中外商業新報、日刊工業、経済時事新報など11業界紙を統合して日本産業経済新聞（現・日本経済新聞の前身）とする。

　大阪　朝日、大阪毎日は存続。大阪時事と大阪夕刊が合併して大阪新聞になる。日本工業を中心に愛知県以西の産業経済紙を統合して産業経済とする。

　名古屋　名古屋新聞と新愛知が合併して中部日本新聞になる。

　福岡　福岡日日と九州日報が合併して西日本新聞になる。小倉市で発行の

Ⅱ．官制二重構造市場形成

朝日と門司市で発行の大阪毎日は存続。
備考：北海道　11紙が一旦解散し、新に北海道新聞を創立。
注：東京日日、大阪毎日は43年1月から毎日新聞に題号を統一。

銃後の家庭に1紙普及　　時あたかも、日本軍はミッドウェー海戦で敗戦、アメリカ海兵1個師団がガダルカナル島に上陸し、反転攻勢に転じた太平洋戦争の戦局の転機であった。その時期に、新聞の整理統合が成った。全国紙の寡占化、地方紙の一県一紙＝地域独占化、つまり1940年体制化が整ったのである。

　新聞は、戦争のたびごとに部数を大きく伸ばし、一般世帯の普及度を高める。日本でも、西南戦争、日清戦争、日露戦争の機に新聞が普及してきた。太平洋戦争でも、普及した。とりわけ、地方紙が飛躍的に普及した。日本の新聞の特性ともいえる「一県一紙・一世帯一紙」の普及構造は、戦時新聞統合と言論統制が原型をつくった。

　新聞業界は、新聞統合と言論統制によって、官製の完全寡占と化した。売手が生産し、販売する商品が同質のものを完全寡占というが、新聞記事は、大本営と情報局の主導で設けられた各省庁記者倶楽部で発表されたものばかりであった。内閣情報局や大本営は、政府の方針や戦況を修飾して発表し、それを銃後の家庭に周知徹底させようとする。家庭では、戦地の肉親の安否や戦況を求め、食料品など生活必需品の配給情報を知りたがる。国民の多くが、新聞を読む習慣をにわかに身につけてきた。ところが、購読する新聞の銘柄を選んでも完全寡占商品で、紙面は似たり寄ったりである。その中でも、郷土部隊の情勢や生活情報の掲載量がより多く、近くに販売店を構えている地方紙＝県紙を購読する県民がふえた。地方紙が一気に普及した。

3．統制極め付け「持分合同」

地方紙題字に全国紙名併記　　国家総動員体制下で内閣情報局が主導した新聞の統合再編成によって、絵に描いたような全国紙の寡占、地方紙の一県

29

一紙＝地域独占の二重構造の原型が形づくられた。この原型は「持分合同」と呼ばれる戦時措置によって、東京・大阪圏は全国紙の寡占、各道府県圏は地方紙の独占に棲み分ける完全な形の戦時市場体系に編成された。政府は敗戦５月前の45年３月15日、「戦局ニ対処スル新聞非常態勢ニ関スル暫定措置要綱」を閣議決定、４月１日実施した。

　この措置はアメリカ軍の本土空襲、上陸で輸送機関、通信網が寸断され、新聞が配布不可能になるのをおそれて、国民が少なくとも一紙は読めるようにしようというのが目的であった。非常事態に備えて、内閣情報局は業界団体・日本新聞連盟をつくらせ、新聞連盟に記者倶楽部を整理一元化＝情報カルテル化、記者登録制を行わさせた。どの題号の新聞で、大本営発表や各省庁の記者倶楽部会見記事しか載っていない。一紙で間に合う報道体制がとられた。官製の完全寡占が出現した。

全国紙の題号は地方紙の題号の下に併記された（中国新聞社史編纂室「中国新聞百年史」中国新聞社、02年、183㌻）

　暫定措置の骨子は、①全国紙の配布地域を東京、大阪、福岡の周辺地域に限定し、発行不能の場合に備えて共同印刷する。②３地域以外に配布されていた全国紙は、各県の地元紙に合同させ、読者に地元紙を購読させる、というものである。その略称は、持分合同＝もちぶんごうどう。

　例えば、朝日、毎日が広島県内に持つ分（部数）を地元紙の中国に合同し、朝日、毎日の代行印刷、発行する前代未聞の措置であった。地方紙＝県紙が母体になり、全国紙が発行を委託する形をとるわけだ。その場合、地方紙は１部当たり10銭を支払う[11]。

　題号は、例えば、中国新聞の題字下に朝日、毎日両紙の題号を小さく併記した。全国紙にしてみれば、題号の扱い方は、面子にかかわるだけに気にいらなかった。それよりも、措置に伴って政府が指令した地方紙支援は、経済的負担になった。「中央紙から地方紙強化のため人員派遣し、また印刷機を貸

30

与をする、というものである。」

「当時、地方紙は一県一紙となり、財政的にはやや改善されていたが、部数は中央の大新聞とは比較にならなかった。それが一挙に3倍から5倍もの量を印刷するので、人員も設備も足りない。一方、中央紙は50万前後の二ページ新聞だから人員も設備も余っていた。」[12]

当時の新聞は、ブランケット判1枚だったが、紙不足で、タブロイド判になった。売る物がないから広告もなし。印刷用員は、徴兵や軍需工場動員で減員になっていたが、印刷量が少ないので、全国紙は地方紙に人員、設備を送り出す余裕があった。

朝日、毎日の両社はそれぞれ11県の地方紙に印刷機など設備を貸与し、編集、印刷、業務の200人近い社員を出向させた。読売は8県の地方紙に輪転機と社員約70人を送り出した。

全国紙からの人材や機材を不要としたのは発行部数が多いか、経営的に余裕があった樺太（読売経営）、北海道、河北（宮城）、中部日本、合同（岡山）、中国、西日本、佐賀の8社。全国紙にとって、地方紙支援にも増して、不満だったのは、地方に浸透していた部数を強制的に取り上げられた損失である。不満は、「聖戦遂行」という大義名分に抑えられた。逆に、地方紙にはメリットをもたらした。強大な資本力をもって攻勢をかけていた全国紙の県域市場進出が強権をもって遮断され、労せずして全国紙の部数を吸収し、一県一紙体制＝地域独占化が固められたのである。

半年間、県内市場を地方紙独占 河北新報のオーナー経営者である一力一夫が83年、東大新聞研究所で「実践新聞論」[13]を講義した際、この間の事情を語っている。

「昭和20年4月からわずか半年間の運命だったけれども、日本新聞史上画期的な出来事でした。(中略)中央紙と地方紙の抗争は全くないのです。宮城県には河北以外他紙は一部もないのですから競争相手がいないのです。仮に、現在こうした状態が再現したらどれほど楽かと思います。なりっこはないけれど、こうなったら地方紙の経営者は"ウハウハ"もいいところです」。

一力は講義で持分合同の結果を、次のように説明した。地方紙は一県一紙

によってほとんどが3万部以上になり、さらに持分合同で、それら地方紙が10万部台の大新聞に飛躍した。逆に中央紙の部数は激減した。

全国紙の『朝日新聞社史』でも「持分合同は新聞経営に根本的な転換をもとめたものであった。結果としては、地方紙の強化となり、終戦後の地方紙の発展をもたらすことにもなった」と、その中央紙と地方紙の得失を比べている。

東大新聞研究所長であった小野秀雄は、著書『新聞の歴史』[14]で、持分合同の結果「地方紙の発行部数は増加し、収入も増加した。中央紙はそのため大打撃をうけた。その二、三の例を挙げよう」と、部数増減表を掲げている。

	持分合同前	持分合同後
朝日（東京・大阪）	2,592,000	1,327,000
毎日（東京・大阪）	2,685,000	1,370,000
読売報知[15]	1,716,000	834,000
上毛新聞（合同紙：朝日）	25,000	236,000
信濃毎日（合同紙：朝日）	87,000	268,000
伊勢新聞（合同紙：朝日）	30,700	132,700

朝日、毎日、読売報知の3紙は部数が半減した。地方紙は、中央紙の減少分を吸収急増した。上毛新聞は、実に、9.4倍も激増した。伊勢新聞4.3倍、信濃毎日3.1倍の増紙。

政府は持分合同という非常措置で、アメリカ軍の本土攻撃に対処しようとした。その本土攻撃で新聞産業は甚大な被害を被った。原爆投下による中国新聞本社の消失、社員113人の犠牲を出した被害は新聞界で最も大きな損害として記録されているが、一県一紙の半数の23社が焼失した。全国紙も東京大空襲で読売報知本社が焼失し、朝日、東京日日（毎日）本社も半焼した。

地方紙、経営基盤固める　戦争によって新聞産業は打撃を受けた、その半面、戦利がもたらされたと、桂敬一は視点をずらしてれみている。「自由な空気が統制措置によって奪われ、新聞事業関係者はすべて暗澹たる思いに

のみ打ちひしがれる結果となったのかというと、そうでもなかった。すなわち、新聞統合が自由競争では考えられないメリットを新聞事業にもたらし、新聞経営者が結局、歓迎するところとなる側面を伴っていた点が注目される」。

　河北新報経営者の一力が、持分合同によって、半年間、宮城県内市場が河北新報一紙独占になった状態を歓迎し、「それが再現したら地方紙の経営者として、"ウハウハ"もいいところです」と口を突いて出た言葉は、新聞経営者の戦利に対するホンネであろう。

　桂敬一は、戦利として次の諸点を上げる[16]。

　①戦前のように、狭い市場に多くて数万、少なければ数千という部数の新聞が並び立つのでは、独立した営利事業として成功するのは困難だ。ところが、統合・持分合同によってひとつの市場に1社だけが存在を許されるとなると、部数は十分採算のとれる規模の大きさになり、全国紙、ブロック紙など競争者の侵入も大きく制限され、事実上無競争状態を享受できる地方紙も生じ、その新聞の営業条件は格段に改善される。

　②地方紙各社の生産・技術水準、資本・設備の規模の点で、バラつきが大きかった。一県一紙に統合されて、集約化の効果をテコに急速に近代化を進める条件に恵まれた。

　③内閣情報局管轄下の日本新聞連盟、連盟が改組した日本新聞会の統制規程は、新聞資本からの外部資本の排除、社内株制度への転換を求めた結果、専業新聞経営者の地位は強固になった。

　戦争遂行のため「新聞界は、言論の自由を奪われ、戦争宣伝への無条件の協力を強いられたが、それを代償に、産業運営と企業経営の近代化の条件を一挙に入手した」。

　この近代化の条件は、戦後の自由競争時代に効力を発揮する。

4．新興紙の参入・脱落

GHQ、用紙割当で統制　45年8月15日の敗戦によって、新聞統制の諸法規は撤廃され、戦時統制は解かれた。それは、敗戦から2週間後の8月30日、内閣情報局と内務省が10月1日から持分合同政策を放棄する方針を打ち出し、地方長官（知事等）に「新聞非常態勢暫定措置等解除ニ関スル件」を通知したのが契機になった[17]。通知は、9月1日付の新聞公社機関紙「日本新聞報」に掲載された。

朝日、毎日、読売の3社は早速、持分合同によって取り上げられた地方市場の失地を回復する助走を始めた。ライバル関係にある3社は非常態勢措置によって、販売市場を東京・大阪圏に封じ込められてからは被災の際、共同印刷する相互援助契約を結ぶなど協力関係を強めていた。戦後も、対地方紙対策で共同行動をとることにした。

地方市場再進出のためには、増刷する用紙が要る。統制解除実施の10日後には、3社の幹部が言論指導を始めたばかりのGHQ（連合国軍最高司令官総司令部）のCI&E（民間情報教育局）新聞出版課を訪れ、用紙と印刷インクの増配を求めた。全国紙3社の動きを察知した他の新聞社や新聞雑誌発行希望者が、用紙割り当てを要求してCI&Eに殺到した。

GHQは新聞関係諸法規の廃止は認めたのに、用紙の統制だけは解除しなかった。各社とも用紙不足でペラ1枚の新聞しか刷れない状態だった。GHQは、その状態を利用して新聞界をコントロールしようとしたのである。45年末、政府に用紙割当委員会を設置するよう勧告した。政府は内閣情報局に用紙割当委員会を設けたが、2月後、情報局は廃止。委員会を商工省に移管した。

用紙問題ひとつをみても、戦時政権の経済外強制で、人為的にに固定された地方紙の一県一紙独占、全国紙の東京・大阪圏の寡占という無競争体制は一変した。GHQが新聞自由競争時代の幕を開けた。

GHQは米ソ冷戦時代の到来に備えて、メディア政策を講じた。戦時中、対

米英戦遂行・国体護持の国策宣伝に励んだ新聞を1紙も廃刊にしないで、一転して占領政策に協力させることにした。

　それとともに、民主化のメディアとして新聞の多様化をはかるため、戦時新聞整理統合で休廃刊させられた新聞の復刊や新興紙と称された新しい新聞の発刊も奨励した。朝刊・夕刊セットで発行する日本の慣行を変えさせようとした。朝夕刊を別々の新聞社で発行する欧米方式に倣って、夕刊専門紙には積極的に用紙を割り当てる方策をとった。既存紙は、これに対応して夕刊を発行する別会社を設けた。例えば、中国新聞社は「夕刊ひろしま」を創刊し、中国新聞社員を出向させ、中国新聞社の輪転機で「夕刊ひろしま」を刷った。

　用紙割当委員会が割り当ての枠に入れたのは126社。新聞整理統合で54社に絞り込まれていたのだから、GHQに与えられた自由競争市場に戦時中の2倍強の新興紙が参入したわけだ。

　供給側の新聞発行も、需要（読者）側の購読紙の選択も自由になったのに、その需給は一致しなかった。パルプ不足、製紙会社の機械設備の不備、熟練労働者不足で新聞用紙の生産量が新聞社の注文に追いつかなかった。用紙割当委員会は、この需給状況を把握しながら、既存紙に既得権として戦中の発行部数を割り振り、残余の用紙を新規参入社に配給することにした。その新規参入社の合計部数は、朝日1社分に及ばなかった。

　用紙割り当てをめぐって既存紙と新興紙は、激しくせめぎ合った。用紙割当委員会は、購読紙調整を行って対処しようとした。その資料を整えるため、GHQに諮り、読者の新聞購読希望調査を極秘裏に実施した。調査費250万円は政府支出、時事通信社に調査を委託した[18]。

　調査結果「一紙だけしか購読できない場合」①既存紙96％（当時の実購読率85％）②新興紙4％（同15％）

「併読立ち売りを含む朝日、毎日、読売3紙希望」60％（同48％）

　CI&Eは、この結果が気にいらなかった。新興紙、地方紙を育成する方針に反する数字だったからだ。方針に沿った購読紙調整の実行を用紙割当委員会に迫り、新聞協会も協力を強いられた。だが、購読紙調整をめぐって混乱し

ている業界には、占領軍の威光も浸透し難く、新聞社の方も抜け目がない。

仙花紙を利用　全国紙は、用紙割当委員会の規制外の仙花紙に目をつけた。仙花紙は、くず紙をすき返して造った粗悪な紙である。今でもマンガ本などに使われており、静岡県には仙花紙を製造する中小製紙工場が立ち並んでいる。

　49年、朝日、毎日、読売の3社は自社の夕刊発行に踏み切った。同一社が朝夕刊セットで発行することは、用紙割当委員会で認められない。朝刊は、用紙割当委員会割当枠の規格の巻き取り新聞用紙を輪転機にかける。夕刊は、静岡から運んだ色のついた薄い仙花紙を切らないよう用心しながら輪転機を回した。

　競争は、既存紙が有利である。用紙割当が多いので、印刷部数が新興紙に勝る。新聞閲読は、慣行性がある。購読希望調査結果でも、なじんだ活字の既存紙の購読率が高かった。当時、戦時中から引き続いて共販店が各紙を販売していた。地方紙の場合、一県一紙体制が定着、共販店は専売店化しているので、専ら扱い慣れた題号の新聞を売る。

　さらに、地方紙は自由競争になると、戦利である「規模の経済」を活かすことができた。つまり、一県一紙は、①県域市場独占で採算のとれる部数を確保している　②戦時新聞統合で生産・技術水準、資本・設備が集約化、近代化され、大量生産・大量販売が可能になっていたのである。「持分合同で地方紙に貸した読者を取り返す」と意気込んで地方市場に再進出した全国紙と新規参入の新興紙の攻勢に立ち向える力を身につけていた。一方、新興紙は全国紙や地方紙より資本力で劣る。新聞制作のノウハウも乏しい。GHQが配慮するにしては、紙の割当は多くない。全国紙に倣って割高な仙花紙を買いまくる資金は、なかなか工面できない。用紙不足がネックになって発行部数が増やせない。販売収入は上がらない。販売店の集金は渋滞する。部数が伸びないため広告の出稿は減る。広告単価は下がる。収益は増えない。経営悪化の悪循環にはまった。

　苦しまぎれに割当の用紙を自社で印刷しないで、他社に横流しして日銭を稼ぐ新興紙が出るほど窮迫した。

**残ったの
は既存紙**　経営難に陥った新興紙は休刊したり、既存紙に買収、合併、譲渡、特約される結末を迎えた。戦後 5 年間に、新興紙 13 紙の題号が消えた。結局、生き残ったのは、戦時新聞整理統合された既存紙であった。

そこで、「強制的な持分合同で地方紙に貸した読者を取り戻す」と地方再進出した全国紙と「持分合同の読者は、既得権だ」とする地方紙の攻防が各県域市場で展開された。各地方紙は独占市場のシェアを全国紙に多少奪還されたが、県紙として経営の基盤は揺るがなかった。

戦時統制止後、47 年の新聞発行総部数は 1,644 万部。そのシェアは全国紙 52.3％、地方紙 40.1％、その他 7.6％。

「地方紙に貸していた部数を取り戻した」という朝日と毎日は同数の 340 万部 (98 年 朝日 832 万部、毎日 396 万部)、読売は両紙の半分よりやや少ない 165 部 (同 1,020 万部)。

ブロック紙 3 紙では、名古屋新聞と新愛知が合併した中部日本（現・中日）78 万部（同 254 万部）、東京新聞（現・中日東京本社発行）47 万部（同 68 部）で全国紙に迫る。全道 11 社が合併した北海道新聞は 63 万部（同 121 万部）、福岡日日と九州日報が合併した西日本 55 万部（同 85 万部）。

部数の多い地方紙では、中国 20 万部（同 70 万部）、神戸と山陽は同数の 15 万部（同 50 万部、山陽 45 万部）、河北と京都は同数の 14 万部（同 47 万部、京都 43 万部）、新潟日報 12 万部（同 50 万部）、信濃毎日 11 万部（同 45 万部）。

10 万部を超える地方紙とブロック紙は、整理統合による一県一紙体制、それに加えて持分合同で、戦中の短期間に十分採算がとれる規模の大きさの経営体制を整えて、戦後の自由競争に臨んだ。それぞれ道府県域市場で、持分合同の失地回復を経営目標にする全国紙に競り合える経営力を備えてきていた。

5．自由競争開始

**「夕刊旋風」
起　こ　る**　49 年 11 月 3 日、神戸新聞が夕刊神戸を発刊し、同一社が朝夕刊を発行する口火を切った。同月 26 日、夕刊毎日、夕刊読売が

発刊。同月30日、朝日も夕刊朝日新聞を売り出した。3紙が一斉に夕刊を発行したのに倣って、地方紙も夕刊を出し始めた。

　新聞産業は用紙不足とプレスコードに縛られて沈滞していたが、夕刊ネタ取材競争、夕刊販売合戦が始まり、活気づいた。夕刊紙面で話題を呼んだのは、党を越えて代議士同士で結婚した松谷天光光と園田直の夫婦の「白亜の殿堂を結ぶ恋」や敗戦直後に「りんごの歌」で大ヒットした歌手・並木路子の失踪事件などだった。

　にわかに巻き起こった夕刊競争は「夕刊旋風」と呼ばれた。夕刊旋風は、現在まで続く全国紙対地方紙、全国紙間の自由競争開始の狼煙であった。

　各社が夕刊発刊に踏み切ることができたのは、用紙事情が好転したからである。規格用紙の生産量は49年になると、毎月、用紙割当委員会の割当量を上回るほど伸びた。

　ところが、紙の需給関係は世界的に悪化し、生産量が伸びてきた日本の製紙業界に各国から引き合いが殺到した。新聞用紙の輸出価格は1ポンド（0.5㎏）47円。国内割当価格は、原材料のパルプの約22円を下回る19円35銭に抑えられていた。製紙業界は統制価格で国内に出荷するよりも、2倍以上利潤の上がる輸出に製品を回した。経済復興期に好況を迎えた製紙業界(紙)は、砂糖、セメントともに三白景気とはやされた。三白景気でも、統制による紙不足にあえぐ新聞各社は夕刊旋風がもたらした用紙需要増大を規格外の仙花紙を使ってしのいだ。

　新聞各社が会員の新聞協会は用紙確保のため、輸出制限するよう通産省、経済安定本部に要望した。これに対して、通産省は51年3月8日、省令で「4月7日まで紙の船積み禁止」措置をとった。

　急を要する用紙問題に関係するGHQ、政府、全国紙、地方紙、新興紙は立場によって、統制撤廃にどう対処するか方針や態度が異なった。GHQは地方紙、新興紙を育成しようとする占領政策に沿って用紙割当審議会（49年8月、用紙割当委員会を改組）を操作して、地方紙、新興紙に有利な割当をしていた。したがって、統制撤廃反対。CI&Eのインボデン少佐は、3月26日開かれた地方紙協議会で、用紙統制継続を強調した。地方紙は用紙統制が自由化され

た場合、資金力があり、印刷機に余裕のある全国紙が増ページ・増紙をして攻勢をかけることをおそれた。早急な統制解除反対。新興紙も地方紙と同様の予測をして、3月23日開いた第11回新興紙連合総会で用紙撤廃は尚早だ、と反対決議をした。

全国紙は地方紙とは逆の立場に立って、「紙不足を早期に解消するため」を理由に、統制撤廃を主張した。特に、読売は積極的で、2月から4月にかけて3度も社説で「不合理な用紙統制を即時撤廃せよ」と政府に決断を迫った。内務官僚出身の社長正力松太郎は直々政府各省に早急に撤廃するよう働きかけた。

用紙統制撤廃即競争開始　用紙事情は社会経済情勢に影響される。50年6月、朝鮮戦争が起こった。アメリカ軍の物資買い付け、役務等が特需景気をもたらした。敗戦で膨大な遊休設備を抱えていた各企業も、特需が起死回生の妙手になって増産に励み、供給を増やした。戦後経済が立ち直りかけたとみた政府は、パルプを含む物資の統制を次々に廃止した。新聞用紙に限って、GHQの意向を慮った政府が全般的統制廃止の例外扱いにしていた。

だが、製紙業界は内需を上回るほど生産量を増大させながら、輸出に重点をおいていた。大手新聞社に圧された新聞協会は、製紙業界の方針を黙認する政府に統制解除を要請した。政府はその要請に応えた形で、3月13日、横尾通産相が参院内閣委員会で「用紙統制撤廃は紙の生産にさしつかえない」と答弁して、撤廃の方針を示した。

政府は同月下旬から、GHQと新聞用紙、下級印刷紙の価格、配給の統制撤廃の承認を得る折衝を始めた。1カ月たった4月23日、GHQは政府の要請を認めた。5月1日、政府は、①新聞用紙ならびに出版用紙の統制　②新聞購読料の規制を全国的に撤廃した。

戦中から10年間続いた新聞に対する統制は、これで終止符を打った。

統制撤廃に積極的だった読売は、『読売新聞百年史』[19]で、統制解除がもたらす新聞界の展開をこう記している。「新聞用紙の統制撤廃を契機として、戦後の新聞界の様相を変える自由競争がこれから始まるのである」。

企業は競争に臨む際、需給を操作するため数量調整と価格調整を行う。用

紙統制と購読料規制の撤廃で、自由競争を戦う経営手段は準備された。

　読売が用紙統制撤廃を推進した狙いは、表だって主張した紙不足緩和の他に、もう一つ狙いがあった。それは「統制撤廃が早ければそれだけ大阪進出が早くなるとの意図もあった」[20]のだ。西日本市場への展開をにらんだ経営戦略である。

　51年9月8日、サンフランシスコで対日平和条約が調印され、連合国軍の日本占領が終わった。講和とともにGHQが報道の自由に枠をはめていたプレスコードは失効し、報道の自由競争も激しくなった。

1）　山本文雄編著『日本マス・コミュニケーション史［増補］』（93年、東海大学出版会）202ページ。
2）　野口悠紀夫『一九四〇年体制』（95年、東洋経済）参照、35〜36ページ。
3）　朝日新聞百年史編修委員会『朝日新聞百年史』（91年 朝日新聞社）参照、633〜635ページ。
4）　佐々木隆『日本の近代14　メディアと権力』（91年 中央公論新社）参照、363ページ。
5）　中国新聞80年史編纂委員会『中国新聞80年史』（72年 中国新聞社）143ページ。
6）　前掲山本文雄編著『日本マス・コミュニケーション史［増補］』185ページ。
7）　読売新聞100年史編集委員会『読売新聞100年史』（76年 読売新聞社）436〜437ページ。
8）　前掲読売新聞100年史編集委員会『読売新聞100年史』436ページ。
9）　前掲読売新聞100年史編集委員会『読売新聞100年史』437ページ。
10）　前掲山本文雄編著『日本マス・コミュニケーション史［増補］』201〜202ページ。
11）　前掲中国新聞80年史編纂委員会『中国新聞80年史』151ページ。
12）　朝日新聞百年史編修委員会『朝日新聞百年史　大正・昭和戦前編』（91年、朝日新聞社）634ページ。
13）　一力一夫『実践新聞論―東京大学新聞研究所講義録―』（93年、河北新報社）115〜116ページ。
14）　小野秀雄『新聞の歴史』（55年、同文館）133ページ。
15）　「読売報知」は42年8月、経営難の「報知」を読売が合併して、改題。45年5月、「読売新聞」に復元し、報知は夕刊「新報知」として復刊。
16）　桂敬一『現代の新聞』（90年、岩波新書）39ページ。
17）　有山輝雄『占領期メディア史研究―自由ト統制・一九四五年―』（96年、柏書

房）参照、136ページ。
18）前掲小野秀雄『新聞の歴史』146ページ。
19）前掲読売新聞100年史編集委員会『読売新聞100年史』580〜581ページ。
20）前掲読売新聞100年史編集委員会『読売新聞100年史』579〜580ページ。

III.「共同・地方紙連合」対「全国紙枢軸」

1．長崎（地方紙）の敵を江戸（同盟）で討つ

戦時統制演出者に報復　朝日、毎日、読売の全国紙3社は、戦時新聞統制の極め付けといえる持分合同で東京・大阪周辺地域に封じ込められていた。終戦とともに、統制が解けた。持分合同で、強制的に地方紙に貸した部数を取り戻すため、地方市場への再進出を目論んだ。地方進出を謀る3紙にとって、気になる存在がある。地方紙に内外のニュースを、24時間体制で送信し続ける同盟通信社だ。

社団法人同盟通信社（以下「同盟」と略）は、36年に旧「聯合」（新聞聯合社）を継承して発足し、次いで電通（日本電報通信社）の通信部を吸収した国策通信社である。政府が助成金を支出し、同盟加盟の新聞社と日本放送協会が加盟金を拠出する組合通信社であった。

支社局を加盟する地方紙の本社社屋内に置き、地方紙は自社が取材したニュース原稿を同盟に提供する一体化した関係にあった。同盟の後身である共同通信もその方式を踏襲し、今日に及んでいる。職員は当初1,000人、第2次世界大戦の進展に伴い、職員6,000人を擁するアジア史上最大の通信社に発展した。

同盟の2代目社長・古野伊之助は遣手で通っていた。内閣情報局が遂行した戦時新聞整理統合による一県一紙体制づくりは、古野が先導的役割を努めた、とされる。閣議決定された持分合同も古野の建言に基づく措置であった、と伝えられる。一県一紙体制形成、さらに持分合同による一県一紙強化は、古野が組合通信社経営の基盤である地方紙擁護を目的に意図しものだ[1]。それを、古野は見事に達成させた。

朝日、毎日、読売の経営者は、古野が新聞の戦時体制づくりに腕を振るったことに対する恨みつらみもあって、同盟とは別の新しい国際通信社を設立

する構想を密かに練った。国際通信分野の主導権を同盟から奪えば、地方紙の支えである同盟が弱体化し、ひいては地方市場再進出が容易になるという経営戦略である。

　この共同謀議は、「江戸（東京）の敵を長崎（地方）で討つ」のではなく、江戸で討とうとする経営論理だ。全国紙連合は地方紙対抗策が要る機会が生じると、主敵（地方紙）を長崎（当該地域）で討つ代わりに、江戸の敵（同盟・共同）を討つ戦略を打ち出す性癖がある。

GHQ、同盟に業務停止命令　戦後占領期のメディアの動向は、用紙割当でもみられるように、GHQのメディア政策・管理に左右された。基本的には、自由化と統制の両面政策であった。

　45年8月30日、マッカーサー連合国軍最高司令官が厚木に降り立ってからも、同盟は報道・配信業務を続けていた。GHQが気にしたのは、同盟が広島・長崎の原爆被害の実相とアメリカ軍兵士の暴行事件を海外へ配信することであった。

　連合国軍進駐当初、メディア統制政策とその指揮命令系統が確立していなかったので、国策通信社「同盟」対策も一貫性を欠いた。

　9月19日、GHQが占領政策批判取り締まりを目的にしたプレスコードを指令するのだが、その5日前の14日、CIS（対敵諜報部）は言論の自由に最小限度の制限を加えるため、「言論及新聞ノ自由ニ関スル覚書」を指令した。同盟は指令後も、ニュース配信を続けた。GHQは同盟の業務活動を苦々しい思いでみていた。14日午後、マッカーサー司令官自らが発したとされる、業務停止命令がCCD（民間検閲局）から同盟に伝達された。理由はノーコメント。CCD将校の立ち合いの下、古野社長が社員に業務停止を命令し、午後5時29分、一切の配受信が止まった。

　業務停止間もなく、GHQとCCDの幹部がマッカーサーに面会し、「占領政策をスムーズに実施するためには、同盟の利用が必要だ」と具申した。マッカーサーは意見を聞き入れ、同盟の活動継続を命令した。翌15日正午、同盟は国内ニュース配信を再開。この処置は単なる業務停止撤回ではなかった。CCDは古野に停止理由を「公安を乱すニュースを流したため」と説明した上、

III.「共同・地方紙連合」対「全国紙枢軸」

①国内ニュース配信は完全な検閲下で許可する　②海外支局からの受信は規制緩和の時まで禁止、という条件をつけた[2]。同盟はGHQの統制下に入った。

業務停止命令は、同盟解散の伏線であった。同盟が業務停止させられた同時期に、朝日、毎日、読売の3社もCCDと接触していた。GHQに新国際通信社設立構想を認めさせるため、GHQ翼下のCCDに説明した。説明を伝え聞いたGHQは、同盟を占領政策に利用するため、取りつぶさないまでも、国策通信社としての同盟を政府から引き離し、通信社の独占化を排する方針だったので、新通信社設立構想を黙認する態度をとった。

3社はCCDと接触すると同時に、同盟に代って外電を配信するアメリカの通信社と交渉していた。同盟は、3社の共同謀議に気づいていなかった。ハプニングが起こった。

9月中旬、読売と契約するAP通信から読売に当てた電報が、有ろう事か同盟に誤って届けられた。電文「同盟ヘノにゅーす提供ヲヤメル。3社カラノ申シ出ハ承知シタ」。誤配の電文の文意について、古野はじめ同盟の幹部にとって寝耳に水だった[3]。びっくり仰天。同盟存立の危機が、知らぬ間に迫っていようとは……。

追いかけて、同盟の業務停止の翌15日付の「日本新聞報」が「同盟の改組必至、一部に新通信社設立論起こる」という観測記事を載せた。

新通信社構想が表面化すると、同盟の周辺はにわかに動きが慌ただしくなった。同盟自身はCCDに外国通信社と契約を容認してほしい、という申請をした。CCDは回答しなかった。古野は、それをGHQが同盟と外国通信社との契約を認めたくない、ひいては、やはり日本の代表的通信社として認められないのだ、と解した。

3社は計画を進め、朝日はAP、毎日はUP通信、読売はAP、INS通信とそれぞれ契約した。地方紙の中には同盟の将来を不安に思い、3社の新国際通信社設立に同調しようとする動きが出てきた。

同盟自主解散、共同設立　GHQの統制政策と全国紙3社の反同盟策謀に挟撃され、支援を期待できるはずの同盟加盟の地方紙にも離反の動きがある。同盟存立の基盤が切り崩された、とみてとった古野はGHQに対

して先手を打って、自発的に同盟を解散する決意をした。古野はCCDに10月末開く理事会で、同月31日、解散する提議をする旨を報告した。報告を受けたCCDとGHQは、同盟が持っている国内ニュース通信網がなくなるのは、占領政策を遂行する上で困る、と考えた。

同盟解散を提議する理事会開催を案内された加盟社から、解散後のニュース配信は、どうなるのかという問い合わせが相次いだ。新通信社が設立されるにしても、それまでも毎日24時間ニュースが配信されるシステムが必要不可欠である、と談じ込まれた。

国内通信網の存在理由が認められると読んだ古野はそれを切り札にして、同盟職員生き残りの手を打った。1社独占の批判を交わすため、法人を分割し、同盟の機能を引き継ぐ新通信社を2社設立するという方策である。

10月31日の同盟解散を受けて、翌11月1日、社団法人共同通信社（以下「共同」と略）と株式会社時事通信社（以下「時事」と略）が誕生した。

同盟が持っていた三つの機能を、①マスメディア向けニュースは共同　②企業・個人向け経済情報や出版は時事　③対外宣伝広報は廃止、と切り分けた[4]。

共同、時事両社は、互いに相手の業務領域を侵さない紳士協定を結んだ。協定は49年に解消され、59年には時事もマスメディア向け配信を開始し、ライバルとなった。

共同が同盟から受け継いだ資産は本社社屋（東京・日比谷，市政会館）の過半分、全国の支社局、老朽化した同報無線網と専用線、職員約1,000人。同盟は戦時中、外国通信社との外電契約を断絶し、敗戦後も復活できなかった。後身の共同は発足当日、APと契約したのをはじめUP、ロイター、AFPなど主要国際通信社と契約を締結した。国際・国内ニュースは同盟とは別の新国際通信社を設立を企てた朝日、毎日、読売の3社を含む加盟新聞60社に配信された。ニュース原稿は、同盟から共同に引き継いだ瞬間も切れ目なく送信された。

2．全国紙3社、共同脱退

共同加盟紙
2,700万部

　『共同通信社50年史』は、次のように自社紹介している。「一国の代表通信社が国際的にその国を代表するような大新聞やテレビではなく主にブロック紙を含む地方紙によって支えられている世界でも非常に珍しい」通信社である。「それは日本の地方紙の世界にほとんど類例をみない強さと繁栄ぶりが証明している。地方紙の成長が全国紙による寡占体制の無限な拡大を阻止している」[5]。

　共同は現在、加盟新聞60社に政治、経済、社会、外信、スポーツ、芸能などあらゆる分野のニュース原稿を1日約25,000行配信する。標準的新聞の1ページには約820行並ぶから、送稿量は35ページ分に及ぶ。

　加盟社の合計発行部数は約2,700万部。読売、朝日、毎日3紙の合計部数2,250万部を上回る。共同が、同盟を引き継いで発足した当初から全国紙に対抗する『地方紙連合』が共同を軸に形づくられている。

　共同からの配信を受ける地方紙が全国紙の無限の拡大を阻止しているため、日本の新聞市場は、東京・大阪圏市場が全国紙の寡占、34道府県域市場が地元紙の地域独占かガリバー型寡占という二重構造を成している。一県一紙・ブロック紙のシェアは、圧倒的だ。

道県内高普及率紙（92〜93年）

80％以上	徳島新聞
70％以上	中日新聞（愛知）、北国・富山新聞（石川）、福井新聞、日本海新聞（鳥取）、高知新聞
60％以上	秋田魁新報、山形新聞、山梨日日、信濃毎日新聞（長野）、中日新聞（岐阜）、新潟日報、北日本新聞（富山）、山陽新聞（岡山）、山陰中央新報（島根）
50％以上	北海道新聞、河北新報（宮城）、静岡新聞、中日新聞（三重）、中国新聞（広島）、四国新聞（香川）、愛媛新聞、熊本日日新聞、大分合同新聞、宮崎日日新聞、南日本新聞（鹿児島）

都道府県別普及率（1998年平均、％）

北海道 75.78	北海道新聞 51.29	読売 10.97	朝日 6.39	十勝毎日 3.60	毎日 3.03	日経 2.48	
青森 87.44	東奥日報 49.99	デーリー東北 19.20	読売 6.78	朝日 5.94	日経 2.41	毎日 2.07	
岩手 84.89	岩手日報 47.67	読売 14.79	朝日 8.89	河北新報 4.46	毎日 4.02	日経 2.94	
宮城 90.18	河北新報 59.07	朝日 12.45	読売 10.23	日経 4.47	毎日 2.55	産経 1.29	
秋田 97.32	秋田魁新報 65.97	読売 11.88	朝日 11.23	毎日 4.52	日経 2.62	産経 0.74	
山形 111.36	山形新聞 61.53	読売 18.56	朝日 17.93	毎日 8.21	日経 3.76	産経 0.92	
福島 110.74	福島民報 45.74	福島民友 29.62	朝日 11.87	読売 11.81	毎日 6.72	日経 3.85	産経 1.28
茨城 106.37	読売 43.53	朝日 20.97	毎日 13.28	茨城新聞 11.99	産経 7.24	日経 5.17	東京新聞 4.01
栃木 111.05	下野新聞 46.06	読売 32.29	朝日 12.98	毎日 7.54	産経 6.21	日経 4.96	東京新聞 1.01
群馬 117.87	上毛新聞 43.76	読売 36.57	朝日 14.55	毎日 9.39	産経 5.64	日経 4.57	東京新聞 3.37
埼玉 91.85	読売 42.30	朝日 24.99	毎日 10.47	日経 6.57	東京新聞 3.77	産経 3.75	
千葉 92.02	読売 39.92	朝日 25.87	毎日 8.82	日経 8.51	産経 4.97	東京新聞 3.93	
東京 83.19	読売 29.70	朝日 24.01	日経 10.86	毎日 7.64	東京新聞 5.62	産経 5.20	
神奈川 91.18	読売 32.80	朝日 29.92	日経 8.24	神奈川新聞 7.16	毎日 6.62	東京新聞 3.64	産経 2.81
山梨 106.80	山梨日日 67.55	読売 14.68	朝日 12.40	毎日 5.20	日経 4.38	産経 2.59	
静岡 97.92	静岡新聞 57.80	中日新聞 10.18	朝日 9.36	読売 7.36	日経 5.47	毎日 5.19	産経 1.76 東京新聞 0.53
長野 101.00	信濃毎日新聞 63.90	読売 11.27	朝日 9.68	中日新聞 7.00	日経 4.82	毎日 3.37	産経 0.94
愛知 96.25	中日新聞 70.25	朝日 11.05	日経 5.63	読売 4.93	毎日 4.01		
岐阜 110.03	中日新聞 61.78	岐阜新聞 25.94	朝日 9.67	毎日 4.54	日経 4.28	読売 3.71	
新潟 102.95	新潟日報 64.55	読売 15.72	朝日 10.02	毎日 5.79	日経 5.10	産経 1.55	

III.「共同・地方紙連合」対「全国紙枢軸」

富山 118.08	北日本新聞 63.82	読売 28.10	北国・富山新聞 12.27	日経 5.44	北陸中日新聞 3.87	朝日 3.52	毎日 0.83
石川 117.80	北国・富山新聞 73.78	北陸中日新聞 27.11	読売 6.78	日経 5.20	朝日 3.66	毎日 0.97	
福井 106.30	福井新聞 79.45	読売 7.10	朝日 6.58	日経 4.92	中日新聞 4.07	毎日 3.03	
京都 101.21	京都新聞 43.56	朝日 19.71	読売 18.41	毎日 10.28	日経 6.07	産経 3.16	
大阪 96.28	読売 28.02	朝日 23.08	産経 20.57	毎日 16.23	日経 7.80		
滋賀 112.63	読売 30.21	朝日 26.04	京都新聞 17.87	毎日 14.37	中日新聞 11.93	産経 6.28	日経 5.99
兵庫 99.62	神戸新聞 26.46	読売 24.99	朝日 23.75	毎日 11.39	産経 6.54	日経 6.24	
奈良 113.56	朝日 31.57	毎日 26.78	読売 26.08	産経 20.51	日経 8.61		
和歌山 97.29	読売 30.15	朝日 26.36	毎日 20.15	産経 16.52	日経 4.04		
三重 100.08	中日新聞 52.75	朝日 19.93	毎日 11.37	読売 9.82	日経 4.46	産経 1.75	
岡山 106.40	山陽新聞 63.29	読売 15.07	朝日 13.13	毎日 6.34	日経 4.39	産経 2.98	
広島 99.24	中国新聞 59.29	読売 14.57	朝日 12.57	日経 5.48	毎日 4.57	産経 1.80	
山口 98.44	読売 30.57	朝日 27.67	毎日 25.62	中国新聞 10.73	日経 3.64		
鳥取 125.95	日本海新聞 77.32	読売 16.12	朝日 11.41	毎日 8.47	山陰中央新報 6.74	日経 3.73	産経 2.12
島根 108.95	山陰中央新報 61.14	読売 17.88	朝日 12.14	毎日 8.84	中国新聞 3.91	日経 3.15	産経 1.42
徳島 104.43	徳島新聞 85.85	朝日 7.12	日経 4.42	読売 3.70	毎日 2.55	産経 0.79	
香川 117.63	四国新聞 57.33	読売 19.29	朝日 18.96	毎日 9.73	日経 5.97	産経 4.82	
愛媛 98.43	愛媛新聞 55.70	読売 16.09	朝日 12.55	毎日 7.98	日経 3.67	産経 2.40	
高知 84.22	高知新聞 0.97	朝日 4.20	読売 3.44	日経 2.78	毎日 2.40	産経 0.42	
福岡 95.66	西日本新聞 33.83	読売 22.04	朝日 18.41	毎日 16.72	日経 4.60		

佐賀 107.65	佐賀新聞 49.23	西日本新聞 24.28	読売 14.34	朝日 8.70	毎日 7.89	日経 3.17		
長崎 87.50	長崎新聞 34.36	西日本新聞 15.70	読売 13.26	朝日 12.31	毎日 9.17	日経 2.65		
熊本 86.57	熊本日日新聞 59.17	読売 8.64	朝日 7.73	西日本新聞 4.08	毎日 3.91	日経 2.97		
大分 95.83	大分合同新聞 52.55	読売 14.22	朝日 12.14	毎日 9.57	西日本新聞 4.33	日経 2.98		
宮崎 85.07	宮崎日日新聞 52.16	朝日 11.54	読売 8.60	毎日 8.07				
鹿児島 79.30	南日本新聞 55.50	鹿児島新報 5.54	読売 5.05	朝日 4.47	南海日日新聞 3.27	日経 2.47	毎日 2.33	西日本新聞 0.60
沖縄 45.71	琉球新報 43.92	日経 0.99	朝日 0.49	沖縄タイムス 46.04				

(注) ABC不参加。同社公称部数で算出した参考部数。

(注) 業界紙『新聞情報』が、連載した日本ABC協会（Audit Bureau of Circulation、発行部数考査機関）に各新聞社が、報告した部数を使って作成。

「脱退する」　　全国紙は、敗戦5カ月前、政府が非常措置として強行した
「そうですか」　持分合同によって、各道府県域に持っていた販売部数を、そっくり地元紙の部数に合同された。占領期の用紙・購読料の統制が解けて、自由競争が始まると、本格的に失地回復活動を行った。全国紙3社は、全国の道府県域市場への再進出し、持分合同による拠出部数奪還を経営の重点戦略に上げたのである。

　寡占体制市場の拡大を目指す全国紙は、「全国紙に対抗する『地方紙連合』」の「軸」である共同を攻めれば、連合が揺らぐ[6]。その間隙を縫って地方紙の占有する道府県域市場に進出という経営戦略であった。

　全国紙3社は、全国のブロック紙、県紙に各個攻勢をかける一方で、地方紙にニュース・情報を供給している共同に集中攻撃を加えた。いわば、長崎（地方）の敵を、江戸でも討つ遣口だ。

　『読売新聞百年史』によると、その戦略をこう記録している。「自由競争に入って以来、三社と地方紙との競争は激しく厳しく変化していった。3社とも通信部を増設したりして地元紙に対抗してきたが、さらに充実をはかるた

め27年10月7日共同通信を脱退[7]、その分担金を人員の増員、通信網の拡大に充てることにした。読売の場合、(中略)大阪進出に備え、西部地区における支局通信網の整備、強化に充てることにした」[8]。

52年9月4日、朝日、毎日、読売の代表3人が共同本社を訪れ、専務理事松方義三郎に文書で、3社が共同を脱退する旨を申し入れた。

当時、3社の加盟分担金は月額1,800万円、共同の総収入7,480万円の25％を占めていた。3社は創設以来、共同運営の主柱だった。

「全国紙3社の共同の根幹を揺さぶる大事件だった」であったし、「日本の報道界全体を巻き込む一大異変でもあった」[9]。

それでも、松方は驚かなかった。前日、外国通信特派員から欧米部長に電話があった―「3社が、あす退社を申し入れる」。

心構えができていた松方は、「そうですか」とだけ答えた。

差し出された文書に、こう脱退理由が掲げてあった。「3社は終戦後、鋭意内外通信網の拡充強化に努め、今やそれぞれ独立の通信網によって内外通信を十分に賄い得る時期に達し、その結果として、共同通信に依存する範囲は急速に減少しています。一方、通信網拡充による経費は累増して、この通信費と膨大な共同負担金を調整することが緊急事となってきました。このさい3社は9月末をもって、共同の通信配信を辞退するほかに、この解決方法はないとの結論に達しました」[10]。

3社脱退で共同強化　創業以来最大の経営危機に直面した共同は、加盟社などで構成する理事会を8日に召集した。理事会で、3社の脱退を承認し、決議案を満場一致で採択した。10月1日午前零時、3社への配信は停止された。

共同加盟の地方紙、ブロック紙は決議を一斉に紙面に載せた。決議では、「①共同は広く全国の新聞社を網羅することを建前とする共同組織である。この建前は3社の脱退によって、何ら変更を必要とするものではない　②共同の機能は3社の脱退でいささかも弱化するものでない　③加盟社はますます共同を擁護し、内外通信施設、業務を強化することを確認する」とうたって、新聞組合主義を確認した。決議文の行間には、3社への対抗意識が滲み出て

いる。

　3社脱退後の善後処置で、緊急課題だったのは、3社の分担金の穴埋めをどうするか、という財政問題だった。決議で確認した組合主義に則って、収入の減少は加盟各社の負担増と共同の節約で賄う方針を、理事会に設けた小委員会で決め、財政基盤を立て直した。　理事会後、専務理事・松方が業務を強化するため全国専用線を通じて「われわれは、この事件によって一層奮起し、局面の打開に当たりたい」と全社員に結束と奮起を求めた。当時、分裂していた労組は、これを機会に統一した。

　こうした善後策の結果、3社脱退2月後、12月の出稿量は1日平均105,000字と前年同期の76,000字に比べて40％近く伸びた。

　桂敬一は、その著書『現代の新聞』で、3社共同脱退の狙いは「地方紙にとって必須の共同取材機関として機能する共同通信社の力を財政面から弱めようとした」[11)]ことであったと述べている。だが、「3社にとって皮肉なことに、地方紙と共同の双方を強化する歴史的役割を果たしたといえるだろう。それはこのころから本格化した全国紙対地方紙の全面競争の行方にも大きな影響を与えることになる」[12)]。

読売、大阪へ進出　3社共同脱退は、共同を軸とする地方紙連合と全国紙との競争激化を招いた。読売は脱退から間もない52年11月25日、大阪読売新聞を創刊した。共同の「分担金を大阪進出に備え、西部地区における支局通信網の整備、強化に充てる」[13)]ため、共同を脱退した東京読売が、経営計画通り西日本市場に乗り出した。

　同年12月1日、新聞業界は販売制度を戦時体制の共同販売制（共販制）から専売制に戻すことにした。第2次世界大戦開戦直前の41年12月1日、専売制から共販制に切り替えられ、戦後も共販制を続けていた。共販店は朝日も毎日も中国も同一価格で扱った。10年間、販売競争は、休戦状態だった。

　専売制では、新聞メーカーのA新聞社は、系統のA専売店にA新聞のブランドがついた商品しか売らせない契約を結ぶ。専売制に切り替わると、専売店間で新規読者獲得を目指して白兵戦が演じられた。武器弾薬は景品、くじ、懸賞、無代紙など拡張販売材（拡材）。日用品を景品として読者を勧誘するの

で「ナベカマ戦争」と、揶揄された。

　新聞という商品は、新聞自体の質量が有効な販売手段である。52年8月1日、全国紙3社は増ページに踏み切った。朝刊オール4ﾍﾟｰｼﾞ、月ぎめ定価100円。夕刊週5回4ﾍﾟｰｼﾞ、2回2ﾍﾟｰｼﾞ、月ぎめ定価80円。

　増ページ競争では、読売が競争相手の地方紙を侮れないと、みてとった。「三紙が増ページを実施すると、地方有力紙は三か月後には三社並みの建てページで追従して一歩もひかぬ実力の蓄積をみせた」。

　また、紙面のよしあしを決める報道体制についても「三社の脱退後、共同通信と地方紙とは緊密な連携のもとに新しい報道機材を整備して中央三社の攻勢に対抗した。それは共販から専売への移行時における販売戦とあいまって激しいものであった」[14)]と、3社脱退の目算が、外れたことを認めている。

3．全国紙4社、共同離れ

産経、共同脱退交渉　　朝日、毎日、読売3社が共同を脱退して、半世紀近くたった98年、読売、朝日、毎日、それに産経の全国紙4紙が共同離れの動きをみせた。共同に加盟している産経は脱退準備をし、読売、朝日、毎日3社が共同との外信契約解消しようとした。また、共同離れの動きを起こしたのには、新聞産業が産業的に行きづまってきたという背景がある。

　活字メディアの新聞をとりまくさまざまなメディアの発達、普及は著しい。新聞読者の耳目は、マルチメディア・多チャンネル化に向いて、新聞離れ現象が進んでいる。新聞の1世帯当たり部数は85年1.25部、91年1.24部、99年1.15部と減少傾向である。新聞の普及は、もう飽和状態で言われ出して久しい。長期不況で、購読料は97年から据え置いたままだ。広告料収入も上がらない。各社とも経営難であるが、値上げできる環境ではない。

　部数は減少傾向ではあるにしても、1世帯1部の普及率を維持しているのは、戸別配達制度によるところが大きい。日本特有の戸別配達制度を支えているのは、独占禁止法適用除外の再販制度であるというのが、新聞業界の共通認識で、業界は再販制維持に努めてきた。政府の規制緩和の方針に沿って

公正取引委員会は10年間にわたって、再販制度の在り方を検討した。01年3月に、新聞など出版物の再販制度の存廃について結論を出すと公取委は予告していた。再販制度が廃止されると、同一紙同一価格の定価販売が崩れる。価格競争が激化し、新聞社間で優勝劣敗が生じる。戸別配達制度は維持困難となり、普及率は低下する。その結果、新聞産業は衰退に向かうであろう、と業界は強調した。

　新聞各社は、再販制度の存廃についての結論が出された以後に出来する事態を予測して、経営戦略を練っていた。それが、表面化したのが産経の共同脱退情報である。98年秋、新聞業界で「産経と読売が提携し、その一方で産経が共同を脱退する交渉中である」[15]という情報が流れた。

　産経社長・清原武彦は99年1月11日、業界紙代表との新春会見で、関心事を明かした。「読売に『夕刊フジ』『競馬エイト』などを印刷委託したことは業界の話題になったと思う。産経としての考え方は、協調・提携できるところとは積極的に取り組む」と、読売との印刷委託業務提携を公表した。

　共同脱退についても、「共同通信と話し合いの段階で、完全に離脱を決めたことではない。当社の考え方を示したということだ」[16]と、脱退交渉中であることを隠さなかった。

官房長官「共同をつぶすのか」　産経と共同との脱退交渉の舞台裏では、朝日、毎日、読売の社名も登場する。元共同通信記者の魚住昭が、その著書『渡邉恒雄　メディアと権力』[17]で舞台裏を明かした。舞台裏は、東京・愛宕の料亭「醍醐」。98年11月18日夜、座敷に対座したのは、読売新聞社長で、当時日本新聞協会再販対策特別委員長の渡邉恒雄と官房長官の野中広務。2人が共同をめぐって、次のようなやりとりをした。

　「『渡邉さん、あんた共同を本気でつぶすつもりか？』
　野中がそう聞いたのにはわけがある。九八年に入って、共同から外信などに限って配信[18]を受けている朝日、毎日、読売の三社がそろって外信契約料の大幅値下げを要求した。音頭をとったのは読売である。交渉が決裂すれば契約解消も辞さないという強硬姿勢だった。それと前後して、

共同の有力加盟紙である産経も年間契約十三億円の分担金を三分の一に引き下げるよう要求。共同側がこれを突っぱねたため、産経は『共同から脱退する準備に入る』と表明した。もし、産経と朝毎読がそろって離脱すれば、共同の屋台骨が揺らぐ。

　その一方で産経と読売は急接近し、産経発行紙の一部を読売本社工場で印刷することに合意した。（中略）

　渡邉の狙いは共同をつぶして地方紙を弱体化させることだろう。とくに近い将来、全国一律の定価販売を義務づけている新聞再販制度が撤廃されれば、安売り競争が激化し、弱い地方紙はつぶれる。経営の苦しい毎日や産経も例外とは言いきれない。読売にとっては全国制圧の絶好のチャンスである。

　野中の問いに渡邉は本心を隠さなかった。

　『うん』　」。

　魚住が、「共同・地方紙つぶし」と、表現した渡邉の狙いは、その後どうなったであろうか。『渡邉恒雄　メディアと権力』は、その後の経過をたどっている。

　「彼の動きは九九年に入ってぴたりと止んだ。共同との外信契約の解消も辞せずという強硬姿勢はいつの間にか影をひそめ、読売と急接近した産経新聞も共同からの脱退を当面見合わせることになった。その背景には、不況の長期化で読売自体が経営戦略の見直しを迫られたことや、渡邉が新聞協会会長に就任するのに共同や地方紙の協力が必要としたことなどの事情もあったと言われている」[19]。

選挙速報で共同外し　共同・地方紙連合と全国紙枢軸の対立・抗争は、終わったわけではない。取材報道をめぐっても張り合っている。『週刊文春』（01年9月6日号）が「共同通信極秘文書が嘲笑う『大新聞開票速報』」で、共同の内部資料「参院選開票速報点検結果」を引いて共同と全国紙が対峙する様子を伝えている。

　01年の参院選で、朝日、毎日、読売、日経の4紙とそれぞれの系列民放4

局が8社連合を組んで、初めて合同で集票作業を行った。選挙報道、なかでもに集票を得意とする共同は、合同に参加するよう誘われなかった。「合同集票を担当した全国紙編集局幹部は言う。『通信社に声をかけるな』と、ある社から号令があったからなんですが、選挙報道には自信がある共同は面白くなかったろうね」といういきさつがあった。

集票業務を委託された電話調査会社がミスを連発したため、票数が混乱。内部資料「点検結果」に各紙の混乱ぶりを列記した。「朝日で異彩をはなっているのは北海道の16版。抱腹絶倒、驚天動地の紙面。最終で433万票しか取っていない共産党が630万票、819万票の公明党が1075万票と軒並み最終獲得票を突破」。毎日西部本社13版は「新社会党が本家筋の社民党や共産、公明党を凌駕して第3党！この直後の14版、15版になると、新社会党の得票は16万に上昇。ところがこれより定中時間の遅い京都やさいたま版では新社会党票は10分の1以下に激減してしまう」。

『週刊文春』のコメント―「共同がここまで全国紙を揶揄するのは、根深い因縁がある」と、共同関係者に因縁を語らせる。「全国紙のシェアは飽和状態なのに、地方紙は三千部の大市場。部数を増やすには有力地方紙を切り崩すのが早い。それには、地方紙に配信する共同通信を弱体化させればいい、ということで、大手三社はここ数年、地方紙と競合する地域紙に配信したり、共同に契約料値下げを要求してりしているんです」。

全国紙は、戦後半世紀にわたって、長崎の敵（地方紙）を江戸（同盟・共同）で討とうとし続けている。

1）有山輝雄『占領期メディア史研究―自由ト統制・1945年―』（96年、柏書房）参照、120～121ページ。
2）前掲有山輝雄『占領期メディア史研究』参照、127～132ページ。
3）前掲有山輝雄『占領期メディア史研究』参照、127～132ページ。
4）共同通信社史刊行委員会『共同通信社50年史』（96年、共同通信社）4ページ。
5）前掲共同通信社史刊行委員会『共同通信社50年史』2ページ。
6）魚住昭『渡邉恒雄　メディアと権力』（00年、講談社）14ページ。

III.「共同・地方紙連合」対「全国紙枢軸」

7) 読売新聞100年史編集委員会『読売新聞100年史』(56年、読売新聞社) 580ページには、読売新聞社が「二十七年十月七日共同通信を脱退」と記述。『共同通信社50年史』84ページでは「(朝日、毎日、読売) 3社は9月末をもって共同の通信配信を辞退する」と文書で申し入れ、「共同は10日午前零時に3社への配信をとめた」と記しており、両社史の記述は食い違っている。
8) 前掲読売新聞100年史編集委員会『読売新聞100年史』587ページ。
9) 前掲共同通信社史刊行委員会『共同通信社50年史』84～85ページ。
10) 前掲共同通信社史刊行委員会『共同通信社50年史』85ページ。
11) 桂敬一『現代の新聞』(90年、岩波新書) 31ページ。
12) 前掲共同通信社史刊行委員会『共同通信社50年史』85ページ。
13) 前掲読売新聞100年史編集委員会『読売新聞100年史』587ページ。
14) 前掲読売新聞100年史編集委員会『読売新聞100年史』588ページ。
15) 「新聞研究往来」(98年3月30日付)
16) 「『待ったなし』産経新聞の生き残り戦略」(「創」99年2月号)
17) 前掲魚住昭『渡邉恒雄　メディアと権力』14ページ。
18) 52年9月30日、共同を脱退した朝日、毎日、読売の3社は、57年2月1日から共同の外信配信を再開し、部分復帰した。共同理事会では、脱退の経緯があるので、部分復帰に対しても反対が強かったが、共同の財政安定を理由に外信サービスを認めた。
19) 前掲魚住昭『渡邉恒雄　メディアと権力』383ページ。

Ⅳ．当面存置「再販制度」

1．縦・横のカルテル

西ドイツ法が　　経済学やマス・メディア論の講義で、サイハンと言ったり、
モ　デ　ル　　再販売制度と板書すると、学生は怪訝そうな顔をする。再販売は、resale の直訳だ。製造業など供給者が、その商品を卸売業者や小売業者に売り、さらに卸売業者や小売業者が消費者などに再販売＝転売する行為である。卸売は wholesale の訳語だ。wholesale の対語が resale だから、resale は、小売[1]という方が分りやすいかもしれない。

　再販制度は、「縦（垂直的）のカルテル」と呼ばれる。経済学の講義では通常、寡占の特性である「横（水平的）のカルテル」について、解説する。同一産業内の複数の企業が価格・生産量・販売量について、協定を結んで競争を避け、市場の独占と利潤の増大をはかる、と。縦のカルテルと横のカルテルとの結合、それが寡占化した新聞産業の市場の特性である。横と縦のカルテルを比べると、分りやすいようだ。

　ヨーロッパ諸国では、供給業者が小売業者に再販売する際に価格を指定する行為を固定価格制度（Preisbindung, Prix impose）と呼んでいる。19世紀後半、多種類の商品を扱う大型小売店の発展に伴って、小売段階の価格競争が激化した。その際、おとり廉売の対抗策として、固定価格制度が出現し、発展した。著作物の再販制度も同じ時期から行われてきた。日本の著作物の再販制度のモデルとされる西ドイツの競争制限禁止法は、出版物再販制度の適用除外の理由に「19世紀以来、長期にわたって行われてきた出版物再販制が、文化的所産である出版物の健全な普及に貢献して弊害もなく、公共的立場から批判の多かった価格カルテルの場合と異なる」[2]と明記してある。

　著作物再販制度導入の趣旨と経緯をめぐって国会審議で疑義が呈されるが、公取委事務局長を勤めた伊従寛は、その著書『著作物の再販制と消費者』

(前掲)で、当時の経緯からして、西ドイツ法モデル説をとる。「もともと五三年における再販制の適用除外は、西ドイツ法案(52年6月、「競争制限禁止法政府案」公表)をモデルに作成されていたのです。当時アメリカでも再販制は広く適用除外されていましたが、一般商品と出版物を区別していません。一般商品と出版物を区別して適用除外する方法をとっていたのは西ドイツ法案のみでした。(中略)公正取引委員会事務局の五三年改正法の解説では、この改正は外国における類似制度を参考にして行われたとしていますが、出版物の再販制の具体的な適用除外の規定の仕方からみて最も参考にしたと考えられるのは西ドイツ法案といえるでしょう」。

各国の新聞販売状況

国名	再販制	戸別配達 構成比%	戸別配達 主な取引形態	戸別配達 販売価格	店売り 構成比%	店売り 主な取引形態	店売り 販売価格
日本	有り	97	買い取り	定価(割引一切なし)	3	買い取り(返品自由)	定価
アメリカ	無	74(日刊紙)	配達員を雇用・配達業務を委託又は買い取り	配達員雇用;定価(割引制度あり)買い取り;販売店の自由	26(日刊紙)	買い取り(返品可)	販売店の自由、値引きの事例は少ない
ドイツ	有り	60	配達業務を委託又は配達員を雇用	定価(割引制度あり)	40	買い取り(返品自由)	定価
フランス	無	22	配達員を雇用	定価	78	委託販売	定価
イギリス	無	40	買い取り(返品自由)	販売店の自由	6	買い取り(返品自由)	販売店の自由
スウェーデン	無	77、朝刊92	配達業務を委託	定価(割引制度あり)	23	委託販売	定価
フィンランド	無	88	配達業務を委託	定価(割引制度あり)	12	委託販売	定価

行政改革委員会海外調査(97年5月)および公正取引委員会流通実態調査(97年7月)

　欧米諸国で新聞の再販制度が認められているのは、ドイツ、オーストリア、

Ⅳ. 当面存置「再販制度」

デンマーク、ポルトガルの4カ国。日本の著作物再販制度のモデルとされるドイツでは、競争制限禁止法で、新聞、書籍、雑誌については、文化的資産であり、他の商品と区別して、再販制度を適用している。再販制度に支えられ、地方紙の90％は戸別配達される。

新聞協会、日本書籍出版協会、日本雑誌協会などが著作物再販制度の必要性を話し合うことを目的で95年に発足した活字文化懇談会が、欧米の再販制度事情を調べた。それによると、再販制度を認めていないイギリス、イタリア、アメリカの新聞販売は、次の状況である[3]。

イギリス

93年に始まった値下げ前の半額以下という熾烈な値下げ合戦になり、身売り、廃刊による新聞社の淘汰が起こり、寡占化が進んだ。結果として、勝ち残った新聞社は段階的に値上げを行い、値下げまえの価格に近づいてきている。また、売上げ至上主義により、スキャンダルを一面に出すなど、高級紙の低俗化が指摘されている。

イタリア

原則として戸別配達はなく、新聞社が希望者に郵便か宅配便で届けている。その利用者はごく少数で、購読料は通常の2倍になっている。配達も遅れがちだ。

アメリカ

通常、1地域1紙。戸別配達についても、配達条件の悪い地域では、料金の上乗せ、配達拒否が起こった。

独禁法適用除外の再販　「私的独占の禁止及び公正取引の確保に関する法律」（独禁法）は47年、アメリカの独禁法を範として制定された。カルテル禁止は、独禁法の主眼である。ところが、53年、初期独禁法を改正して、縦のカルテルである再販売価格維持行為を、例外扱いとすることになった。再販売価格維持行為(二四条)を独禁法の禁止規定の適用除外として許容した。「独禁法二四条の二④著作物を発行する事業者又はその発行する物を販売する事業者が、その物の再販売価格を決定し、これを維持するためにする正当な行為についても、第一項と同様にする。」と規定されている。その第一項には「公

正取引委員会の指定する商品であって、その品質が一様であることを容易に識別できるものを生産し、又は販売する事業者が、当該商品の販売の相手方たる事業者とその商品の再販売価格を決定し、これを維持するためにする正当な行為については、これを適用しない。」と、定めてある。

適用除外対象は、（ⅰ）独禁法二四条の二④に定められた法定再販の新聞、書籍、雑誌、レコード盤、音楽用テープ、音楽用CDの著作物6品目。（ⅱ）公取委が指定する化粧品、医薬品、家庭用石鹸など指定再販10品目。

指定再販の10品目は規制緩和の流れが強まる中で、全品目その指定を取り消された。法定再販では製造事業者（新聞社）は、小売り業者（新聞販売店）に、指定する定価で商品（新聞）を売らせる行為を契約（再販売価格維持契約）することを認めている。全国に約5,000店ある新聞販売店は、①特定の1紙とその傍系紙だけ扱う特定紙の系統別の専門店　②全国紙と地方紙を売る合売店　③多種類の新聞を扱う複合店に分けられる。各社の販売の主力である専売店は、全販売店の3分の2程度を占め、都市部は専門店が多い。

販売店と片務契約　新聞発行本社と新聞販売店はそれぞれ独立した経営体で、通常資本関係はない。新聞社とその系統専売店は新聞社を甲、新聞販売店を乙とする、次のような契約書を交わす。片務契約である。力関係の強い新聞社が、優位に立つ契約内容になっている。再販売価格維持契約の具体化だ。

　　甲の発行する新聞の販売に関し両者は、互いに新聞の公器性を尊重し、新聞販売の特殊性に鑑み信義、誠実の原則に則り、下記の通り契約を締結する
　　第1条　甲は甲の発行する新聞を記載の業務地域において乙に販売させることを契約する
　　第2条　第2条　乙は購読者に対し甲が定めた定価を以て販売し、敏速正確に戸別配達する
　　第3条　乙から甲に支払う新聞原価は本契約の際1部1カ月朝刊・夕刊〇〇円とする

IV. 当面存置「再販制度」

　　　但し新聞定価の変更のあった場合、甲はこれを変更することができる

第4条　乙は当月分新聞原価を当月中に甲の指定する場所で甲に支払う

第5条　乙は本契約成立と同時に信任金として取引1カ月分の原価を現金で甲に預託する

第6条　乙は項読者から1カ月分の定期集金を厳守し、名目の如何に拘らず定価以上の集金をしてはならない

第7条　乙は前以て甲と協議し、甲の文書による同意がなければ次の行為をしてはならない　①その業務の全部又は一部を他に譲渡すること　②乙の都合で本契約を解約すること　③他の新聞販売所との合併経営すること　④新に他新聞の取扱いをすること

第8条　乙に次の各号に該当する行為があった場合、甲は乙に対して警告し、なお乙がこれを改めない時は、催告その他何らの手続きを要せずしてこの契約を解除することができる　①新聞原価の支払いを怠った時　②新聞配達若しくは代金等に関し不正な行為があり、または甲に損害を及ぼした時

再販と宅配は一体　契約では、定価販売を義務づけている。新聞原価とは別に新聞社から販売店に各種販売促進費が支払われる。このうち増紙奨励補助が42％を占める。販売促進費が定価に占める割合は、全国紙17％、ブロック紙・地方紙6％。全国紙の方が際立ってはずんでいる。

　商品寿命が短い商品である新聞は、原則売り切り制。販売店は売れ残ってもメーカーの発行本社に返却することはできない。新聞社は、あらかじめ販売部数の注文を受けて新聞を供給する商法をタテマエとしている。実状は、増紙のため購読者が存在しない無代紙や押し紙を販売店に押しつける。無代紙は無料だが、押し紙は卸値がつく。

　販売店が受け取る実質マージン（販売手数料＋販売促進費）が定価に占める割合は、朝刊夕刊セット版で全国紙55％、ブロック紙45％、地方紙46％。

全国紙の実質マージン率が高い。公取委はこの傾向から、実質マージン率と戸別配達の関係をこう捉えている「全国同一価格の慣行の下で宅配制度を維持するためには、配達コストの高い遠隔地の新聞販売店に実質マージン率が厚くなることが必要であるが、ブロック紙や一部の地方紙にその傾向がみられるものの、全国紙や大多数の地方紙では実質マージン率がほぼ一律であったり、むしろ部数の多い販売店に高額なマージンが支給されるなど、宅配制度を維持する機能を有しているとはいえない」[4]。

　新聞の93％は、新聞販売店を経由して定期購読者に販売される。そのうちの98％が戸別配達。各社系統別の専売店は、厳格なクローズド・テリトリー制＝１地域１店の責任区域制がとられ、区域内は同一価格で戸別配達する契約である。新聞界は再販制度と戸別配達制度が、密接不可分な関係にあると強調する。公取委など法定再販廃止論者は、再販制度自体は戸別配達制度を維持する機能をもたない。戸別配達が圧倒的に多く、テリトリー制度の専売店が販売網をもたない新聞社の新規参入を不可能にし、新聞市場の競争を妨げ、消費者＝読者の利益を阻害している、と反論した。

　再販制度と販売制度の関係は、法定再販存廃論争の争点の一つだった。

　なぜか。販売現場の実態を探ったフリーライターの黒薮哲哉は、その理由をこう指摘する。再販制度の存廃は、「新聞社の生死にかかわる重大問題である。再販制度が撤廃されて新聞の流通制度に規制がなくなると、発行本社と新聞販売店の取引関係が根本から変わる。系統別の専売店制度は事実上廃止され、だれでも販売店に手数料を支払えば出版物の宅配が可能になる。たとえば、今まで朝日新聞の専売店だったが、朝日新聞も読売新聞も扱うことも可能になる。発行本社とのあいだで配達料金が合意に達しなければ、配達を拒否することもできる。再販制度が撤廃されて一番困るのは、新聞発行本社である。（中略）再販制度と宅配制度は基本的に関係がないのである。厳密にいえば、再販制度の撤廃で崩れるのは新聞の系統別による専売店制度であって、宅配制度そのものではない」[5]。

同 一 紙　　定価改定に際しても、販売店は発行本社の指定に従う。全国紙
同一価格　は複数の発行本社ごとに、建ページ＝基本ページ数や紙面内容が

異なるにも拘らず、同一紙同一価格を定着させている。ブロック紙・主要地方紙も、同一紙同一価格だ。80年7月、公取委は読売、朝日、毎日、産経、日経の全国紙5紙を独禁法一八条の二「価格の同調的引上げに関わる報告徴収」に定める寡占業種に指定した。ほぼ同時期にほぼ同じ値上げ幅で価格改定をした、と判断したのである。全国紙5紙の上位の読売、朝日、毎日の3紙は、同時期に同一価格の値上げを繰り返している。ブロック紙・主要地方紙も全国紙に追随して全国紙との同一価格に設定する。95年、公取委が調査した結果では、全国紙に追随して、全国紙と同一価格に値上げしたブロック紙・地方紙はセット版・統合版ベースで70％以上に達した[6]。

　読売、朝日は全国紙の総発行部数の65％を占める。複占体制だ。一方、ほとんどの道府県域市場はブロック紙・地方紙の占有率が圧倒的に高い。残りのシェアを読売、朝日の上位2紙が分け合う。ブロック紙・地方紙の地域独占かガリーバー型寡占市場である。全国と道府県域の二重構造を成す新聞市場は公認の「縦のカルテル」と「暗黙の了解」の下、同調的値上げを繰り返す「横のカルテル」との結合体制を形成している。

2．例外なき規制緩和

米国のプレッシャー　再販制度検討のきっかけは、貿易摩擦に端を発した日米構造問題協議であった。80年代、日本の国際競争力は強く、対するに当時アメリカは弱体で、日米間の国際収支は不均衡が目立ってきた。先代のブッシュ大統領の要請で、89年日米構造問題協議が始まった。アメリカは国際収支不均衡の原因が、日本市場の閉鎖制にある、と批判。日米協議で激論の末、90年6月、報告書が発表された。報告書では日本市場閉鎖制の構造的要因が、不透明な政府規制とカルテル・談合・系列にあると、指摘。日米間で、政府規制と独禁法の運用強化することが合意された。40種もあるカルテル関係適用除外法を廃止し、カルテルや入札談合など違反事件の取締が求められた。日本の政財界は、アメリカのプレッシャーに反応した表情をしてみせる。「例外なき規制緩和」の掛け声が高まり出した。著作物再販制も例外

ではなかった。規制緩和の対象になり、著作物再販制度の適用除外が見直され出した。

　元神戸新聞記者で経済評論家の内橋克人の外圧観測。「著作物の再販問題の議論は、米国側の市場開放の要求に沿う形で、進められてきた。多くの人は貿易摩擦のない日本語の活字メディアに、米国がどうしてこだわるのか、奇異に感じるだろう。なぜか。米国の狙いは、将来をにらんだ映像ソフトやCDソフト、電子メディアなどの権益拡大にある。電子メディアの市場開放を迫りたい米国としては、いまのうちに、電子も活字も含めたメディア全般の規制を突き崩しておきたいというのが本音だ。議論の出発点から、米国の思惑に振り回されていることを忘れてはいけない」[7]。

　日米構造問題協議から10年後、見直しの結論が出た。見直し論議の半ばで、著作物再販制を検討うる公取委研究会に加わった内橋克人の外圧評価。「著作物再販制度の存続が決まった背景には、ここ3年間の時代的変化として米国側の関心が規制緩和から不良債権処理へと移った点があげられる」[8]。

外圧に便乗し再販廃止へ　内橋は、外圧がアクセルとなって著作物再販問題論議を進行させる、という見方である。これに対して、公取委事務局に勤めていた伊従寛は、外圧が屈折した形で再販問題検討に影響した、とみる。伊従によると、アメリカの学界には、再販制度をめぐって、二つの学説に分かれる。それぞれ政権と結びついている。ハーバード学派は、再販制原則禁止。再販制度はカルテルを誘発しやすいので、市場で力をもつ企業に対しては禁止すべきだ、とする。民主党政権はハーバード学派と近い。一方、シカゴ学派は70年代以来、再販制原則合法説を唱える。アメリカの判例は、原則として再販制禁止であるが、ブッシュ共和党政権は独禁法の運用については、シカゴ学派の説を採用し、再販制を原則的に合法としていたので、日米構造問題協議でも再販制度廃止を求めていない[9]。

　アメリカが指摘した政府規制緩和業種は、電力、電気通信、運輸、金融など事業法があり、事業を起こしたり、行うのに許認可が要る一種の国家管理対象業種である。事業法もなく、許認可を必要としない著作物は、規制緩和対象業種に当てはまらない。この時期に再販制度検討にとりかかったのは、

反対が強いため暫定的に残していた再販制問題をアメリカが要求したカルテル適用除外法の整理の中に便宜的に含ませた、日本独自の動きなのである。外圧に便乗して、いわば在庫になっていた再販制問題を、この際整理しようというわけだ。

それから10年後、公取委が出した再販制度存続の結論について、伊従の結論である。「そもそもアメリカからは再販制の適用除外の廃止の要求は出ていなかったのです。したがって、著作物再販制検討の理由がなかったわけですから、存続の結論は当然です」[10]。

3．中間報告「再販廃止へ」

公取委、規制研設置　アメリカの要求に圧されて、政府関係省庁は規制緩和に乗り出した。公取委事務局は88年7月、「政府規制等と競争政策に関する研究会」を設けて、再販制度の見直しにとりかかった。専修大教授・鶴田俊正を座長とする研究会は、鶴田研究会とか規制研と称された。鶴田研究会は、再販制度見直しに関する報告を相次いで発表した。

91年7月に発表した報告「独禁法適用除外制度の見直し」では、指定再販の指定解除から残されていた1,030円以下の医薬品26品目と化粧品24品目の指定を取り消すといった抜本的見直しを求めた。これらは、73年に公取委が指定再販の全廃方針を発表しながら、「反対が強反対が強いため暫定的に残していた」品目である。

一方、法定再販の著作物については、「同一商品の購入の反復性および商品間の代替性が少ない」ことなどを理由に、この時点では指定再販とは区別して、その適用除外の廃止を打ち出さなかった。

92年4月、公取委は鶴田研究会の報告に基づいて、指定再販の段階的全廃方針を発表した。この発表には、著作物再販制度も見直す方針が含まれていた。独禁法適用除外制が認められる著作物の扱いの明確化のためには立法措置が妥当であり、当該著作物の範囲の総合的検討に着手する、という方針だ。

その方針に沿って、94年9月、鶴田研究会の下に慶応大教授・金子晃を座

新聞再販検討関連年表

1953年9月	再販適用除外規定を新設。二四条の④「再販価格維持契約」により著作物の法定再販を認める。
55年12月	独禁法に「新聞業における特定の不公正な取引方法」を新設。景品類、無代紙の提供禁止、地域・相手による差別定価、定価割引き禁止、押し紙禁止。
88年7月	公取委事務局が「政府規制等と競争政策に関する研究会」(座長＝鶴田俊正・専修大教授) を設置。
90年4月	政府臨時行革審が公的規制緩和の最終答申を提出。
91年7月	鶴田研究会が「独禁法適用除外制度の見直し」報告をまとめる。新聞など著作物の再販存続。
92年4月	公取委が著作物再販適用除外について発表。「立法措置で対応。総合的な検討に着手」。
93年11月	細川首相の私的諮問機関・経済改革研究会 (座長＝平岩外四・経団連会長) が「再販制度は5年以内に原則廃止」を提言。
94年9月	公取委が鶴田研究会の下に再販問題検討小委 (座長＝金子晃・慶応大教授) を設置。
11月	政府行政改革推進本部が規制緩和5カ計画策定のため規制緩和検討委を設置。
95年2月	政府行政規制緩和検討委が報告発表。「著作物再販は、94年7月の閣議決定『98年末までに著作物の範囲の限定・明確化をはかる』を実施すべきとの意見」と「著作物再販は慎重に対処すべき」との指摘があるとの両論併記。
3月	政府が規制緩和5カ年計画を閣議決定。「98年末までに著作物の範囲の限定・明確化をはかる」。
6月	新聞協会が再販対策特別委員会設置。委員長に渡邊恒雄・読売新聞社長。
7月	公取委再販問題小委が「再販適用除外が認められている著作物の取り扱いについて (中間報告)」を発表。新聞協会は「中間報告に反対する」会長談話を発表。
7月	政府行政委規制緩和検討委が著作物の見直しを含む「規制視緩和に関する論点公開」を発表。新聞協会は「新聞再販の理解を欠い

IV．当面存置「再販制度」

	ている」と批判。
11月	公取委員長・根来泰周が日本記者クラブでの講演で「中間報告を尊重しながら検討するが、最後は立法府がどう思うかに尽きる」と述べた。
96年6月5日	衆院規制緩和特別委で「著作物の再販制度」を審議。公取委再販問題検討小委座長・金子晃と新聞協会再販対策特別委員会委員長・渡邊恒雄が参考人として意見陳述。両者対立。
97年10月	政府行政委規制緩和検討委が新聞再販公開ディスカッション開催。消費者団体、新聞協会、新聞販売協会、新聞労連、公取委が出席。消費者団体が「再販維持は、消費者利益にならない」と主張。
11月	自民党国会議員有志の新聞販売懇話会で「再販維持に全力を尽くす」と決議。
98年3月	公取委が「著作物制度の取り扱いについて」を発表し、「当面は、存続を認める」方針を示す。政府は「規制緩和推進3カ年計画」を閣議決定、「著作物再販は、と同趣旨」とした。
12月	存廃について、01年春をメドに結論を得る」と見解を発表。
99年7月	公取委が「特殊指定」廃止。
00年8月	公取委が「景表法」廃止。
10月	新聞協会長・渡邊恒雄が首相・森喜朗に「再販維持」を申し入れた。
10月	第53回新聞大会で「再販堅持」の特別宣言を採択。
01年3月	主婦連合会、全国消費者団体連絡会、全国地域婦人団体連絡協議会と読売、朝日、毎日、日経、産経、中日の6社が再販問題懇談会を開き、消費者団体が「再販を撤廃すべき」と主張。
3月	超党派の国会議員でつくる活字文化議員懇談会（108人）が緊急集会で「再販維持に全力を挙げる」と声明。
3月23日	公取委は「著作物の再販制度を当面、存続させる」と公表。再販論議決着。

長とする「再販問題検討小委員会」が設置された。同委員会は95年7月、中間報告「再販適用除外が認められる著作物の扱い」[11]を発表した。

中間報告は政府規制の緩和の一環として、また経済理論の見地から著作物の再販適用除外制度の全廃を提案した。鶴田研究会の「法定再販と指定再販を区別し、著作物適用除外存続」という報告とは連続性がなかった。

この中間報告が、長くもめた再販存廃論争の始まりとなった。新聞協会は、すかさず「法定再販と指定再販も同一レベルで扱い、著作物の再販も見直されるべきだ、とする中間報告に強く反対する」という協会会長談話をもって反発した。

再販と宅配は関係なし　**公取委・再販問題検討小委員会の中間報告**

①**再販制度の概要**　再販行為は、販売業者の活動の基本である販売価格をメーカーが拘束し、市場メカニズムで決定されるべき価格競争を減少、消滅させる効果を持つ。独禁法で禁止される不公正な取引に該当する。

②**見直しの背景**　再販制度が導入されてから、経済、流通の実態は大きく変化した。かつては、各種の価格統制が実施され、メーカーが設定した定価通りに小売業者が販売する慣行もみられたが、今でははとんど撤廃、緩和されている。再販制度がもたらす価格、サービスの硬直化、非効率化などの弊害が明らかになっている。

③**著作物再販の問題点**　再販制度が認められている品目には、寡占的市場構造、協調的行動がみられる。新聞の定価は、同調的、下方硬直的に設定され、全国紙は過去四回価格の同調的引き上げを行って公取委に報告を求められた。流通機構の合理化も行われていない。新聞販売店中心の流通システムで、首都圏ではコンビニエンスストアで入手できない。長期購読者に対する割引がない。購読者を値引きによって勧誘できないため、過大な販売促進費の支出や拡張員による勧誘、短期購読者を中心にした景品付き販売など非効率で特異な慣行が生じている。

④**見直しの視点**　再販行為を必要とするなら国民各層が納得する理由が求められる。文化普及の観点から維持すべきだとの意見があるが、再販制度を認められている商品だけが文化の維持に貢献しているとはいえない。再販制

度廃止による価格競争で商品の質が低下するという意見があるが、市場メカニズムの否定である。同一商品を全国同一の価格にすることで、文化を享受する機会の均等を図るという主張があるが、交通、輸送手段が今ほど発達していなかった時代の考え方である。新聞は地域によってページ建や情報内容が異なるのに全国同一価格という問題点がある。

⑤**個別の論点と考え方** 新聞業界は、新聞が国民に広く読まれるためには戸別配達が最も有効で、再販制度が廃止されると戸別配達システムが崩壊すると主張している。しかし、再販制度と戸別配達の維持は結び付かない。戸別配達は、地域の購読者を発掘し、継続購読を求めるために不可欠な手段で、再販制度の有無にかかわらず、戸別配達が消滅するとは考えにくい。

紙面で反対キャンペーン 日本の新聞社の体質は、元来、自社の内情や同業他社のできごと、業界事情を紙面に載せるのを避けるところがある。ところが、公取委・再販問題検討小委の中間報告の発表に対しては、いつものように控えめでではなかった。新聞経営の根幹としている再販制度と表裏一体の戸別配達システムを全面否定されたとあっては、言い返さざるを得ない。新聞紙面での反論は、すぐさま投げ返さないで、タイミングを見計らった。公取委・再販問題検討小委の中間報告に続いて、政府の行革委・規制緩和小委が報告書「平成7年度規制緩和推進計画の見直しについて」を行革委に提出、さらに村山首相に上げられる直前に、反論した。

読売は95年12月3日付で全面特集、朝日は翌4日付で2ページ見開き特集を組んだ。

読売は、「活字文化と再販　緊急提言・識者20人に聞く」の企画紙面。登場したのは、成城大教授・石川弘義、上智大教授・猪口邦子、上智大教授・植田康夫、経済同友会代表・牛尾治朗、前成蹊大文学部長・内川芳美、作家・内田康夫、日本文芸家協会理事長・江藤淳、セコム取締役・小島正興、日本書籍出版協会専務理事・五味俊和、文芸評論家・権田萬治、自民党総務会長・塩川正十郎、イトーヨーカー堂社長・鈴木敏文、作家・髙井有一、富士総合研究所研究主幹・髙木勝、京大名誉教授・多田道太郎、衆院規制緩和特別委員会理事（社会党）・永井哲男、推理作家・西村京太郎、地域誌編集者・森ま

ゆみ、自民党政調会長代理・与謝野馨、新進党総務会長・渡辺恒三。20人全員が、著作物再販制度維持を提言し、公取委・再販問題検討小委の中間報告の日常商品と新聞・書籍を同一視するのは問題だ、と中間報告を批判した。

　牛尾治朗の意見　一連の規制緩和の流れの中では、再販制度が議論の対象になるのは当然と思う。特に化粧品などの日常商品をめぐる再販制度については是正されるべきだ。しかし新聞や書物といった著作物は、普通の商品と一律に論じて良いのか慎重に対処する必要がある。活字文化は文化水準の維持に不可欠な要素だし、知る権利、表現の自由とも関連する。再販制度の廃止で競争が激化すれば、新聞の宅配制度や書物の販売方法にどういう影響がでるのかなど、研究しなければならない問題も多い。活字文化を守ることと再販制度の在り方の関係については、丁寧に議論を続けるべきだ。

　与謝野馨の意見　新聞、雑誌、書籍が競争政策になじむのか、大いに疑問がある。国内ではそれぞれの分野で激しい競争がある一方、海外の商品との競合はない。書籍などは実感として日本の方が安いのではないか。新聞は丹念に読めば、記者すら自覚していないほどのニュース量がある。活字であるゆえに記録性が高いし、情報量も多い。新聞や雑誌の値段を月五十円か百円値下げさせるための競争政策の導入は、何ら社会的価値を持たない。朝起きて新聞が届いているという今の制度は捨てがたい。競争で何を目指すのか、はっきりしていない。

　朝日の紙面は、「公取委・再販問題検討小委の中間報告・要旨」と「活字文化懇談会の見解・要旨」「日本新聞協会の見解・要旨」を並べ、「各界から疑問や批判の声」を配した構成。各界からは、自民党行政改革本部長・水野清、社会党活字文化と再販問題を考える会事務局長・永井哲男、新党さきがけ党総務会長・中島章夫、新進党総務会長・渡部恒三、共産党・衆院規制緩和特別委員会委員・吉井英勝、東大社会情報研究所長・浜田純一、セコム取締役・小島正興、イトーヨーカー堂社長・鈴木敏文、メルシャン社長・鈴木忠雄、

Ⅳ. 当面存置「再販制度」

経済評論家・内橋克人が顔を並べて、中間報告に対する意見や疑問を呈している。

それに、元文化庁長官で作家の三浦朱門との問答形式に212行を当てた。三浦は、今回の再販制度見直しについては「十五年前に公取委から同じような議論が出ましたが、また、来たか、いう感じ。と同時に『なぜ今』と唐突な感じもしました。私は現行のままでいいと思います。再販制度を維持すべきだと思います」という意見である。

「再販廃止」OK前提か　1年後に再販問題検討小委の親委員会の鶴田研究会のメンバーに加わる内橋克人の批判は、具体的だ。「『再販見直し』の中間報告をまとめた公正取引委員会の再販問題検討小委員会には疑問が多い。ひとつは、民主的な手続きであるデュープロセス（法の適正手続き）違反ということだ。十人の構成委員がどういう基準で選ばれたのか、示されていない。私の知る限り、『市場原理の導入』万能論を唱えている人が多く、『再販廃止』の結論を前提に選定したのではないか、とさえ思える。しかも、結論に至るまでどんな議論がなされたのか、議事録も公開されず、公開討論会も開かれない。両論併記さえない。役所の握る『情報』こそ、本来『規制緩和』されるべきなのに、公取委はそんな姿勢が微塵もない。一方で、中間報告には再販廃止の論拠に、『消費者利益』が免罪符のように、随所で使われている。しかし、都市部も地方も一緒に論じていいだろうか。コストが高くつく『地方』では著作物の価格は高くてもいい、というのは少数者を切り捨てる『地方蔑視』の発想だ。国民が投票権を行使するさいの前提にもなる最低限の情報は、居住地域によって、差があってはならない。朝日新聞を購読している読者は、全国どこで購読しても同じ価格であることが前提だ。中間報告の考えを進めれば、地方はますます情報過疎地になってしまう。新聞や本にとって、少数者の発言を保障することが大事なことはいうまでもない。市場原理にまかせ、新聞や出版資本の寡占、独占化が進めば、民主主義の基本を揺るがしかねない。独占禁止法の基本精神は、市場原理の行き過ぎを規制し、独占を防ぐことではなかったか。再販廃止論は、独禁法の精神からもほど遠い」。

鶴田座長批判を反批判　新聞界が中間報告に対して、紙面をもって批判したやり方について、再販問題検討小委の親委員会である鶴田研究会座長の鶴田俊正は、その著『規制緩和』[12]で反批判した。

「公取委の再販問題検討小委員会のリポートが発表されてからの各新聞社の論調は、画一的であり独自性に欠けているというのが率直な印象である。そこで語られているコンセプトは『文化財』『公共性』『民主主義』であり、経済問題として議論を排除する強い姿勢で共通していた。私が最も懸念していることは、賛否を読者の自由な判断にゆだねるという民主主義にとって最も重要な態度を、各紙とも欠いていることである。民主主義の原則は、立場の違いを超えて賛成・反対を、いかなる政治的圧力を受けることなしに、自由に表現できることにある。新聞が民主主義の旗手を自認するのであるならば、再販維持賛成・反対の言論を、公平に紙面に掲載し、読者に最終的判断をゆだねるという立場をとるべきである。しかし、このような自由な立場から再販問題にアプローチしている新聞を、私は寡聞にして知らない。少なくとも全国紙についてはまったく皆無といっていい。読者に、再販維持のための情報を洪水のように一方的に流し続けている編集方針は、読者の自由な判断をまったく無視している反民主主義的な態度といえるのではないか」。

各紙の再販制度に関する報道姿勢は、一方的に新聞業界が主張する制度維持の側に偏っているのではないか、という疑義が翌96年6月に開かれた衆院規制緩和特別委員会委員からも投げかけられた。

鶴田は編集方針だけだはなく、論調に反論した。特に、新聞の論調が再販問題を市場の論理をもって議論するのを避けている、共通の土俵で論争すべきだ、と強調した。「新聞が文化財的性質をもっているがゆえに、市場原理（自由経済）に馴染まないとする議論が幅広く展開されているが本当だろうか。なかには文化は市場原理に馴染まないとする極論さえみられる。しかし発想が逆ではないだろうか。市場経済は統制経済と異なって、市場参加者の自由を尊重する仕組みである。市場参加者の創意工夫の累積こそが、今日の日本経済の発展の源泉であって、企業の多様で創造的な努力が消費者に受け入れられ経済は発展しているのである。文化もこのような市場システムと無関係で

IV．当面存置「再販制度」

はない」[13]。

再販存廃を検討　4年前の鶴田研究会報告を軌道修正した中間報告は、新聞界から激しく反論されたが、それは4年間に一段と高まった規制緩和万能論を反映して、軌道修正したからにほかならない。

93年7月に成立した細川内閣は、規制緩和を重点政策に取り上げ、著作物の独禁法適用除外制度の見直しをも政府の公式政策として位置づけられた。首相の私的諮問機関として設けられた「経済改革研究会」（座長・平岩外四経団連会長）は同年11月、「経済的規制は原則自由」を答申し、「再販制度は5年以内に原則廃止」を提言した。

95年2月、政府の行政改革推進本部に規制緩和5カ年計画策定のため規制緩和検討委員会を設置し、法定再販制見直しを政治日程に上げた。同年3月31日の閣議で「規制緩和推進計画」が決定し、97年度末までに「法定再販対象の著作物の範囲の限定・明確化を図る」ことが公取委に求められた。

公取委は、閣議決定に応じて見直しを始めた。公取委・再販問題検討小委と政府・行革委規制緩和小委は、規制緩和を求める声が高まるにつれて、論点を競争政策促進の観点から再販制度自体の存廃を検討する、に移していったのである。

新聞・出版業界は、論点のすり替えだ、と反発した。公取委は、01年3月に再販制度存続という結論を出したのだが、結論を出した時点でも「再販制度自体の存廃を検討する」という論点を崩さなかった。その結論に「競争政策の観点からは（著作物再販）制度を廃止し、著作物の流通において競争が促進されるべきであると考える」という文言を盛り込んだ。この97年度末の閣議決定を機に、公取委が論点を移行させたことが、再販制度をめぐる論議を複雑にし、問題処理を長引かせた[14]。

各紙が再販維持キャンペーン特集を掲載した直後の97年12月7日、政府の行政改革委員会・規制緩和小委員会が「著作物再販制度の見直しに関する報告」をまとめ、橋本首相に提出した。報告では「新聞・書籍・雑誌・CDの4品目とも独禁法適用除外が認められる相当の特別な理由がある十分な論拠が見い出せない」と再販制度廃止に方向をにじませた。

新聞について、その理由に ①再販廃止で、文化享受の機会均等を阻害するほどの価格差は生じない ②値引きができないために景品競争に偏重している現状では、再販廃止は競争を適正化させる効果の方が大きい ③遠隔地の戸別配達の合売・複合方式で可能 ④読者の戸別配達に対するニーズが高ければ、再販制の有無に関係なく各社は戸別配達を維持すると推測される等を上げた[15]。

報告の内容を、閣議決定の「規制緩和推進計画」に逐次取り込んでいくこととした。

4．再販論争国会

新聞人と学者が激論 担当行政機関の公取委が立法措置が妥当と判断し、閣議決定された著作物の法定再販制問題は、国会でも審議される課題となった。96年6月5日開いた「衆院規制緩和に関する特別委員会」で「著作物の再販制度」が審議された[16]。参考人として意見陳述したのは、公取委・再販問題検討小委員会座長・金子晃と新聞協会再販対策特別委員会委員長・読売新聞社社長の渡邉恒雄。渡邉は、1年前の95年6月、新聞協会が新設した再販対策特別委員会の委員長に就任していた。再販廃止論者の金子と再販維持派の渡邉は、国会で激しく斬り結んだ。

金子は、陳述の冒頭で金子自身が座長としてまとめた再販問題検討小委の中間報告の骨子を述べた。「新聞産業は寡占市場で、公正な競争が行われず、消費者利益が損なわれている」と、その特性を指摘した。

①発行市場——新聞は同調的価格引き上げの対象商品となっており、発行市場が寡占的であることは、疑いない。価格の下方硬直性がある。同調的に価格を引き上げ、過去10年間に4回にわたり、公取委から事情聴取された。発行市場の競争は十分に行われていない。

②販売市場——厳格なテリトリーのもとで販売店同士の競争がない。価格に差をつけることが禁止され、同じく禁止されている景品付き販売が行われている。長期、大量購読者への利益供与がない。逆に新規購読者には景品を

配っている。

　③消費者利益——消費者は販売店選択の自由がない。購読紙以外の新聞を入手することも困難である。購読条件が一方的に押し付けられている。また勧誘方法が不適切である。国民生活センターの消費者相談データーによると、新聞は毎年トラブルが増加し、上位にランクされている。競争がないため、こうした勧誘方法になるとも考えられる。

　渡邉は、「新聞市場の現状は、学者の市場分析とは違っている」と反論した。それに新聞は文化的、公共的価値を持っており、言論、表現の自由は、経済権より優越している。著作物は文化的価値のために法定再販になった、と強調した。また、再販問題検討小委の中間報告は、公取委の私的研究会の私的報告であって、紙面に載せる必要がない」と、中間報告の意義に異議を唱えた。

　以下、筆者による**同委員会審議記録の要約**。
再販は競争制限要因

金子　再販売価格維持行為は、独禁法上原則違反だ。流通段階での価格競争を減少、消滅させるだけでなく、市場全体の価格競争をさらに減少させ、価格以外でも競争制限的な弊害をもたらす恐れがある。独禁法の適用除外を認めるには、明確かつ具体的な理由が必要だ。(中略)新聞について再販を認める明確かつ具体的な理由、目的が存在するだろうか。公共性については、他の商品にはなく、なおかつ明確な理由となるのか、疑問なしとしない。目的も必ずしも明確にされていない。再販は公共性、表現の自由が達成されるための合理的手段なのか。再販によって得られる利益は、失われる利益より大きいのか。私は、この点疑問に思っている。

渡邉　新聞の再販をつぶせという主張だが、全面的に私は反対だ。再販は独禁法の法定再販として認められている。法律で認められているのに何で違法なのか。新聞に再販を認める固有の理由はある。再販が認められる利益は、競争制限によって失われる利益よりはるかに大きい。新聞ほど激烈な競争をしているところはない。

東京に6紙あるうち4種類の価格があり、上下1,300円の価格差がある。読者は、この中から選択できる。公取委は一片の告示で「一般日刊全国紙」として5紙を指定した。しかし、地方紙が70〜90％の普及率をもっているところでは、全国紙は、3〜5％くらいしかシェアがない。現在、どの地域でも地方紙を含め多数発行されている。全国紙だけ特殊に見られるのは反対だ。

　1989年の日米構造協議の際、米国から圧力があり、規制緩和の動きにつながった。バブル崩壊後の日本経済の活性化のために、規制緩和は大いにやらねばならない。しかし、新聞、書籍、雑誌は貿易商品ではなく、米国も興味がないと言っている。再販が撤廃されれば、世界最高を誇る7,200万部の発行部数が半分になる。これが経済の活性化にとって何の役に立つのか。公取委・再販問題検討小委員会はもっぱら新聞いじめをしている。新聞のもつ文化的、公共的価値を真っ向から否定している。著作物は、人間の道徳、社会的規範、政治思想、文学、芸術、思想一般を伝達する手段であり、民主主義社会を維持するのに不可欠なものだ。

　公取委の再販問題検討小委は偏見に満ち、何とか新聞をつぶしたいと思っている。このような人々が完全に牛耳っている公取委の研究会の構成は、公正なものと見ない。こうしたグループにより日本の新聞・出版業界が生存を脅かされねばならぬことは黙視できないので、われわれはその構成を是正するよう公取委に申し出ている。

再販廃止のメリット

野田（佳彦：新進）　中間報告では再販を維持する側が必要とする理由を立証するべきとしている。その逆として、長年続いた制度の廃止を主張する側の挙証責任についてどう考えるのか。

金子　われわれの小委員会は、適用除外規定をすべて見直しを行い、現時点で存続する理由のないものは廃止していくという結論を出した。制度というものは存続の理由がなくなった段階で廃止すべきで、われわれとしては再販について必要性がないということだけ主張すれば十分であろ

IV．当面存置「再販制度」

う。もし残す必要があればぜひ聞かせてほしい。

渡邉　現在著作物再販は法定である。われわれは法律に従って再販を維持しているのであり、挙証責任はそれを変えようとする側にある。しかしわれわれの方で挙証しろと言うのならやぶさかでない。ただし、私的研究会やら懇談会をやたらに作り、そこで報告書を出して、あたかも金科玉条のごとく振りかざすことはやめてほしい。行政権は内閣、立法はすべて国会と憲法で決まっている。私的委員会の私的報告をなぜ大きく報道しなければならないのか、疑問をもつ。

福島（豊：新進）　再販制度の廃止は消費者の立場からどんなメリットがあるのか。

金子　再販が廃止されれば、寡占市場の流通段階における価格が動いていく可能性がある。全国一律の価格も崩れていくだろう。それと同時に、価格差がないために非常に不適切な勧誘方法がとられ、景品を提供する競争が行われ、拡張員に非常に大きなコストを支払うようなことが正常化される。現在の販売は、再販と無関係ではなく、競争がないために起こっている現象だ。販売段階でよりよいサービス、読者が望む形での配達、競争が行われることになり、再販価格維持の廃止によって消費者、読者が得る利益は大きいと判断する。

渡邉　机上の空論とはこのようなものと痛感した。在京紙の購読料は4,300円から3,000円まである。安い方がいいなら、安い新聞を取ればいいし、高い方がいいなら高い方を取ればいい。また、河北新報はかつては休刊日がなく、現在もまだ少ないので、ある意味では低価格といえる。地方紙と全国紙では価格が違う。ページ数も夕刊24ページもあれば、12ページ、16ページおある。どうして競争のない寡占市場というのか、全く分からない。新聞は日夜競争しており、机上の空論は理解できない。

再販の立法趣旨は

吉井（英勝：共産）　金子氏に聞きたい。再販問題検討小委の親委員会に当たる鶴田研究会が出した1991年7月の報告書では、再販は容認されていた。なぜ変わったのか。また、95年7月の中間報告だは、著作物の立法

趣旨が不明確としているが、日本の再販は西独の競争制限禁止法をモデルにしているので立法趣旨は明確である。
　　　中間報告の検討は価格政策のみで文化政策的見地がないのではないか。
金子　鶴田研究会の報告書のもとになったのは、私のいた小委で独禁法の適用除外についてまとめた報告だ。鶴田研究会では再販を認めていない。独禁法の適用除外について全般を見直し、その際、再販については実態は明らかでないとした。
　　　鶴田研究会では、著作物についてもし理由があるとすれば、ということでドイツをモデルにしているとした。その理由は出版物にはあてはまるが、新聞については、必ずしも当てはまるものではなかった。鶴田研究会の報告書と今回の報告の間に齟齬はない。また、立法趣旨についてドイツを参考にしたことは明らかだが、こういう理由で認める、ということが国会で十分議論されたという資料はない。この問題は文化政策の問題として広く考える事柄だと思う。われわれは独禁法の枠内において、文化のことも視野にいれながら検討した。しかし、文化政策そのものはわれわれの領域を超える。
渡邉　中間報告では、昭和28（53）年の独禁法改正で著作物を法定再販にしたことについて、立法の趣旨が明らかでないと書いている。しかし、実際には、当時公取委の事務局がドイツに行って、独禁法を調査している。言論、表現の自由は経済権より優越しているということだ。著作物は文化的価値のため法定再販になった。
秋葉（忠利：社民）　7,200万部の新聞は、意見を公平に取り上げて議論しているだろうか。一方的な意見だけでなく、廃止の主張も取り上げ、議論の質を高めるべきだ。新聞をはじめ、マスメディアにおける仕方は改善の余地があると思う。事実をもって論理的に、だれにでも納得できるような論議をしてほしい。
渡邉　私は公取委の私的研究会を全く認めていない。法律の改正は本来、国会の場で決めるべきものだ。今回の再販の問題は、告示だけでやらない

IV. 当面存置「再販制度」

ことを公取委の事務局にも確認してある。国会に上程されるようなものなら、新聞社の利益に反することでも報道する。

委員会委員は市場主義者　新聞協会再販対策特別委員長の渡邉は、衆院規制緩和特別委員会で公取委再販問題検討小委の構成を是正するよう公取委に要求している、と発言した。再販問題検討小委の親委員会の鶴田研究会に対しても「そのメンバーのほとんどが『市場万能主義』の学者によって占められており、これでは初めから結論が出ているのも同じだという批判が出された」[17]。

公取委は、こういった要求や批判に応える形で、96年に江藤淳、清水英夫、内橋克人ら再販維持論者をメンバーに加えた。鶴田研究会のメンバー17人中、13人の大学教授が占めた。その中には、「今この国では、市場主義がやみくもに謳歌されている。市場の円滑な働きを阻害する規制の何もかもが悪であるかのように市場主義者たちはいう。書籍や新聞の再販制にたいする市場主義者の憎悪の念はことのほか強い」[18]教授も含まれる。

鶴田研究会（規制研）のメンバーは、次の通り[19]。座長：鶴田俊正（専修大経済学部教授）、石坂悦男（法政大社会学部教授）、井手秀樹（慶応大商学部教授）、内橋克人（経済評論家）、江藤淳（大正大文学部教授・日本文芸協会理事長）、金子晃（慶応大法学部教授・97年9月まで）、岸井大太郎（法政大法学部教授）、清野一治（早稲田大政経学部教授）、古城誠（上智大法学部教授）、清水英夫（弁護士・青山学院大名誉教授）、関根昭治（日本放送協会編成局次長）、高村寿一（日経論説委員）、中条潮（慶応大商学部教授）、鳥居昭夫（横浜国大経営学部教授）、中村仁（読売編集局総務）、中山信弘（東京大法学部教授）、蠟山昌一（大阪大大学院国際公共政策研究科教授）。

新メンバーとマスコミ関係者は、座長交代を提案したが、容れられなかった。

5．議員連盟、新聞労連が支援

首相も「個別配達」心得た　渡邉・新聞協会再販対策特別委員長が衆院規制緩和特別委員会の参考人として、陳述した際、再販制度の改廃は立法の場、国会で決めるべき問題である、と念を押した。規制緩和特別委員会が開かれた4カ月後の11月15日、公取委員長・根来泰周は日本記者クラブの昼食会で講演し、著作物の再販制度の改正、非改正について「最後は立法問題で、立法府がどう思うかに尽きる」と述べた。

再販問題の決め手は、国会でということなると、新聞業界は政界工作を怠るわけにはいかない。業界団体と政界が接触する場合、業界側は政治連盟を設けて、衆参院の関係議員と対応するのが永田町周辺の方策である。新聞業界では、日本新聞販売協会（日販協）が95年11月、日本新聞販売協会政治連盟（日販協政治連盟）を設立した。日販協は、新聞社の系統を超えた新聞販売店主の同業者団体で、全販売店の60％に当たる約10,000店の店主が加盟しているといわれる。日販協と政界とは、地方税の免税になっていた新聞業の事業税特別措置が改正され、課税対象となった85年ごろから接触してきた。特別措置延長を自民党議員が支援し、それから関係が深まり、87年に自民党新聞販売懇話会が結成された。結成当時、議員は50人程度だったが、98年には衆院108人、参院42人に増えた。自民党新聞販売懇話会の議員から「毎月、何件かのパーティー券購入の依頼がくるが、日頃、お世話になっている先生方でお断りするわけにはいかない。そういう関係で、収支報告がきちんとできる形で明瞭にやった方がいいので政治連盟を設立したい」（95年11月1日付『日販協月報』）[20]。

98年10月の衆院議員選挙では、日販協政治連盟は自民、新進、民主、さきがけの4党の候補58人を推薦し、56人が当選した。その中には、羽田孜、橋本龍太郎、小渕恵三、森喜朗、小泉純一郎の4人の首相経験者はじめ各党の有力議員が顔をそろえている。日販協政治連盟推薦の衆院議員を含む「150人の自民党議員が新聞販売懇話会に加入して、再販制度堅持の運動に参加して

いる。再販制度を維持することにより、新聞社や政治家が守ろうとしているのは、言論の自由ではなくて、国家権力とメディアが一体化した現在の支配構造にほかならないのである」[21]と、黒藪哲哉は見透かしている。

　超党派で再販制度維持を目指す「活字文化懇談会」の発起準備会が96年12月13日、議員12人が参加して開かれ、額賀福士郎（自民）、鳩山邦夫（民主）を世話人にして参加を呼びかけることにした。自民、民主、公明、保守、共産、社民の各党から108人が参加した。公取委が結論を出す直前の01年3月21日、衆院第二議員会館で緊急集会を開き、招かれて出席した公取委取引部長・楢崎憲安を前にして「公取委に再販制度存続の結論を明確に打ち出すように求めるとともに、あらゆる手段を尽くして制度維持に全力を挙げる」という声明を採択した。

　トップ会談も開かれた。新聞協会会長の渡邉恒雄と首相・森喜朗、官房長官・中川秀直が00年10月6日夜、都内のホテルで会った[22]。渡邉が、「再販制度は報道の自由や民主主義を守るために極めて重要だ。ご理解いただきたい」と、申し入れた。森はかつて産経販売局に勤めいた経歴の持ち主である。中川は元日経の政治記者。首相、官房長官ともに新聞界事情に通じている。森は、「戸別配達制度が新聞の公正な言論を守っていることは、前々からよく認識している」と、万事心得た調子で応えた。

「新聞が届かない朝」　　再販制度維持に関しては、労使共同歩調をとった。日本新聞労働組合連合（新聞労連、33,000人）が「著作物再販制度の維持を求める」請願署名を始めた。請願署名の提出先は、衆参両院議長と公取委員長。

　新聞労連の趣意書[23]の謳い文句は、「再販制度がなくなると…『朝起きれば新聞が届いている』宅配制度が崩れていく」。

　新聞協会加盟紙のキャーペン広告のスローガンは、「新聞が来ない朝を想像してみてください－新聞の戸別配達のために再販制度は欠かせません」。

　労使同音で、再販維持を訴えた。

　新聞労連は、請願署名の協力要請を、次のように呼びかけた。

2001年3月、公正取引委員会は著作物再販制度の存廃に関する最終結論を出します。私たちは憲法で保障された「言論・表現の自由」と「知る権利」を守るため、著作物再販制度を維持することが大切であると考えます。

　1989年の「日米構造協議」により、日本は例外なき規制緩和への道を突き進み、95年の「著作物再販制度の見直し」で、独占禁止法の適用除外品目とされてきた新聞、書籍、雑誌、レコードなどの法定再販6品目も見直しの対象になりました。公正取引委員会は98年3月、3年後に「制度自体の存廃についての結論を得る」と結論を先送りにしましたが、そこでは再販制度が文化の復興・普及に果たした役割に一定の理解を示しながらも、競争政策の観点から廃止の方向を明確にしました。

　私たちは再販制度が販売店の価格競争を禁止することで、販売店の経営安定と戸別配達制度を保障してきたと考えます。戸別配達制度という日本独自の優れた制度のもとで、全国津々浦々ほぼ一定の時間に新聞が供給され、文化と民主主義の普及、発展に大きく寄与してきたのです。憲法で保障された「言論・表現の自由」がまさに再販制度のもとで戦後日本の民主主義を支え、「国民の知る権利」にこたえてきたといえましょう。

　私たちは以上の考えから、今後も再販制度を維持することを強く要望いたします。

　再販制度がなくなると…

　①乱売合戦と宅配制度の崩壊！

　新聞社も販売店も読者を増やすことが、購読料収入だけでなく広告収入増にもつながります。そこで他店・他社より一部でも多く読者を獲得しようと安売りを始めることになります。ところが新聞は利幅も薄く、在庫品放出といって古新聞を売ることもできないもともと値引きに向かない商品です。無理な安売りを続けると新聞販売店の経営そのものを圧迫し、その競争に耐えきれないお店は消えてしまうことになるでしょう。「弱い企業が潰れるのは仕方がない」という意見もありますが、気づいた

ら近所の販売店がなくなり、新聞を読もうと思ったら遠くにある販売店に購読を申し込まざるをえないという人も出てきます。そういうところでは配達コストがかかるため高い配達料を請求されたり、購読を拒否されるケースも生まれるかもしれません。「朝起きれば新聞が届いている」という宅配制度がじわじわと崩れていくことになるのです。

②新聞の多様性が失われる！

日本の新聞は世界に例のない発行部数を持ち、しかも全国紙と地方紙、地域新聞ななど多様な新聞が共存し、読者の様々なニーズと知る権利にこたえています。再販制度撤廃で競争が激化し、宅配制度が崩れていくと、こうした多様な新聞が発行できる経営基盤が失われてしまいます。そして経営体力の弱い新聞社は淘汰され、いくつかの新聞が潰れてしまいます。言論の多様性を著しく損ねることが果たして日本の民主主義の発展にとってよいことでしょうか。また、こうしたことが知る権利や権力チェック機能の衰退にもつながりかねません。

新聞労連が中心になって集めた署名は、71,154人分。署名簿は、公取委に提出された。公取委は、01年3月結論を出す2、3月前に、「国民各層の意見」＝パブリックコメントを全国から集めたが、新聞労連から受け取った7万人余の署名は国民各層に意見としては集計されなかった[24]。

6．公取委、新聞協会と対話

勝組店の寡占化　98年1月、鶴田研究会は、「著作物適用除外制度の取扱いについて」（通称「著作物再販についての報告書」）をまとめ、公取委は報告書を発表した。そこでは、「競争政策の観点からは、現時点で著作物再販制度を維持すべき理由に乏しく、基本的には廃止の方向で検討さるべきものである」とした。政府は報告書をなぞって、同年3月31日の閣議で「規制緩和推進三カ年計画の一環として、再販制度を維持すべき特別の理由がない限り98年以降に適切な措置を講ずる」と決定した。閣議決定の当日、公取委は、「著

再販制度廃止による影響についての新聞業界の主張

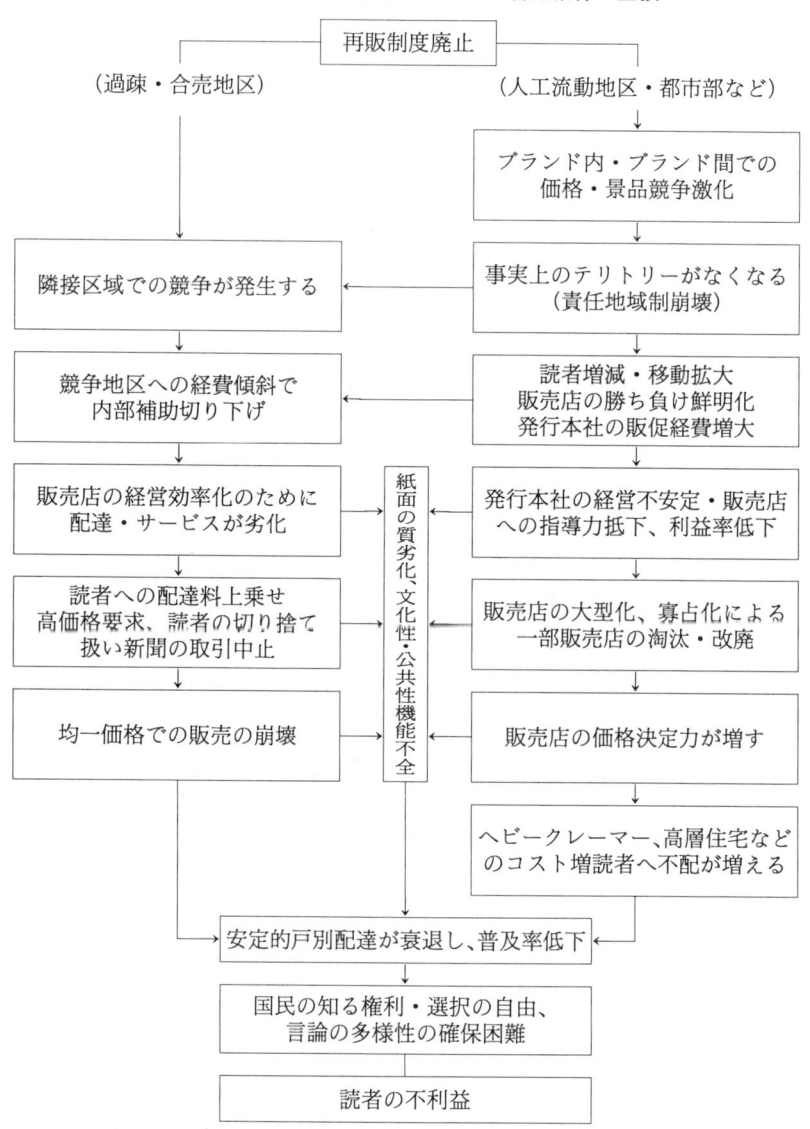

```
                        ┌─────────────┐
                        │ 再販制度廃止 │
                        └─────────────┘
         ┌──────────────────┴──────────────────┐
    （過疎・合売地区）                （人工流動地区・都市部など）
                                              │
                                    ┌──────────────────────┐
                                    │ ブランド内・ブランド間での │
                                    │   価格・景品競争激化    │
                                    └──────────────────────┘
                                              │
    ┌──────────────────┐         ┌──────────────────────┐
    │ 隣接区域での競争が発生する │◀────│ 事実上のテリトリーがなくなる │
    └──────────────────┘         │   （責任地域制崩壊）     │
              │                   └──────────────────────┘
              ▼                              │
    ┌──────────────────┐         ┌──────────────────────┐
    │ 競争地区への経費傾斜で │         │ 読者増減・移動拡大       │
    │   内部補助切り下げ    │◀────│ 販売店の勝ち負け鮮明化    │
    └──────────────────┘         │ 発行本社の販促経費増大    │
              │                   └──────────────────────┘
              ▼                              │
    ┌──────────────────┐  紙  ┌──────────────────────┐
    │ 販売店の経営効率化のために │  面  │ 発行本社の経営不安定・販売店 │
    │   配達・サービスが劣化   │◀─の─▶│   への指導力抵下、利益率低下 │
    └──────────────────┘  質  └──────────────────────┘
              │            劣              │
              ▼            化              ▼
    ┌──────────────────┐  文  ┌──────────────────────┐
    │ 読者への配達料上乗せ   │  化  │ 販売店の大型化、寡占化による │
    │ 高価格要求、読者の切り捨て │◀─性─▶│   一部販売店の淘汰・改廃    │
    │ 扱い新聞の取引中止     │  公  └──────────────────────┘
    └──────────────────┘  共             │
              │            性              ▼
              ▼            機  ┌──────────────────────┐
    ┌──────────────────┐  能  │   販売店の価格決定力が増す   │
    │  均一価格での販売の崩壊 │◀─不─▶└──────────────────────┘
    └──────────────────┘  全              │
              │                             ▼
              │                   ┌──────────────────────┐
              │                   │ ヘビークレーマー、高層住宅など │
              │                   │ のコスト増読者へ不配が増える  │
              │                   └──────────────────────┘
              │                             │
              └─────────────┬─────────────┘
                            ▼
              ┌──────────────────────────┐
              │ 安定的戸別配達が衰退し、普及率低下 │
              └──────────────────────────┘
                            │
                            ▼
              ┌──────────────────────────┐
              │  国民の知る権利・選択の自由、    │
              │   言論の多様性の確保困難      │
              └──────────────────────────┘
                            │
                            ▼
              ┌──────────────────────────┐
              │        読者の不利益          │
              └──────────────────────────┘
```

（注）　公正取引委員会「著作物再販制度の見直しに関する検討状況及び意見照会について」の「資料2」(00年12月7日）から

Ⅳ．当面存置「再販制度」

作物再販制度を廃止した場合の影響について配慮と検討が必要と考えられるので、一定期間経過後に制度自体の存廃についての結論を得るのが適当」という指針を明らかにした。公取委員長談話で、一定期間経過の期限は 2001 年春というメドを示した。

　公取委は、指針で示した「著作物再販制度を廃止した場合の影響について」の対話を 00 年 1 月から 11 月にかけて 7 回、新聞協会新聞再販プロジェクトチーム 11 人と行った[25]。チームのメンバーは、読売新聞常務・社長室長の滝鼻卓雄を座長に、全国紙が朝日、毎日、日経、ブロック紙が北海道、中日、地方紙が信濃毎日、新潟日報、神戸、熊本日日の 11 社の販売担当。

　公取委と新聞協会新聞再販プロジェクトチームとの対話で、新聞協会側が「著作物再販制度を廃止した場合の影響について」次のような事態が生じる、と総括した。再販制度廃止がインパクトとなって、都市部でも過疎地でもそれぞれタイプを異にするが、価格競争や景品付き販売を誘発する。その連鎖反応で、再販制度と表裏一体の販売店のクローズドテリトリーと戸別配達制度が崩れて、普及率が低下する。その結果、販売店の淘汰・改廃が進み、勝ち組販売店が寡占化する。同一紙同一価格販売も崩壊。発行本社の利益率低下し、経営は不安定となる。経営の悪化は、取材経費や人員削減にまで及び、新聞本来のジャーナリズムとしての機能である紙面の質劣化、公共性・文化性不全に至る。ジャーナリズムとして衰えた新聞の普及率は、さらに低下する。新聞産業の衰退は、国民の知る権利・言論の多様性・選択の自由の喪失につながり、読者である国民が不利益を被る、という迂回した論理でもって、再販制度存続を主張した。

　以下その主な事態の解説である。

　①都市部では、景品付き販売や値引き競争が拡大し、区域を超えた読者の販売店選択が活発になって責任配達区域があいまいになる。また、長期固定読者が交替読者に変化し、さらに景品の高額化や値引き競争が拡大することにより、販売店の経費が増大し、経営的に疲弊する販売店が続出する。このような販売店は、自己の区域全域に販売する能力を喪失したり、配達を放棄せざるをえなくなり、希望しても配達されない読者が生じる。一方、競争に

勝ち残った販売店は大型化・寡占化し、高利潤を得る配達効率化を進め、配達コストのかかる高層住宅等の非効率な一部読者を切り捨てるケースが出てくる。

②過疎地では、新聞社が都市部の価格競争に経営資金力を傾ける結果、過疎地の配達補助を切り下げざるを得なくなる。そのため、販売店が経営効率化を図るために読者を切り捨てたり、廃業することにより戸別配達ができなくなり、販売店が維持し、経営を安定させようとすると、配達料の上乗せや高い購読料を要求するようになり、均一価格での販売ができなくなる。

③不安定読者の増大による経営予測・需給計画の困難化、販売店への補助・新聞原価の引下げ等競争経費拡大による利益率の低下などにより、新聞社の経営が悪化する結果、人員削減、取材経費の圧縮といった事態に追い込まれる。そうなれば、入念な掘り起こし取材や調査・キャンペーン報道など時間、人員、経費のかかる報道は次第にできなくなり、紙面、流通段階での質的低下をもたらす。

④戸別配達が衰退し、新聞の普及率が低下する等により、言論の多様性、国民の知る権利の確保が困難となる。

新聞協会チームが対話で用いたキーワードは、「戸別配達」。再販制度廃止が新聞業界にもたらすのは、戸別配達制度の崩壊である、という。対話では、再販制度と戸別配達制度の関係に終始した。

以下対話の要約。

再販廃止は値引き激化

公取委　新聞社が販売店間の相互乗り入れを制限することは、読者の販売店選択の自由を狭め、販売店間の競争を阻害する効果がある。再販制を廃止した場合、読者が販売店を選択できるようにすべきであり、価格競争のメリットを受けられようにすべきだ。

新聞側　責任配達区域の設定は、新聞社が一元管理している。責任配達区域制である以上、販売店は自由に区域設定できないのは当然。店主が自由に区域設定すると、互いの区域があいまいになり、完全戸別配達という

IV．当面存置「再販制度」

　　　現行の流通制度が破綻する。責任配達区域制では、ブランド内競争は制限されるが、それは価格面だけで、配達サービスは競争する。
公取委　戸別配達では、再販制とは関係ないのではないか。
新聞側　販売店経営と戸別配達は一体のものだ。販売店と読者との定期購読契約には戸別配達を含むと解釈している。公取委は、戸別配達の確保が再販制でなく、契約で義務づけれるというが、契約だけでは戸別配達は維持できない。再販制が廃止されれば、過当な割引販売の横行によって読者は価格の安い他地区の同一紙を扱う販売店を選択し、各販売店の責任配達区域があいまいになって、完全な戸別配達はできなくなる。
公取委　新聞社にとっても、戸別配達を維持することは高普及率(販売部数と広告収入)を確保し、生産計画を立てる上で効果的であるので、維持すべき利益が大きいのではないか。販売店が配達をやめれば、戸別配達を重視する読者は戸別配達する他の販売店に移動する。読者の戸別配達の求めに応じないような販売店を抱えていたのでは、新聞社はブランド間競争に勝ち残れないのではないか。このため、一部読者の切り捨てが起こらないよう、新聞社は販売店を管理・指導し、読者の苦情にも反応するはずで、戸別配達率が大きく低下することは考えられないのではないか。
新聞側　新聞という文化的商品は、情報への平等なアクセスを保障するため均一価格を担保することは必要である。各社の経営判断でそれぞれが価格を均一にしている。1部売りの新聞という小額商品に価格政策を持ち込むのは、読者の利益にならない。

長期読者サービスは

公取委　短期・浮動的な読者に対し無代紙、景品等の提供が行われる一方、長期・固定的な読者に対しては長期読者向けの価格設定等を行うこともなく、逆に均一価格のみを提示することで冷遇しているのではないか。また、地域によるページ建の相違、無代紙の提供、郵送料の負担があることから、すでに読者間で実質的な購入価格に差が生じているのではないか。
新聞側　長期・固定的な読者への還元は種々行っている。例えば、懸賞の方

法以外でも集金時のあいさつ品(カレンダー、ごみ袋)、便利冊子、雨の日のビニール袋での配達、古紙回収など販売店の経済力の差はあるが、読者還元の努力をしている。再販制度を崩してまで利益還元することは無意味だ。販売段階での価格でのサービス転嫁を容認すれば、再販制度・定価販売は崩壊する。また、90％以上の読者が1年以上の購読者であり、新聞の月ぎめ料金は、ほとんどが長期購読者であることを前提とした注文生産に基づく安い価格設定となっている。

新聞側　新聞の戸別配達は他の一般商品の配達制度より格段優れている。再販制が廃止されると、現在の熾烈なブランド間競争に加えて、同一ブランド内での値引き競争が激化し、販売店、そして新聞社の経営を悪化させる。

公取委　戸別配達の方法で販売される新聞(即売)は、戸別配達維持のために再販制が必要という論理は当てはまらない。即売については、再販制は必要ないとみてよいか。

公取委　過疎地の販売店は、新聞社が補助を切り下げると、戸別配達ができなくなるのか。過疎地であっても、販売部数の維持や他紙との競争がある以上、再販制度が廃止されても、引きつづき戸別配達維持のための補助を行うのではないか。また、販売店にとっても消費者ニーズの高い戸別配達放棄は、自らの経営に逆効果になるので、戸別配達を維持する努力をするのではないか。

新聞側　過疎地の合売地区は、もともと各系統間で共同化を推し進めた地区なので、コスト低減を図る余地はなく、コスト高は直ちに採算のとれない読者の切り捨てにつながる。山間部では専業販売店ではなく、他の事業と兼業している場合が多い。こういうところでは新聞社からの補助が打ち切られ、読者から値引きや景品を要求されるようになると、面倒になり、廃業することも考えられる。そうした地域では代替者も見つからないので、郵送に切り換えられ、毎日、定時に新聞が届かなくなる。再販制度が廃止された場合、新聞社は全力を挙げて戸別配達を維持しようと努力するが、その努力にも限界がある。

7．パブリックコメント「再販維持」

ジャーナリズムが低下　公取委は、「著作物再販制度を廃止した場合の影響について」の対話を、新聞協会新聞再販プロジェクトチームと行ったのに次いで、01年1月から2月にかけて、消費者団体から意見を聴取した[26]。対象は北海道4、東北6、東京8、中部17、近畿16、中国5、四国5、九州2、沖縄1の64団体。全体的には、廃止を求める意見が多かった。公取委は、以下のような存廃についての意見が聴取された、と公表した。

再販制度維持を求める意見

①再販制度が戸別配達と同一紙同一価格を保障し、新聞の文化・公共性、言論の多様性を担保している。これにより、憲法が要請する言論・表現の自由、国民の知る権利にこたえ、民主主義の維持・発展に不可欠な要件である国民全体での情報の共有化が達成されている。著作物再販制度は、消費者の利益にかなう大事な制度である。

②再販制度が廃止されると、価格破壊を起こし、値引きや景品による競争が激しくなり、販売網の維持のために販売促進経費が増大するのは必至であり、販売店は経営効率化のために、過疎地等の手間のかかる読者の戸別配達を放棄したり、割高の価格を設定せざるを得なくなり、新聞への公平なアクセスが崩壊し、新聞の普及率が低下する。

③再販制度が廃止されると、過当なシェア競争が起こり、その結果、淘汰される新聞社や販売店が発生して言論の多様性が後退し、民主主義の基礎を危うくする。

④再販制度が廃止されて、販売促進経費が増大する結果、取材経費が圧縮され、ジャーナリズムの質の低下を招きかねない。市場の自由のなかに放置されるだけでは、公正なジャーナリズムが傷つけられ、国民の知る権利に対して適切な有り様が失われるおそれがある。

⑤再販制度が廃止されると、価格競争の結果、経営が行き詰まる販売店が生じ、読者の望むサービスができなくなる可能性が高い。また、現在の不況の下では、従業委員の雇用・生活の維持に深刻な影響が生じる。

再販は過保護

　再販制度廃止を求める意見
　①消費者ニーズの強い戸別配達を販売店が放棄することは考えにくく、内部補助により戸別配達は維持できるので、再販制度と戸別配達の維持との因果関係は成り立たない。
　②再販制度による収益の増加部分は、その用途に制限がなく、文化振興のために費やされる保障はどこにもないから、再販制度が文化振興に関係する根拠は薄い。「競争の導入が合理化をもたらし、新聞の質を悪くする」という新聞業界の論理は市場経済の中で生活している国民にとって理解できない。
　③過疎地も都市部も同一の購読料が維持されているというが、ページ数は地域格差を生じており、また、実際には、値引き、大型拡材、無代紙等の形で価格競争が行われている。
　再販制度を乱用し、新聞社の販売拡張戦略そのものを反映した価格が設定されていたり、また、新聞販売における消費者のニーズが反映されないのは、消費者が販売店を選べず、再販制度という過保護な制度があるためである。
　④再販制度は、販売店経営の自由を著しく歪めている。再販制度がなくなれば、新聞社の販売店に対する締めつけが緩くなり、公平な競争ができる。

　流通・取引のあり方について是正すべき点の指摘　①長期購読割引等の割引制度や朝刊・夕刊・配達料の別立て料金制の設定を行うべきだ。
　②消費者が希望する販売店からの購読が認められないのは不合理。また、強引な勧誘、景品提供等の問題が改善されていない。
　③購読料の値上げや休刊日がそろっているのはおかしいのではないか。
　④新聞社から販売店への押し込み販売は、販売店の経営に深刻な影響を与えており、是正してほしい。
　⑤新聞の公共的性格や再販制度によって過剰な利益を上げていないかどうかを監視するため、新聞社の資金使途、経営状況、決算等について情報公開すべきである。

　98.8％は再販維持
　公取委は、00年12月から01年1月25日を締切として、著作物再販制度の

IV．当面存置「再販制度」

存廃について「国民各層の意見」＝パブリックコメントの照会をした[27]。インターネット、FAX、郵送などを使って、全国民の意見を集め、それによって結論に踏ん切りをつけようとした。個人や団体から寄せられた意見は28,386件。このうち著作物再販制度の廃止を求める意見は、338件（1.2％）であった。98.8％に当たる28,048件は再販制度維持の意見だった。新聞については、11,787件（99.5％）が再販制度維持の意見で、廃止は57件（0.5％）。

公取委自身が集めたパブリックコメントの98.8％もが再販制度維持を求めているとあっては、「同制度の廃止について国民的合意が形成される」と言うわけにはいかない。公取委としては、「著作物再販制度を廃止することは行わず、当面同制度を存置する」という最終結論に踏み切らざるを得なかったのであろう。

最終結論の決め手となった圧倒的な再販制度維持の意見に対して、疑念を抱く意見もある。消費者科学連合会副会長・伊藤康江は、各紙が公取委の最終結論「再販存続」を報じた紙面でこう述べている。「公正取引委員会に寄せられた意見は確かに再販制度の維持を求めるものが多く、廃止を求める私たちの意見は少数だった。再販の廃止を強引にやるべきでないという指摘は理解できるし、今回の結論は納得はできないけれどやむを得ないと思った。ただ、再販維持を求める意見が多くでてきたのは、再販制度は必要だとするマスコミの一方的な主張が背景にあったのではないか。たとえば新聞協会の広告も、『新聞の来ない朝を想像してみてください』という言い方だった」（朝日新聞、01年3月24日付）。新聞界自身がもつメディアを使って演出した著作物再販維持キャンペーンが効いた結果である、とみている。

8．再販制度「当面存置」

再販廃止すべきなのだが……　公取委は98年度末、01年春に再販制度見直しの結論を出す、と予告した。その予告通り01年3月23日、「著作物再販制度の取扱い（最終結論）」を発表した。

91年から10年間かけて議論した最終結論は「著作物再販制度を廃止することは行わず、当面同制度を存置することが相当である」と、再検討の余地を残しながら、新聞を含む著作物6品目（書籍・雑誌・新聞・レコード盤・音楽用テープ・音楽用CD）とも再販存続で決着させた。
　結論は、①公取委の「再販制度は廃止すべき」という見解と　②当面存置の理由を併記した。

　著作物再販制度の取扱いについて

平成13年3月23日
公正取引委員会

　公正取引委員会は、著作物の再販適用除外制度（以下「著作物再販制度」という。）について、規制緩和の推進に関する累次の閣議決定に基づき、独占禁止法適用除外制度の見直しの一環として検討を行ってきた。その中で、平成10年3月に、競争政策の観点からは廃止の方向で検討されるべきものであるが、本来的な対応とはいえないものの文化の振興・普及と関係する面もあるとの指摘があることから、著作物再販制度を廃止した場合の影響も含め引き続き検討し、一定期間経過後に制度自体の存廃にについてか結論を得る旨の見解を公表した。
　これに基づき、著作物再販制度廃止した場合の影響等について関係業界と対話を行うとともに、国民各層から意見を求めるなどして検討を進めてきたところ、このたび、次のとおりの結論を得るに至った。
　1　著作物再販制度は、独占禁止法上原則禁止されている再販売価格維持行為に対する適用除外制度であり、独占禁止法の運用を含む競争政策を所管する公正取引委員会としては、規制改革を推進し、公正かつ自由な競争を促進することが求められている今日、競争政策の観点からは同制度を廃止し、著作物の流通において競争が促進されるべきであると考える。
　しかしながら、国民各層から寄せられた意見をみると、著作物再販制度を廃止すべきとする意見がある反面、同制度が廃止されると、書籍・

IV. 当面存置「再販制度」

雑誌及び音楽CD等の発行企画の多様性が失われ、また、新聞の戸別配達制度が衰退し、国民の知る権利を阻害する可能性があるなど、文化・公共面での影響が生じるおそれがあるとし、同制度の廃止について国民的合意が形成されるに至っていない状況にある。

したがって、現段階において独占禁止法の改正に向けた措置を講じて著作物再販制度を廃止することを行わず、当面同制度を存置することが相当であると考える。

2　著作物再販制度の下においても、消費者利益の向上につながるような運用も可能であり、関係業界においてこれに向けての取り組みもみられるが、前記の意見の中には、著作物再販制度が硬直的に運用されるという指摘もある。

このため、公正取引委員会は、現行制度の下で可能な限り運用の弾力化等の取組が進められることによって、消費者利益の向上が図られるよう、関係業界に対し、非再販商品の発行・流通の拡大、各種割引制度の導入等による価格設定の多様化等の方策を一層推進することを提案し、その実施を要請する。また、これらの方策が実効を挙げているか否かを検証し、より効果的な方途を検討するなど、著作物の流通について意見交換する場として、公正取引委員会、関係業者、消費者、学識経験者等を構成員とする協議会を設けることとする。

公正取引委員会としては、今後とも著作物再販制度の廃止について国民的合意が得られるよう努力を傾注するとともに、当面存置される同制度が硬直的に運用されて消費者利益が害されることがないよう著作物の取引実態の調査・検証に努めることとする。

「当面」はいつまで？　「当面再販制度を存置する」いう「当面」の期間を、どう解釈すればいいのか。

前公取委事務局取引企画課長補佐・西川康一の解説。「これは具体的な期間を想定したものではなく、同制度の廃止について国民的合意が得られるようなときまで存置ということである。公正取引委員会としては、今後も国民的

95

合意が得られるように努力することとしており、著作物の流通状況の変化や著作物再販制度の運用状況によって、著作物再販制度に対する評価が変化することも考えられる」[28]。

　再販存廃の検討が 10 年間も続けられているうちに、「流通状況の変化」が現れてきた。しかも、それは再販存廃検討の結論が出されるのに先立って、景表法と特殊指定の 2 つのの禁止規定が改正されて以降目立ってきた。2 つの禁止規定の改定によって、景品の限度内自由化と条件付きの値引き販売が容認され、再販制度が弾力的に運用できる市場状況が出現した。販売市場では、「事実上は価格統制（再販制）は崩れたも同然の状態だ。いまさら再販制度について『厳格な解釈』を強調したところで、現実に現場では何でもありの値引き合戦が始まっている」[29]という指摘がある。

　「再販制度の運用状況によって、著作物再販制度に対する評価が変化することも考えられる」と、いうのは含意があるわけだ。

9．解禁「景品付き」・「割引き」販売

枝は刈られ幹だけ残った　　法定再販制度と特殊指定と景表法の、いわゆる 3 点セットは新聞販売制度を支えていた。3 点のうち、98 年景表法が、次いで 99 年には特殊指定もセットから外された。再販制度だけは 01 年 3 月、「当面維持」という結論が出た。枝は刈られ、幹だけ残った。

　新聞を販売する際、景品類の使用は原則禁止であった。それは、「不当景品類及び不当表示防止法」（略称景表法）に基づく「新聞業における景品類の提供に関する事項の制限」規定による禁止だった。公取委は 98 年 5 月 1 日、「制限」を全面改正し、景品付き勧誘・販売が解禁された。翌年の 99 年 7 月 21 日、公取委は新聞の差別定価や定価割引などを禁止した特殊指定改正も告示した。「正当で合理的な理由があれば」、新聞の割引き販売も認められた。景品付き販売と条件付きながら新聞定価の割引きが容認され、販売ルールは 180 度転換した。

　再販制度と景品販売・割引き販売禁止規定は、撚り合わせた縄のように相

互補完関係にあった。新聞界には「ここ数年の新聞業界は、公取委に押されっぱなしだ。今度の特殊指定の改正では、再販制の基幹をなす新聞の統一価格に、実質的に風穴をあけられた。再販制を死守できたとしても、その効力はないも同然だろう」[30]という見方がある。

「縦のカルテル」である法定再販制度と「暗黙の了解」に基づいて同調的値上げを繰り返す「横のカルテル」が結合した販売市場、これが寡占・新聞産業の特性だ。縦横のカルテル化によって価格競争が出現しないとなると、あとは押し込み販売が激化する。

改憲・護憲で二極化　本来、新聞の商品特性であるジャーナリズムを刷り込んだ紙面が、競争手段となるべきだ。ところが、紙面に競争の結果は、反映されていなかったのである。その主な原因は、新聞の商品特性である取材・報道の有り様にある。

売手が生産・販売する商品が買手にとって、同質のものであることを、完全寡占という。日本の新聞のニュース・情報の主要供給源は、記者クラブだ。その記者クラブは、戦中、政府の新聞統制によって情報カルテル化して、今日に及んでいる。記者クラブから、発信されるニュース・情報は戦中の大本営発表を引き継いだのかと、いわれるほど発表ジャーナリズム化。題字を伏せれば、どの新聞も似たり寄ったりだ、と揶揄されていた。新聞発行市場は、完全寡占状態にあった。

売手が生産し、販売する商品が差別化されているのを不完全寡占という。新聞は90年代に入ってから、不完全寡占状態になった。題字を伏せても、改憲路線の読売・産経と護憲路線の朝日・毎日の紙面は差別化できるようになった。東京・海外発のニュース原稿を共同通信の配信に依存している地方紙の多くは、中立的立場をとっている。

憲法をめぐる論調路線は、96年のアメリカを中心にした多国籍軍のイラク攻撃、湾岸戦争をきっかけに、二極分化がはっきりしてきた。日本も参戦の要請されたが、憲法の規定によって、自衛隊を参戦させなかった。その代わりに、130億ドルもの支援をしたが、国際社会から評価されなかった。

「読売・産経は、ここぞとばかりこう主張した。日本は自国だけ平和で繁栄

していればいいという『一国平和主義』では、世界の孤児になる。国際社会のなかで重要な地位を占めてきた日本が、国際秩序の維持のために軍事的な貢献をするのは、当然の義務だろう。そのため憲法の改正をする必要がある」と。

対するに、「朝日・毎日の主張は真っ向から対立し、こう論陣を張った。なにも軍事的貢献だけが国際貢献ではない。日本がすべき国際協力は、非軍事面でいくらもあるはずだ。冷戦が終わって、日本の憲法の理念がこれからますます輝きを増そうとする時、とんでもない。むしろ日本の平和憲法の理念を世界に広めることこそ、日本のできる最大の国際貢献である」[31]と。

読売は92年、社内に憲法問題研究会を設けた。2年間の検討の結果、94年11月3日、「読売新聞社の憲法改正試案」を発表し、改憲路線を明確にした。産経は早くも51年に、「正論」路線を打ち出し、改憲を唱えてきた。

憲法をめぐる読売・産経と朝日・毎日の対立の構図は、ジャーナリズムの使命とされる権力の監視役としての論調にも、顕れている。読売・産経は政権与党化し、朝日・毎日は野党的スタンスを維持し続ける。

一方、軟派の紙面では、改憲と護憲派の両者交錯。甲子園をめざす「汗と涙の青春譜」と謳う朝日主催の夏の高校野球大会、毎日主催の春の選抜高校野球大会には、読売も大会期間中にライバルの主催紙に読者が乗り替えないようにと、郷土チームの勝敗に、主催社に匹敵するほど紙面を割く。これに対して、朝日も毎日も読売がオーナーであり、読売紙の販売促進媒体である東京読売巨人軍の動向について、他のプロ野球チームと差別化した紙面づくりをする。読売ジャイアンツはプロ野球チームのなかで、最大多数のファンに応援される。朝日・毎日の読者にも、ジャイアンツ・ファンが含まれているはずだ。そのファンを読者として、確保しておきたいという商法であろう。

商品としての新聞紙面の論調は不完全寡占状態になっているが、その故に朝日・毎日の読者の多くが読売・産経に替わったり、その逆に読売・産経から朝日・毎日に大量移動した実績は見当らない。明治時代の読者は、その支持不支持で政論新聞を選んだ。現代の日本では、全国紙、ブロック紙、地方紙ともほぼ同一購読料。価格が同じ新聞が不完全寡占商品化しても、新聞購

読者の最大多数は、予約宅配販売制度にがっちり組み込まれている。その読者が紙面の質や論調の差異で銘柄を選択し、題字の違う新聞にとり替えようとする。だが、欧米の販売方式の主流である即売のように右から左に変えるわけにはいかない。読者は、予約宅配される新聞の字体やインクのかおりに馴染まされている。それに、専売店は顧客を繋ぎ留めようとして、あの手この手を使って搔き口説く。読者は、専売店の景品付き・割引きサービスなどの差別化商品にも牽かれて、相変わらず同じ銘柄の新聞をとり続けているのが実態である。

新聞界が特殊指定懇願　寡占市場では価格を改定すると、他企業が追随する。価格改定で先行利益を上げることは難しい。寡占産業では、自社と他社の製品が本質的な機能が似たようなものであれば、製品の差別化を図って売り込む。新聞業界も、各紙似たような紙面の新聞を制作・販売していた。90年代から、全国紙間の論調が分かれて、紙面の差別化が図られたが、紙面競争が販売促進に結びついていない。

　新聞業界が差別化に用いたのは、特殊指定と景表法で規制された方法であった。水面下の値引き販売や景品付き勧誘・販売だ。それら非公認の販売方法を規制しようとしたのが、まず特殊指定。法定再販制度（定価販売）を認めた独禁法が改正されたのは、53年9月。その3カ月後、同年12月に特殊指定が告示された。独禁法二条⑨「不公正な取引方法とは、公正な競争を阻害するおそれがあるもののうち、公正取引委員会が指定するものをいう」、七一条「特定事業の不公正取引法の指定手続」、七二条「不公正取引方法の告示」に基づいて指定・告示された「新聞業における特定の不公正な取引方法」の略称が、「特殊指定」なのである。

　特殊指定は、実のところ新聞業界の要請で設けられた。「強大な新聞社が資金力にものいわせて用いるさまざまな販売競争手段の多くは独占禁止法の指定する不公正な取引方法に該当する、という判断が、過当競争に喘ぐ新聞界と公正取引委員会とのあいだで成立することになった。だが、何度指導を受けても公正な競争秩序を実現する目処はたたず、かえって新聞界に固有の過当競争の弊害は募るばかりだった。そこで新聞界がみずから懇願して、独禁

法による特殊指定を定めてもらい、新聞販売への個別的な指導を強めるよう公取委にとくに求めた」[32]。

　特殊指定が禁止した不公正取引は、①金銭、物品、供応、抽選券、景品の供与②無代紙・見本紙・付録の提供③定価割引、地域または相手による差別価格④押し紙の4方法だ。このうち、①景品などの供与②無代紙などの提供を指摘した①②の取引方法は64年10月、独禁法強化のため制定された特例法「不当景品類及び不当表示防止法（景表法）」の規制対象の移管された。移管と同時に、景表法に基づく業界の自主規制である「新聞業における景品類提供の禁止に関する公正競争規約（『新聞公正競争規約』）」が設けられた[33]。

10．旬の野菜に「無代紙」

「押し紙」が
「無代紙」

　経済高度成長が去り、購読料は大幅値上げし、新聞発行総部数も購読料も当分伸びは見込めなかった。75年ごろから新聞産業の作り出すサイズ一定のパイを他社より多く切り取ろうとする部数拡張ゼロ・リム・ゲームが開始された。資金力にある新聞社は拡張材料（拡材）に景品を多用する。資金が潤沢でない社は自社製の無代紙を配布したり、値引きで対抗する。どんな景品を使うのか。景品は使用前に、新聞公正取引協議会地方支部に届けることが義務づけられている。98年5月1日、景品使用が解禁された。それまで禁止されていた品目も晴れて届けられた。「東京23区を管轄する東京地区新聞公正取引協議会へは600品目以上の景品が登録された。これまで闇で使われてきた洗剤やチケット類に加え、あらゆる台所用品、文房具、それに食品まで現れた。また、地方によっては、植木や旬の野菜までも登場した。新聞乱売の土壌がこれまでにない規模で着実に整っているといって過言ではない」[34]と、いった使われ方であった。

　無代紙や値引きの原形は、押し紙である。発行本社側では「押し紙」、販売店側「積み紙」と呼ぶ。公取委は、「押し紙」をこう解釈する。「新聞発行本社は，新聞販売店の注文部数を超えた供給をしてはならず、また、新聞販売店は必要以上の部数を注文してはならないことになっており、これ以上を上

回る残紙は押し紙・積み紙とみられる」[35]。

　販売店と発行本社との契約は、通常片務契約だ。力関係で強い発行本社は、実際に配達される部数より余計の新聞を販売店に運び込み、余計分も買い取りを強制する。商慣行としては、部数拡張のノルマとして販売店に割り当てられた部数のうち、ノルマを達成できなかった部数が押し紙となるのが通例だ。

　全国の販売店の60％に当たる約14,000の販売店が、日本新聞販売協会に加盟している。77年、同協会加盟店を対象に「残紙の実態調査」を行った。その結果、95.4％が残紙を抱えていた。「全国平均の1店当たり新聞搬入部数は1日につき2,695部で、このうち8.3％に当たる224部が残紙」という計算になる。残紙率が10％を超えていた地域は、関東、近畿、中国・四国であった[36]。公取委の解釈では、これら残紙が押し紙として無代紙や値引き販売用に当てられる。

渡り鳥拡張団　不当販売規制法規や業界の自主規制のルールを整えても、過当競争は募った。経済高度成長が第1次石油ショックで頓挫してから販売競争は、にわかに激化した。高度成長期には経営収入の50％以上を占めていた広告収入が急減。減少した広告収入の補填と石油ショック後のインフレに対応して、1年間に2度購読料の大幅な値上げをした。読売、朝日、毎日の全国紙3紙はセット版月ぎめ料金を1,100円に改定した。次いで、73年7月の改定で1,700円と一挙に50％以上も値上げ。産経、日経も同時期にほぼ同じ値上げ幅で同調的改定をした。ブロック紙・地方紙も追随して全国紙3紙と同一の購読料に改定した。

　「インテリが作って、ヤクザが売る」というのが、新聞の勧誘販売方法を非難、批判するときに使われる常套句である。新聞拡張団の強引、執拗に購読契約を迫る景品付き勧誘態度に対して、国民生活センターや都道府県・市生活センターに寄せられる苦情が増え続けた時期がある。95年、公取委が公取委・再販問題検討小委の中間報告と併せて公表した著作物の流通調査結果で、新聞拡張団の存在・業務について説明している。「職業拡張員は全国に12,500名程度存在するが、新聞発行本社や新聞販売店との直接の雇用関係になく、

購読契約を獲得した場合に報酬（カード料）を受け取っており、例えば、セット紙1か月の契約を獲得すると平均で約1,200円という高い水準の報酬となっている」[37]。

　各新聞社は、P紙のためにも、Q紙のためにでも渡り歩くプロの勧誘員に不公正な増紙活動を任せていたのである。

　　11．サンパチルール

市場飽和化で過当競争　全国至るところで無代紙配布、景品付き販売、値引き販売の違法行為が重ねられた。公取委は、違法事件に排除命令や警告を多発した。それとともに新聞公正競争規約にそって自主規制するように指導、監督した。新聞界は公取委の指導方針に応える姿勢をみせ、新聞協会加盟紙のほぼ全紙は77年7月1日付の社告で「販売正常化に関する共同宣言」を載せて、「一切の違法行為を根絶することを読者に誓った」。宣言後も違法行為が巧妙化して続けられ、内向した形で過当競争は激化した。

　過当競争の社会経済的背景の一つは、新聞市場の飽和化である。92年現在の総発行部数は約5,200万部。1世帯当たり普及率1.22部。人口1,000人当たり部数は589部で、世界最高の普及率を示していた。部数の伸びも頭打ちで、93年〜99年にわずか0.24％しか伸びていない。ところが、「各新聞社間の部数獲得競争は市場の飽和化によって沈静化するどころか、ますます加速した。飽和点に達したかにみえる市場のなかで、すこしでもシェアを拡大しようという経営志向が、各新聞を部数競争に駆り立てたのである」[38]。

　もう一つの誘因は、広告媒体の変化。93年〜99年、新聞部数の伸びは0.24％と低かったのに対して、電通「日本の広告費」によると、折り込み広告費は28.3％も伸びた。スーパー・マーケットやコンビニエンス・ストアの地域に密着した流通業の普及に対応して伸びた広告媒体が、折り込み広告（チラシ）である。スーパー・マーケットの商圏よりも広域に宣伝される新聞本紙の広告は、それだけ広告料も高くつく。折り込み広告は、新聞販売店の配達区域に限定されるが、戸別配達されるから宣伝効果も見込めるし、経費も本紙

の広告よりかからない。

折り込みで稼ぐ　折り込み広告は、新聞社系列の折り込み広告代理店や折り込み広告専門店、流通業者、不動産業者から新聞販売店に持ち込まれる。多くの販売店は、自動折り込み機で新聞に挟み込む。販売店個別の折り込み広告に関する調査資料を目にする機会は少ない。

本郷美則が、その著書『新聞があぶない』[39]で取り上げた東京近郊の合売店の例は、数少ない資料である。この販売店の配達区域内には、大型スーパーやディスカウント・ショップも多くて、折り込み広告市場としては恵まれた立地条件である。99年11月〜00年2月の4月間、朝刊に挟み込んだチラシは、月平均490枚、1日平均16〜17枚。

もう一つの資料は95年、公取委が公表した著作物の流通調査結果。公取委は、当時の新聞販売店約23,300店の8分の1を無作為抽出し、聞き取りや書面による調査をした。新聞業界が抵抗した、と伝えられ、有効回答は少ない。調査対象の7.8％に当たる1,820店だけ。有効回答した販売店の収入構成比は、①新聞の売り上げ72.9％（新聞定価の60％が発行本社の取り分、40％が販売店の販売手数料）　②折り込み広告収入18.8％　③発行本社からの販売促進費7.1％であった。

電通の広告統計によると、93年から折り込み広告は伸び続けた。公取委の調査時点よりも、販売店の収益に占める折り込み広告のウェートは、高くなっているであろう。

公取委は新聞広告・折り込み広告と不当販売の因果を関係を、次のように分析した。「新聞発行本社・新聞販売店にとって新聞広告・折り込み広告は、重要な収入源となっており、発行・販売部数の増加により広告料金の単価や広告受注量の増加に期待できるため、部数増加のインセンティブが常に働いている。このため新聞発行本社、新聞販売店とも増紙活動が盛んであり、新聞発行本社から販売促進費が新聞販売店に支給されるとともに、短期購読者を対象とした購読紙切り替えの勧誘、職業拡張員による勧誘、新聞業景品告示に禁止されている新聞景品付勧誘が行われている」[40]。

自主規制策で難航　不公正販売は、業界の自主規制不能な状態にまで行き着いた。日本新聞協会編集「日本新聞年鑑'98／'99」で、収拾策を公取委に委ねた次第を明かしている。「公取委は一般商品の販売における景品規制の緩和に合わせて新聞に対しても販売上の景品規制を緩和することを求めてきた。再販制度の維持では新聞界の意思は一つに固まったが、この問題については意見が二分、三分して議論が沸騰した。戦後、用紙統制が撤廃され専売制度が確立していく過程で繰りひろげられた乱売競争の反省に立って自らの手で、新聞の購読勧誘にあたっては原則として景品を使うことを禁じた。しかし、40年を超える自主規制ルール運用の過程で違反事件は絶えず、自主規制の枠を越えて公取委の排除命令を受けることも一再ならずという状況にあった。このことはとりもなおさず、新聞界における販売競争上の自主規制ルールに対する考えがもはや一つにまとまっていないことを証明する事象である。こうした時代背景にあって、景品規制の緩和について厳しい意見の対立が表面化することは当然の成り行きであった。結局、新聞公正取引協議会内部では一本化できず、97年7月、新聞協会理事会の議を経て公取委に判断をゆだねることになった」[41]。

　一本化できなかった問題は、景品提供の上限額をどうするかで、全国紙と地方紙が対立した。読売、朝日は購読料3カ月分の10％を主張し、地方紙は3～5％をに固執した。判断を任された公取委が読売、朝日に近い線を示して収めた。

　公取委は98年4月10日の官報で、原則禁止であった新聞の景品について月ぎめ購読料3カ月分の8％以内で提供できるなど規制を緩和し、5月1日から施行する。2年以内に見直しを行う、と告示した。新聞業界でサンパチルールと呼ばれる景品提供上限額によると、月ぎめ購読料セット版で最高942円の景品が提供できるようになった。

　全国各地の新聞販売店で、サンパチルール違反が相次いだ。しかし、新聞協会は公取委が98年5月、景品価格上限基準告示の付則に示した「景品類提供の実態等を踏まえ、2年以内に見直す」とした時期に備えて見直し案を練った。新聞協会内組織である新聞公正取引協議委員会販売正常化委員会で協

IV．当面存置「再販制度」

議を重ねた結果、2年を1カ月過ぎた2000年6月、上限基準を2倍引き上げて「購読料6カ月分の8％とする」案で合意に達した。合わせて協会理事会は、次に控えた難題である再販制度見直しに対処する姿勢を整える構えをみせた。新聞界あげて販売正常化に努力し「新ルールを順守して2001年春の再販制度見直しに向け好ましい環境を作る」[42]ことを誓ったのである。

公取委は新聞協会がつくった見直し案を受けて、景品価格上限基準を「購読料6カ月分の8％とする」一部改正を2000年8月15日付の官報で告示、9月1日から施行した。

12．パンドラの匣

値引き、景品付販売解禁　景品付販売禁止の景表法と新聞の値引き販売を禁止した特殊指定は同根の規制法で、景表法は特殊指定から枝分かれした規定である。景品付販売解禁に次いで、特殊指定改正が日程に上ってくるのは当然の成り行きであった。公取委は、99年7月21日に「新聞業における特定の不公正な取引（特殊指定）」改正を告示、9月1日施行した。

主な改正内容は発行業者（新聞社）と販売業者（販売店）を分け、新聞社は、①学校教育教材　②大量一括購読者　③正当かつ合理的理由のある場合には、割引き販売ができるという例外規定を設けたことである。その場合、販売価格は改正前の規定と同様に新聞社が新聞販売店に指定し、販売店独自の割引き販売を禁止しているから、新聞社が販売店への卸し価格を割り引き、割引き額も新聞社が販売店に指示する。割引き対象の選択・判断も新聞社が行い、割引きによる減収分も新聞社が負担することになる。

改正された割引き対象の「大量一括購読者」「正当かつ合理的理由のある場合」をどう解釈するか、新聞界で疑義が呈された。「大量」とは、何部か。集合住宅で5部とか10部とかを取りまとめて注文した場合は、割引きが適用されるのか。部数による価格差をどう設けるか[43]。個別具体的な解釈が求められた。

長期購読者の適用期間もどう解釈するのか。新聞公正取引協議委員会が01

105

年3月、全国の満20歳以上の男女2,000人を対象に同じブランドの新聞の購読期間を調査した。1年以上購読している読者が、92.7％であった。

元新聞協会新聞再販プロジェクトチーム座長で、読売新聞社常務の滝鼻卓雄は「1年以上の読者に対し値引き競争が始まれば、利益率の低い新聞業はたちまちのうちに経営難に陥る」[44]と首をひねる。

全国紙、地方紙とも適用について解釈しやすい値引きや景品付き販売から始めた。一番手の朝日は改正告示の9月1日に早速社告で、学校教育教材用を10部以上購読を条件にして、朝刊40円（現行110円）、夕刊25円（同50円）と大幅な割引きを打ち出した。続いて、中国も教材用の場合、5部以上で朝刊40円（現行110円）、夕刊20円（同50円）の割引き価格を社告に掲載した。

教材用の他にも、多様な割引き方法が導入された。公取委は99年4月以降、新聞業界での「再販制度の弾力的運用」状況を各新聞社を対象に聞き取り調査した[45]。次のような値引き販売が導入されていた。①長期購読者に対して購読料の一括前払・口座振替、一定の条件を満たす場合に割引き価格の設定を行うことやスポーツ紙又は出版物とのセット販売による割引き価格を設定する　②販売店で朝刊・夕刊単独の価格を設定したり、規定の条件を満たす購読者に対して独自の価格を設定する　③長期購読者等に対して、自社発行書籍の割引き販売、インターネット等を利用した情報配信サービスの割引き提供を実施　④ポイントカード制を利用して、長期購読者に対し景品提供。累積したポイントを新聞の購読料金の支払いにも充当できる仕組みを可能なところから広げていくなど、すでに多様な景品付き・値引き販売方法が使われ出した。

ダンピングの恐れも　多様な割り引き・景品付き販売方法は、エスカレート。公取委は01年、消費者モニター1,000人を対象に、新聞販売の実態調査をした。回答者の54.2％が景品価格上限基準「購読料6カ月分の8％」を超える景品提供の申し出を受けていた。新規契約の際に、百貨店の商品券、洗濯機、フィッシュロースターなど1万円を超える景品が提供された。新聞界の自主規制違反に当たる1年契約で3カ月無料、3カ月契約で1月無料という無代紙提供のケースもある。

IV. 当面存置「再販制度」

「再販制度を維持するために、ルールは廃絶すると誓いながら、この体たらくだ。それにもかかわらず、新聞界は、『無代紙を景品扱いに、規制してほしい』と、最近になって言い出した。これに対して公取委は、『再販制度は認めるが、各面の弾力運用は必要だ。無代紙は、値引きだと考えている』と、突き放している。行き過ぎた値引き行為は、ダンピングの恐れも出て来る。しかし、年間4万7千100円の新聞を売るのに、1万円の景品を付ける業界が、無代紙の規制を公取委に泣き付くというのもぶざまだ」[46]。

例えていえば、「パンドラの匣」から取り出された景品と値引きは、横行している。肝心の再販制度は、匣の中に封じ込めたままだ。ギリシャ神話では、「パンドラの匣」に取り残したのは、希望だった。現代日本の新聞界の「パンドラの匣」の蓋は、開けるべきか、封印したままにしておくべきなのか。10年かけた再販存廃論議の結論によると、それを決めるのは国民的合意であり、蓋に手をかけるのは国会ということだった。

1）後藤将之『マス・メディア論』(99年、有斐閣) 参照、172〜173ページ。
2）伊従寛編『著作物再販制と消費者』(99年、岩波書店) 参照、76〜77ページ。
3）日本新聞協会「新聞経営[別冊]『新聞の公共性と再販』」(99年、日本新聞協会) のうち「活字文化懇談会『著作物の再販制の役割と意義』」9ページ。
4）公正取引委員会事務局取引部取引課・流通対策室「再販適用除外が認められている著作物の流通実態等に関する調査結果の概要」(95年10月、「公正取引」No.540) 15ページ。
5）黒藪哲哉『新聞ジャーナリズムの[正義]を問う』(98年、リム出版新社) 100ページ。
6）前掲公正取引委員会事務局取引部取引課・流通対策室「再販適用除外が認められている著作物の流通実態等に関する調査結果の概要」14〜15ページ。
7）内橋克人『著作物再販制　廃止されたら』(朝日新聞、95年1月4日付)
8）内橋克人『著作物再販制維持を98％』(中国新聞、01年3月15日付)
9）前掲伊従寛編『著作物再販制と消費者』95ページ。
10）日本新聞協会「新聞経営」(01年3月、No.155) のうち「パネルディスカッション『新世紀の新聞販売』」130ページ。
11）公正取引委員会「適用除外が認められる著作物の取り扱いについて(中間報告)

平成7年7月25日」(95年、日本新聞協会「新聞経営［別冊］『新聞の公共性と再販』」日本新聞協会) 64〜78ページ。
12) 『規制緩和』 (97年、ちくま新書) 213〜214ページ。
13) 前掲鶴田俊正『規制緩和』215ページ。
14) 滝鼻卓雄「維持された著作物再販と今後の新聞界」(01年3月、日本新聞協会「新聞経営」No.155) 12ページ。
15) 本郷美則『新聞があぶない』(99年、文春新書) 参照、156〜164ページ。
16) 「衆議院・規制緩和に関する特別委員会記録」(99年4月、「新聞経営［別冊］『新聞の公共性と再販』③」日本新聞協会) 15〜22ページ。
17) 清水英夫『日本の論点'98　再販制廃止は日本文化を衰退させる－著作物を経済の視点で語るなかれ』(98年、文芸藝春秋) 522〜527ページ。
18) 佐和隆光『経済学の名言100』(99年、ダイヤモンド社) 195ページ。
19) 「公正取引委員会・再販問題検討のための政府規制等と競争制作に関する研究会 (鶴田研究会)」名簿 (99年4月、「新聞経営［別冊］『新聞の公共性と再販』③」日本新聞協会) 5ページ。
20) 黒藪哲哉『新聞ジャーナリズムの［正義］を問う』(98年、リム出版新社) 38ページ。
21) 前掲黒藪哲哉『新聞ジャーナリズムの［正義］を問う』102ページ。
22) 中国新聞 (01年3月22日付)。
23) 日本新聞労働組合連合会「請願署名簿　著作物再販制維持にご協力下さい」
24) 前掲滝鼻卓雄「維持された著作物再販と今後の新聞界」15ページ。
25) 公正取引委員会「著作物再販制度の見直しに関する検討状況の意見聴取について　平成12年12月7日」のうち「第2　新聞」
26) 公正取引委員会「著作物再販制度の見直しに関する意見照会・意見聴取等の状況について　平成13年3月14日」
27) 前掲公正取引委員会「著作物再販制度の見直しに関する意見照会・意見聴取等の状況について　平成13年3月14日」
28) 西川康一『著作物再販制度の取扱いについて』(01年5月、「公正取引」No.607) 32〜33ページ。
29) 「読者の新聞離れと再販問題」(「THEMIS」99年9月号)
30) 前掲「読者の新聞離れと再販問題」
31) 桂敬一代表編集者『21世紀のマスコミ　01新聞』(97年、大月書店) のうち「柴田鉄治『新聞論調の二極分化』36ページ。
32) 桂敬一『現代の新聞』(90年、岩波新書) 61〜62ページ。
33) 前掲本郷美則『新聞があぶない』162〜163ページ。
34) 前掲黒藪哲哉『新聞ジャーナリズムの［正義］を問う』9ページ。
35) 前掲公正取引委員会事務局取引部取引課・流通対策室「再販適用除外が認めら

れている著作物の流通実態等に関する調査結果の概要」16ページ。
36) 前掲黒薮哲哉『新聞ジャーナリズムの［正義］を問う』15ページ。
37) 前掲公正取引委員会事務局取引部取引課・流通対策室「再販適用除外が認められている著作物の流通実態等に関する調査結果の概要」15ページ。
38) 香内三郎編著『メディアの現在形』(93年、新洋社) 65ページ。
39) 前掲本郷美則『新聞があぶない』188ページ。
40) 前掲公正取引委員会事務局取引部取引課・流通対策室「再販適用除外が認められている著作物の流通実態等に関する調査結果の概要」15ページ。
41) 日本新聞協会『日本新聞年鑑'98／'99』(99年、日本新聞協会) 21ページ。
42) 日本新聞協会『日本新聞年鑑'00／'01』(00年、日本新聞協会) 37～38ページ。
43) 前掲滝鼻卓雄「維持された著作物再販と今後の新聞界」15ページ。
44) 前掲滝鼻卓雄「維持された著作物再販と今後の新聞界」15ページ。
45) 前掲西川康一『著作物再販制度の取扱いについて』34～35ページ。
46) 「産経『夕刊廃止』に新聞界が動揺し始めた」(「THEMIS」02年2月号)

Ⅴ．新聞購読料

1．同調的値上げ・追随改定

**全国紙 5 紙
寡占業種指定**　公取委・再販問題検討小委員会は、95 年 7 月に発表した「再販適用除外が認められている著作物の取り扱いについて（中間報告）」で、協調的寡占の特性である同調的値上げが新聞産業にみられる、と指摘した。「新聞産業には寡占的市場構造・協調的行動がみられ、（中略）定価が同調的・下方硬直的に設定されるなどブランド間の価格競争が活発に行われている状況にあるとはいえない。例えば、一般日刊全国新聞については過去 4 回価格同調的引き上げを行って公正取引委員会に引き上げ理由の報告を徴された」[1]と。例示された一般日刊全国新聞は、読売、朝日、毎日、産経、日経の 5 紙である。5 紙は 80 年 7 月、公取委から独占禁止法一八条の二「価格の同調的引上げに関わる報告徴収」に定める寡占業種に指定された。同調的値上げの監視対象品目に指定されたのである。独禁法一八条の二では「最も供給量が多い事業者を含む二以上の主要事業者が当該商品又は役務の取引の基準として用いる価格について、三箇月以内に、同一又は近似の額又は率の引上げをしたときは、公正取引委員会は、これらの主要事業者に対し、当該価格の引上げ理由について報告をもとめることができる」と規定している。国内供給年間総額 600 億円を超える業種で、上位 3 社の占有率が 70 ％になっている場合、この業種のトップ企業を含め 2 社以上の企業が 3 ヵ月以内に似かよった値上げをすると、公取委は「価格の同調的引き上げ」と認める。公取委は、これらの企業から値上げに関する報告書の提出を求め、国会に報告することができる。国会に報告することで、寡占企業同士が談合して値上げした実状を情報公開し、値上げが安易に行われることを防止するのが、この規定の狙いである。

　全国紙 5 紙が寡占業種に指定された当時、読売、朝日、毎日の上位 3 社の

111

全国紙各社別購読料（月ぎめ）値上げ社告日の推移（括弧内は値上げ実施日）

	71年	72年	73年	74年	75年	76年
朝日	3月20日（4月1日）		6月25日（7月1日）	6月25日（7月1日）		
毎日	3月20日（4月1日）		6月22日（7月1日）	6月22日（7月1日）		
読売	3月24日（4月1日）		6月21日（7月1日）	6月21日（7月1日）		
日経	3月20日（4月1日）		5月24日（6月1日）	6月24日（7月1日）		6月25日（7月1日）
産経	3月20日（4月1日）		6月22日（7月1日）	6月22日（7月1日）		

	77年	78年	79年	80年	81年	82年	83年	84年	85年
朝日		2月20日（3月1日）		5月22日（6月1日）					
毎日		5月20日（6月1日）		5月20日（6月1日）					
読売		9月19日（10月1日）		5月24日（6月1日）					
日経		2月22日（3月1日）		5月26日（6月1日）					
産経				5月27日（6月1日）		（2月1日）			（1月1日）

	86年	87年	88年	89年	90年	91年
朝日	4月24日（5月1日）			1月19日（2月1日）		
毎日	4月23日（5月1日）			1月23日（2月1日）		12年18日
読売	4月23日（5月1日）			1月10日（2月1日）		12年18日
日経	2月20日（3月1日）			1月10日（2月1日）		12年18日
産経	（5月1日）			（1月1日）		1月21日（2月1日）

	92年	93年	
朝日	1月19日（2月1日）	11月22日（12月1日）	
毎日	（1月1日）	11月20日（12月1日）	
読売	（1月1日）	12月14日	（1月1日）
日経	（1月1日）		1月17日（2月1日）
産経	（2月1日）		

（注）　白川一郎編著『内外価格差とデフレ経済』（98年、財団法人通商産業調査会出版部）のうち「第6章　内外価格差是正と物価制作（3）新聞」から作成。1部不明の部分がある。

占有率、供給年間総額は、独禁法一八条の二に定める数値を超えていた。上位3社は、54年からほぼ同時期に同一の定価改定を実施していた。3社が公取委に引き上げ理由の報告を徴された過去4回の価格同調的引き上げは、次のような経過をたどった。いずれも朝夕刊セット版月ぎめ価格。

　①80年＝2,000円→2,600円→②86年＝2,800円→③89年＝3,100円→同年＝3,190円（消費税導入）→④92年＝3,650円→93年〜94年＝3,850円→同年＝3,925円（消費税5％に引き上げ）→2002年

葡萄の蔓で　　上位3社は、80年の同時期にセット版月ぎめ定価2,000円を
雁字搦め　　　2,600円に値上げした。産経、日経も同じ値上げ幅で定価改定した。公取委は、5紙が80年に行った定価改定は、ほぼ同時期同じ値上げ幅であると判断し、同年7月12日に5紙を寡占業種・同調的値上げ監視対象品目に指定したのである。

　日経は、すかさず同日付の社説で、新聞社が同時期同じ値上げ幅で値上げせざるを得ない経営事情を説明して、指定に不満の意を表明した。「新聞の価格改定については、**資材費、人件費、販売手数料、輸送費**などの価格構成要素の値上がり幅がほとんど共通しており、もちろん経営努力は尽くすにしても、それによって新聞代の上げ幅の格差が生じる余地が極めて乏しい事情を理解してほしい」。

　菊川貞巳は『新聞等の再販制度と市場経済の論理』[2]で、新聞特有の販売のしくみが安易な値上げをもたらすのだと、日経の社説の論旨を切り返している。「しかし、コストが上昇した分を価格に転嫁できるのは、転嫁できる産業構造があるからだ。

　戸別配達によって需要の価格弾力性が小さくなっている商品は、原材料費などのコストが値上がりすると、それをほとんどそのまま価格に転嫁しやすい。（中略）ふつう物の値段が上がると、その消費量が減少するものであるが、戸別配達制度という葡萄の蔓で雁字搦めにされた新聞という商品は、消費量がほとんど減少しないのである。もし新聞の販売方法として一部売りが主力であれば、このような安易な値上げはできないであろう。それが故に、新聞業界は戸別配達に執着するのである」。

同調的値上げは、全国紙に追随して、ブロック紙・地方紙も行っている。公取委の調査によると、全国紙が値上げしたと同時期に定価が全国紙と同じ設定になっているのはセット版・統合版の発行部数ベースで七割強に達する[3]。

寡占業種指定に異議　新聞協会は、95年10月、「公取委中間報告・流通実態調査に関する見解」[4]を発表して、全国紙の寡占業種指定に異を唱えた。

①独禁法18条の2の一般日刊全国新聞紙への適用はおかしい。全国紙分野とブロック紙、地方紙分野のマーケットが重層的に存在するのではない。全国紙とブロック紙、地方紙どの地区でも品質、価格で競争しているのが実態である。

②全国紙がプライスリーダーの役を果たしている、というのは事実誤認である。各新聞社は、それぞれ独自の経営判断で価格設定し、激しい競争をしている。最近の価格改定の動きがそのことを示している。その結果、超過利潤、独占利潤を得ているかどうかで判断されるべきだ。「同調値上げで問題あり」とする全国紙の利益率は1％弱で全産業平均3％より低く、新聞業界がむしろ過当競争である。また、全国紙5紙のうち2紙(産経、日経)の価格と建ページは、3紙(読売、朝日、毎日)と異なる。

③新聞価格が下方硬直的との指摘も妥当でない。小売段階の価格割引は問題だが、発行本社が価格を引き下げることは理論的には考えられる。しかし新聞は薄利多売を前提にした価格設定で値下げする余裕はない。また、流通段階で、同一新聞の販売店同士で価格競争ブランド間の価格競争を規制していない。そのような事実があれば、カルテルの疑いで摘発されるが、そのような事実はない。

　96年6月5日開かれた衆院規制緩和特別委員会でも参考人として意見陳述した公取委・再販問題検討小委員会座長・金子晃と新聞協会再販対策特別委員会委員長・渡邊恒雄が、同調的値上げをめぐって、意見対立した[5]。金子は、「新聞は同調的値上げの対象商品であり、過去10年間に4回にわたり、公取委から事情聴取された。発行市場が寡占的で、競争は十分行われていな

い」と決めつけた。

　これに対して、渡邊は「東京にある6紙には4種類野の価格がある。読者は、そのなかから選択できる。全国紙5が寡占業種に指定されたが、地方紙が70〜90％の普及率をもつ地域では、全国紙は3〜5％のシェアしかない。全国紙だけ特殊視されるのは反対だ」と反論した。

　新聞市場の価格競争の問題については、政府・行政改革規制緩和小委員会も97年6月に発表した「規制緩和に関する論点公開（第6次）」で、取り上げた。「新聞本社間の価格競争が十分とは言いがたく、一般消費者の利益を損なっている。これも、再販制によって価格拘束が容易であることに起因している」。

　「再販制による価格拘束」を裏づけているのは、新聞発行本社と新聞販売店との契約関係である。縦のカルテルと呼ばれる個別的再販契約だ。この契約は、発行本社優位の片務契約で、販売店は、発行本社が定めた定価で戸別配達し、本社が定価を変更した場合、販売店はそれに従うという取り決めになっている。発行本社間で同調的値上げが行われると、系統別専売店はも複数の新聞を扱う合売店、複合店も契約に従って、全販売店が価格拘束されるように仕組まれているのである。

2．プライス・リーダー

広告媒体の値上げ抑制　「一般日刊全国紙は、過去4回同調的引上げを行った」と、公取委再販問題検討小委が中間報告で指摘した81年〜94年よりも前の時期、つまり公取委が全国紙5紙を80年に一般日刊全国紙と規定する以前にも同調的値上げは行われていた。根深い対立関係にある全国紙と地方紙とを問わず、主読紙であろうとする新聞社が、同調的な行動をとり出したのは73、74年と2年連続の大幅値上げしてからである。それまでは競争紙と購読料にいくらかの差をつけたり、値上げ時期をずらすといった販売競争手段がとられていた。

　全国紙は、73年7月、前年に900円に改定していた月ぎめセット版の定価

を1,100円と1,000円台にのせた。1年後の74年7月にも改定に踏み切った。50％を上回る1,700円にと大幅な値上げをした。2年連続値上げの背景は二つ。一つには、73年〜74年は第1次石油ショックの年である。石油ショック後のインフレに伴う新物価体系に対応するために値上げした。もう一つは、高度経済成長期が去り、広告収入が急減したため、その代替的増収策、補塡策として購読料値上げが行われた。

経済高度成長期、経営収入は広告収入の占めるウェートが高かった。新聞経営上、新聞は読者に対する情報媒体であるよりも広告媒体として機能が重視された。広告収入は、62年には全新聞の経営収入の50％を超え、最大時60％に達し、伸びは73年まで続いた。

広告媒体として、増ページを重ねた。60年代、一般日刊紙朝刊は8〜10ページだったのが、第1次石油ショックの73年には3倍の24ページ体制にまで膨らました全国紙がある。広告収入依存体質の新聞経営は、購読料値上げを抑制した。購読料を値上げして、部数を落とすと、広告競争で劣勢に立たされるおそれがあるからだ。部数拡張も広告媒体を増やす経営戦略だった。

ゲイリー晩餐会図式 　経済高度成長の退場に伴って、新聞経営者と販売担当者が価格政策上の意識改革を十分に行う間もなく、販売収入の経営収入に占めるウェートは過半を超す状況が到来した。その時代的条件の変化が、同調的値上げをもたらした。値上げには、全国紙とブロック紙、さらに主要県紙も同調した。値上げ後の定価は、全国紙の2紙（産経、日経）を除いて同一価格。これは、寡占市場で同調的値上げで成立する管理価格の形態である。産経は、読売、朝日、毎日の3紙より建ページが少なく、定価は安い。日経は、建ページが多く、定価は高い。

同調値上げで同一価格となった各紙を、公取委事務局が分類した高度寡占型Ⅰ、高度寡占型Ⅱ、寡占型Ⅰ、寡占型Ⅱ、二極集中型、平準的集中型、競争型Ⅰ、競争型Ⅱの8類型[6]に当ててみる。日本の新聞市場は全国市場は寡占で、道府県域市場はブロック紙・県紙の独占・ガリバー型寡占状態といった二重構造を形成している。類型を重ねて当てることになる。

（ⅰ）　二極集中型

①企業数約40以上あり　②上位1〜4社の集中度が高く　③上位社とそれ以下の格差が大きい＝全国市場。つまり、①全国紙5紙、ブロック紙・地方紙47紙が存在し、②読売、朝日の上位2紙の複占化状態で、③道府県域市場では、ブロック紙・地方紙が優位に立つが、全国市場規模でみれば、読売、朝日の上位2紙とそれ以下の新聞社の格差は開いている。

（ⅱ）　高度寡占型Ⅱ

①企業数1〜7　②企業間格差が小さい＝主要地方紙が存在していない東京都と大阪府。つまり、読売、朝日、毎日、日経、産経の全国紙5紙が発行本社を構える。東京都では、5紙に加えて、系列地方紙3紙分を含めると全国紙に匹敵する総発行部数を持つブロック紙・中日東京本社発行の東京新聞が存在する。東京市場の6紙、大阪市場5紙の格差は大きくない。

（ⅲ）　高度寡占型Ⅰ

①企業数1〜7　②一社集中度50％以上で、上位1社とそれ以下の格差が大きい＝ブロック紙・県紙が圧倒的占有率（集中度50％以上）を保つ36道府県域内市場。地元紙は、50〜80％の高い普及率を維持し、その残りの世帯を全国紙5紙が分け合う。地元地方紙の独占的市場。

上位1位の企業と2位以下との格差が大きい高度寡占型Ⅰの場合、プライ・リーダーシップが確立しやすい、とされる。断然トップの企業がプライス・リーダーの常連となるゲイリー晩餐会図式の「管理価格の構造」[7]が形成されるケースなのだ。だが、日本の道府県域内新聞市場では、独占的占有率を占める地元のブロック紙・地方紙の経営トップの立場はUSスティールのデイリー会長とは違う。2位以下の全国紙の支局長を招いて一席設け、席上で値上げ、もしくは値下げについて誘うとしよう。支局長たちは、その談合にのってプライス・テーカーとして価格改定に追随する、とうなづきはしない。報道取材の指揮監督をするのが本務の支局長は、価格改定を判断する権限をもっていない。本社の経営陣に指示を仰がなければならない。本社は、特定の道府県域内新聞市場に限っての価格改定には応じられない、と即断し、支局長に指示する。

**同一紙
同一価格**　その一つの理由は、同一紙同一価格の価格形態をとっているからだ。県紙は県内全域で、全国紙は全国どの都道府県でも同じブランド（題字）なら、質量が異なっていても同じ定価で売られる。01年現在、例えば、朝日新聞の建ページ[8]は、次の通りである。

［東京本社］　朝夕刊セット版朝刊36ページ・夕刊16〜20ページ・統合版（朝夕刊の記事を組み合わせた紙面編集）24〜28ページ

［大阪本社］　朝夕刊セット版朝刊28〜30ページ・夕刊14〜18ページ・統合版24〜28ページ

［西部・名古屋本社］　朝夕刊セット版朝刊24〜28ページ・夕刊10〜12ページ・統合版24〜28ページ

［北海道支社］　朝夕刊セット版朝刊20〜28ページ・夕刊8〜10ページ・統合版20〜28ページ

東京本社発行の新聞と大阪・西部・名古屋・北海道の本支社発行の新聞は、ページ数で格差がある。東京優位だ。だが、定価は同一。月ぎめ朝夕刊セット3,925円・統合版3,007円、1部売り朝刊・統合版130円、夕刊50円。

同一紙同一価格なのに、地域によって質量が異なるのは、不公平だ、という不満が出される。衆院規制緩和特別委員会委員の秋葉忠利（当時：社民、広島1区）は、96年3月発行の「アキバ・ウィクリー」（第217号）で、同一価格同一紙の地域格差問題を取り上げた。「（再販制度）維持派の人たちは盛んに『日本中何処でも同一価格で同じ新聞がよめる』と主張するのですが、これは本当ではありません。広島に住むまで私も気が付かなかったのですが、日本の各地で、全国紙の夕刊が発行されていないところがあります。

しかもその分全てが朝刊に盛り込まれる訳ではありません。一日分のニュースを全て朝刊にという方針で新聞が編集されているのですから、朝刊と夕刊両方のある地域とはニュースの質も量も違うのです。その上、朝刊のページ数だけとっても例えば東京と広島ではちがいます。4月23日の朝日新聞朝

刊は広島では 24 ページ、東京では 36 ページです。値段はどちらも 110 円。量だけで 50％も違いがあるものを『同じ値段』で売る方が変なのではないでしょうか。その上、質まで違っているのですから、『同じ値段』でうることが美徳であるという主張の方をまず検証しなくてはならないではないでしょうか」。

読者としてだけではなく、政府・行革委規制緩和小委は、「規制緩和に関する論点公開（第 6 次）」[9]（97 年 6 月 26 日）で同一紙全国同一価格を論点の一つとして取り上げた。

規制緩和の意見　現に、全国紙の価格は名目的には全国一律であっても、例えば地方により建ページが異なる。朝夕刊をまとめた内容になっている地域があるなど、実質価格に差がある。

規制維持の意見　新聞一部当たりの販売価格は安く、地域による多少のページ数の差を反映した購読料の設定は困難。

地域によるページ数の差があるのに、過去の同一紙全国同一価格とした同調的値上げのプライス・リーダーをつとめたのは、二極集中型と高度寡占型 II 双方の類型である読売、朝日、毎日の全国紙 3 紙であった。プライス・リーダーであるには、業界全体に live and let live（共存共栄）原則[10]を及ぼすことができるかどうかにかかわっている。プライス・リーダーたり得る企業は、市場占有率で優位を占めるだけではなく、資本、経営、技術などの面でも業界で優位を保持し、それを背景に業界全体の利益を視野に入れて行動する。この原則をもっていることを業界全体が認めていないと、下位社はプライス・テーカーとして追随しない。

全国紙 3 紙の経営トップは、持ち回りで業界団体・日本新聞協会会長に就く。業界全体の利益のために尽くすポストである。再販制度が見直され出した 88 年からは、朝日・中江利忠、毎日・小池唯夫、読売・渡邊恒雄の 3 社社長が協会長を順次引き継いだ。小池、渡邉は、相官邸、国会や政界を担当した政治記者。記者時代から培った人脈や勘所をいかして、公取委と渡り合い、歴代首相や政界の実力者に再販を維持するよう働きかけた。毎年の新聞大会では、再販・戸別配達維持を声高に唱えて、業界が一致して行動するよう督

励してリーダーシップを発揮した。01年3月、公取委が発表した結論は、当面再販制維持。業界の意向に、応えた結果が出た。

全国紙同調、地方紙追随　同調的値上げの先行例では、アメリカ鉄鋼産業のトップ企業・USスティールが毎度の価格改定で先導社になったデイリー晩餐会方式[11]が知られている。デイリーUSスティール会長主催の晩餐会に出席した鉄鋼メーカー全社の会長や社長は、席上でデイリー会長が指示する価格改定に従い一斉に改定を実施するやり方である。デイリー晩餐会方式は、独禁法違反として摘発された。次に編み出されたのは、プライス・リーダー輪番制であった。価格改定に参加する企業は、2、3週間の時差をおいて次々に改定を発表する。改定発表1番手の企業を、輪番にする方式である。

日本の新聞業界の値上げ方式は、デイリー晩餐会方式と輪番制の混合型である。公取委が全国紙5紙を寡占業種に指定した80年、読売、朝日、毎日の3紙は、5月にセット版月ぎめ2,000円をそろって2,600円に引き上げた。産経、日経もほぼ同じ時期に同じ値上げ幅で価格を改めた。1、2月の時差をおいて、主要地方紙とブロック紙が次々に追随して全国紙3紙と同額の2,600円に並べた。公取委に調べによると、公取委が全国紙5紙から同調的引上げの理由を徴収した80年以降4回にわたる全国紙の値上げに追随してセット版・統合版の定価を全国紙と同じ定価に設定したブロック紙・地方紙は、発行部数ベースで70％を上回った[12]。

道府県域市場では、全国紙と地方紙は、戦後激しい販売競争を演じつづけた。だが、価格競争は控える。それには、再販制度の在り方をめぐる新聞業界の事情があるわけだ。「全国紙と地方紙には、根深い対立関係があるにもかかわらず、ともに法定再販や専売制の崩壊を脅威と受け取らざるを得ない事情もあった。わずかな全国紙による寡占的な市場支配形態が実現している高度な独占状態の下では、プライス・リーダーとなり得る全国紙が先行、そのあとを地方紙がすぐ、同じ改定内容をもって追随、という同調的色彩の濃い価格改定が繰り返されてきた。法定再販・専売制がなくなったら、地方紙は、全国紙が効果的な価格値上げをしにくくなり、そのあおりを受けるのではな

いか、と案じ、全国紙は、苦労して値上げしても、地方紙がついてこないことになるのではないか、と心配しなければならないことになる」[13]。全国紙とブロック紙・地方紙は、値上げをめぐって腹のうちを探り合い、結局、お互い自己の利害を計算した挙げ句、同調的値上げに踏み切っていたのである。

3．値上げ理由、異紙同句

消費者団体が批判　89年の購読料改定の一番手は上位3紙ではなく、産経であった。1月1日から月ぎめセット版400円値上げして2,700円（上昇率17.4％）。読売、朝日、毎日、日経の4紙は1カ月おいて2月1日値上げした。読売、朝日、毎日の3紙は300円アップの3,100円（同10.7％）。日経も300円値上げして3,400円（同9.7％）。4月1日からの消費税導入直前の駆け込み値上げではないか、と消費者団体などから批判された。

全国紙5紙が1面に載せた「購読料値上げのお願い」の社告は、異紙同句。「販売店の人手不足は深刻だ。値上げ分を販売店従業員の労務環境改善に充てる。販売店の人手不足を解消して新聞の戸別配達制度を堅持する」を値上げ理由に挙げていた。同年4月1日、消費税3％実施。5紙そろって消費税分を付け加えた。

同調的値上げの動きに対して、反応があった。読売が1月10日、値上げの社告を掲載すると、すかさず全国消費者団体連絡会（消団連）が、読売に追随して各社も値上げに踏み切ると予想されると、在京新聞社の販売担当者を呼んで説明を求めることを申し入れた。消団連は、購読料値上げに反対して、不買運動をした実績がある。在京新聞社とは、購読料改定時には双方で話し合う慣行をつくっていた。

消団連は、新聞社側へ次の疑問を投げかけた。「産経と読売の社告で、販売店従業員の労務改善を値上げ理由に挙げている。労務問題は、今に始まったことではない。新聞各社は、広告が好調な上、用紙価格も円高差益で安定していて経営状態はいいはずだ。この時期に、なぜ値上げしなければならないのか。労務改善は、単なる口実で、実は消費税実施の先取り値上げではない

か。公共料金に準ずる新聞購読料の消費税先取り値上げは、諸物価値上げの先鞭をつけるおそれがある」[14]。

物価局長が疑義表明　消団連の申し入れに対して、朝日、毎日、日経の3社が値上げ社告を出すことで応えた。相次ぐ値上げ社告に対応して、経済企画庁は産経、読売、朝日、毎日、日経の5社の販売担当者を呼んで値上げ理由や経営内容を事情聴取した。その後、1月27日、勝村担郎・物価局長は、記者会見して「5社から事情を聴いたが、経理内容は公開されず、このままで値上げ理由を納得することはできない」と述べ、次の値上げの疑問点を指摘した。

①5社の前回改定時(86年)からみて物価や賃金は安定しているのに、値上げ幅（9.7～17.4％）が大きい。②各社の経営内容が違うのに、同時期にほぼ同一幅の値上げになっている。③4月からの消費税実施直前の値上げであり、社会の公器といわれる新聞だけに他産業への影響が大きい。値上げの幅、時期などについてより一層国民の納得の得られる方向で行われるよう望む[15]。

89年の値上げは消費税実施直前だったため、経企庁物価局長が「今回以降、購読料改定に際しては…」と、念を押した。だが、94年の値上げも「前回」をなぞったように消費税引き上げ直前の時期に行われた。値上げ時期は、時差をおく輪番方式。但し、89年と事情の異なったことがある。産経だけが、値上げに同調しなかった。これ以降の値上げに際しても、全国紙他紙に足並みをそろえないようになった。

4．新聞代内外価格差

新聞値上げ率最高　消費税は、94年4月1日から2％引き上げられて5％になった。その前年の93年11月20日に毎日、2日後の22日に朝日がそれぞれ値上げの社告を載せた。12月1日からセット版で3,850円に改定。97年の4月1日から消費税5％が付加されて3,925円。

値上げ理由に、両紙ともに広告収入減少。「長期経済不況で新聞経営の二本柱の一つである広告収入が激減した。その落ち込みを経営内努力では埋める

ことができない。新聞の使命の迅速で正確な報道と戸別配達維持のため読者の負担を願いたい」。

読売は、朝日、毎日に時差1カ月おいて95年1月1日改定。日経は、さらに1カ月後の2月1日からセット版4,075円に改めた。4月1日から消費税込みで4,383円。

消費税率の改定を除いて、02年3月末現在、朝日、毎日は7年3カ月、読売は7年2カ月にわたって、購読料の改定をしていない。購読料据え置きの戦後最長記録である。新聞社は、戦後経済が安定してきた60年以降もほぼ3年に1回のペースで値上げをしてきた。しかも、国内の情報・交通関係など公益性のあるサービス料金と比較すると、値上げ率も高い。東京都の算定によると、東京における戦前35年を1として、91年当時のサービス料金を指数で示すと、①新聞購読料3.32 ②はがき1枚2.73 ③映画封切館2.41 ④営団地下鉄最低区間2.33 ⑤都バス1区1.60 ⑥鉄道1キロ1.07 ⑦電報基本料1.03 ⑧放送受信料1カ月0.34 ⑨公衆電話1回0.20[16]。新聞購読料の値上げ率が最高である。

新聞社は収支が悪化すると、値上げする経営手法を繰り返してきた。それでも、部数は伸びてきたが、朝日、毎日、読売、日経が値上げした90年代半ばごろから、新聞業界を取り巻く状況は大きく変ってきた。景気が長期不況に陥り、物価は低下傾向。多メディア・多チャンネル化が進展し、さまざまなメディアを若年世代が取込む、一方での新聞離れが進んでいる。このような状況では、他の情報・交通関係料金より際立って高い値上げ率を積み重ねてきた結果である現在の購読料が、今後の新聞価格上昇を抑制する要因になるであろう。

ニューヨークの1.38倍 新聞購読料は、内外格差も大きい。通商産業省(現経済産業省)が97、99年、新聞代(東京の数値)の都市別内外格差を試算した結果は、次の通りである。

新聞代は、対ニューヨーク、対ロンドンの内外価格差が目立つ。94年の為替レートを用いた95年1月の新聞の内外価格差は、東京は対ニューヨークで1.96倍。日本経済は90年代末からデフレ傾向にあり、価格破壊が進んでも、

新聞業はなかなか流通に大きな変化がみられなかった。対ニューヨークの新聞代内外価格差は 97 年 1.64 倍、99 年 1.38 倍と縮まったが、依然として格差がついている[17]。

新聞購読料都市別内外格差（東京＝1.00）

	対ニューヨーク	対ロンドン	対パリ	対フランクフルト	対シンガポール
97 年	1.64	1.36	0.67	0.80	1.75
99 年	1.38	1.57	0.90	1.00	2.34

　この内外格差は、日本の新聞産業特有の寡占的構造と再販制度に由来している。公取委・再販問題検討小委員会が 95 年 7 月に発表した「中間報告」で、内外格差の原因といえる構造について言及している。「新聞産業には寡占的構造・協調的行動がみられ、定価が同調的・下方硬直的に設定される」同調的値上げが行われる。縦のカルテルである再販制度の下では、新聞販売店の大半は各社系統別の専門店で、新聞社が指定する定価で発売する再販売価格維持契約を販売店と結ぶことを認めており、同一紙同一価格である。専門店は排他的テリトリー制をとっており、他の流通業者の参入は困難だ。日本の新聞市場では、構造的・制度的に価格設定の弾力性が低くなっている。それが、価格競争を行うニューヨーク、ロンドンの新聞との価格格差を生じさせている。

5．簪

安売りで賭け　新聞の各紙面には、簪が付けてある。記事面を囲む長方形の罫線の上に横書きでページ数、版数、日付、題字を刷っている。頭に付けて目立つのが簪だが、社会面の簪は字体を一段と小さくしてあり、目を凝らして見ないと、読み取れない部分がある。その部分は、価格表示だ。
　「(35) 社会 2002 年（平成 14 年）1 月 1 日（火曜日）中國新聞　新聞定価 1 か月朝夕刊 3,925 円（本体価格 3,738 円）朝刊 3,007 円（本体価格 2,864 円）1 部売り朝刊 110 円、夕刊 50 円（第三種郵便物認可）」

V．新聞購読料

　念のために説明すると、冒頭の（35）はページ数を示す。

　全国紙3紙とブロック紙・主要地方紙は、同調的値上げを繰り返して同一定価で販売してきた。ブランド間での価格競争が行われていないのだから、箸の価格表示は目立たなくてもいいわけだ。
　ところが、産経は、94年1月、人目を引く価格表示をした。「産経新聞は値上げしません」。箸ではなく、一面の題字に並べて、見出しに使う大きめの字体で謳った。産経も92年まで公取委が指定した寡占業種の一般日刊全国紙の1紙として同調的値上げをしていた。94年の場合、朝日、毎日、読売、日経が相次いで値上げして、朝日、毎日、読売はセット版3,850円、日経4,075円の改定価格を社告に掲げている最中に、定価据え置きを宣言した。据え置いた定価3,100円。3紙とは目立つ価格差である。
　値上げに同調しなかった産経の専務・佐久間芳夫は、その間の事情をこう説明した。「私どもは（他社の反応を）意識しやっているわけではないが、結果として業界の足並みが乱れたことで、別の意味で評価されたようですね。(新聞公正取引協議会中国地区協が) 産経の『値上げしません』という折り込みチラシに対し、公正取引委員会にケシカランと言ったが、公取委の見解は『安い定価で売るのにPRするのはダメと言う方がおかしい』ということでした」[19]。
　定価据え置きは、独禁法の趣旨である自由競争の促進に添った行為だ。公取委は評価するが、産経経営者のホンネは値上げ同調であった。専務・佐久間は「値上げすれば、机上の売り上げですが48億円もあるわけですから、喉から手が出るほど欲しかったのは本当ですね」と内情を明かしていた。
　目先の48億円を捨てたのは、経営不振な産経新聞が、その回復をかけた賭けだった。社長・羽佐間重彰は、94年1月6日、本社ホールで開いた新年全販売店大会で、定価据え置きの狙いを説いた。「購読料を各社に同調しないのは戦略によるものだ。他紙はバブルで多額な投資を行い経営を危うくし、その失態を読者、消費者に転嫁したが、これを逆手にとって千載一遇のチャンスにしたい。（中略）定価を据え置く代わりに増紙を頼む。この春までが勝負

125

である。200万部早期達成を望む」[20]。価格競争を経営戦略に据えた。

　その時点で、公称190万部。半年間に200万部に伸ばすのが目標だ、と販売店主を督励した。産経は78年以来、他紙と値上げ時期は同調しながらも定価では、他紙と価格差をつけ続けてきた。2001年現在、読売（1日平均朝夕刊セット版56.2㌻）、朝日（同53.0㌻）、毎日は同42.7㌻で月ぎめ3,925円。産経は40㌻。ページ数では毎日と大差がないにもかかわらず定価は3,850円として、格差をつけて販売する。

女性パートが配達　新聞という商品の安売り効果は望めるだろうか。専務・佐久間の見方である。「過去のケース（定価改定時に他紙より値上げ幅を低くしても）では成功と言っても10万部単位の部数の出入りがあった程度ですか。でも今回（94年の定価据え置き）はグループのあらゆる媒体に値上げをしないと宣伝し、その相乗効果が出て、新規読者が増えている。新規分をどう固めていくかが問題だ」[21]。

　94年の定価を据え置いた際に掲げた経営目標である200万部達成は、実現しなかった。産経は、98年4月から産経5カ年計画を実施した。計画には、新東京リンクイビル建設、芝浦・仙台・大淀各工場リニューワル、電子メディア市場への積極参加などが盛り込まれている。計画の重点課題は、4年前に打ち出した経営目標と同様「安定200万部早期達成と首都圏の強化」。

　東京本社管内の責任部数は、81万部。その部数を達成するため99年1月、産経本社と東京都産経会連合会は23区の全専売所長158人を本社に集めて、販売局長・松澤國男が部数拡張方針を説明した。「首都圏強化の課題として、奨学生依存の労務体質を根本的に転換し、地域密着型販売力強化を図る」[22]。

　奨学生依存とは、新聞各社が専売制度を維持するために奨学金制度を設けて、アルバイト学生を確保して、新聞配達する労務体制だ。奨学生1人にかかる経費は、本社・販売店合わせて月額27万円。地域密着型販売力は、地元の女性パートが配達するやり方である。奨学生から女性パートに切り替えると、経費は半分以下に収まる、と推定されている。経営難の販売店にとって、人件費負担が軽減する労務体制転換は、モラールを向上につながる。

　産経東京本社管内の朝刊部数は01年7月現在、公称82万部。首都圏強化

の目標は、達成した形だ。

　産経は94年、全国紙4紙の定価値上げに同調しないで、定価を3,100円に据え置いた。読売、朝日、毎日の3紙よりセット版月ぎめ750円と目立つ価格差をつける安売りで200万部達成を果たすという経営戦略であった。この戦略目標も、01年7月現在の東京・大阪両本社の朝刊合計200万7,600部（公称）で達成。この時期のセット版月ぎめ3,850円。読売、朝日、毎日の3紙は3,925円。産経は3紙と価格差をつけ続けた。

6．即売5％だけ

産経、即売紙値下げ　産経は、他紙との価格差を予約制配達販売の新聞につけたのに加えて、駅売店やコンビニエンスストア、販売店店頭で即売される朝刊の1部売りの定価を01年9月1日から値下げした。110円を100円に改定した。8月20日付1面に載せた社告で他紙との価格差を強調した。「一部売り定価については平成九（97）年に百十円に改定して以来、昨年に他の全国紙の朝刊一部売りの値上げが相次いだ中でも、新聞は定価を据え置いてまいりました」「値下げは全国紙では初めての試みとなります」。

　産経は、「100円玉ひとつで買えるワンコイン作戦」と称した。

　産経の社告で「昨年に他の全国紙の朝刊一部売りの値上げ」したと、指摘されたのは朝日である。00年4月1日から110円を130円に値上げした。3月21日付の社告で値上げ理由を説明した。「本社は部売り定価を一九九二年十二月以来、六年四カ月据え置いてまいりました。しかし、この間紙面のカラー化やコンビニを通したサービスの拡大などに積極的に取り組んだ結果、製作・流通経費も膨らんでおります。このため、一部売り定価を引き上げさせていただくことにしました」

1部売り入手困難　全国紙の朝刊1部売り（即売）は01年9月現在、朝日・日経130円、読売・毎日110円、産経100円。最高と最低の価格差は30円。ブロック紙・主要地方紙は110円。読売、毎日、日経、ブロック紙・主要地方紙は、94年に改定してから据え置いている。

一般日刊紙の駅売店やコンビニなどでの1部即売は、総発行部数のうち5％に過ぎない。新聞協会加盟の一般日刊紙約7,200万部の93％は、1カ月単位の予約購読制で、戸別配達される。
　1部即売5％、予約戸別配達93％と極端な開きがある。戸別配達の部数が圧倒的に多いのは、「新聞業界は需要の価格弾力性の小さい戸別配達に執着する。値上げしても、部数は減らないからだ」。新聞販売の主力が需要の価格弾力性の大きい1部即売であれば、値上げ・値下げは部数の増減に端的に反映するであろう。「戸別配達制度という葡萄の蔓で雁字搦めにされた新聞という商品」[23]は、わずか5％しか1部即売に回されないわけだ。
　即売について、公取委・再販問題検討小委（座長：金子晃）は95年7月、親委員会の規制研究会（座長：鶴田俊正）への「中間報告」で、次のように報告した。「テリトリー制度を含めた新聞販売店中心の流通システムが固定的に運用されていることによって、首都圏では、新聞販売店頭・駅売店以外の場所、例えば、コンビニエンスストアで一部売りの一般紙を入手することができないなど消費生活の変化への対応が不十分なものとなっている」[24]。

一般日刊新聞紙の流通ルート

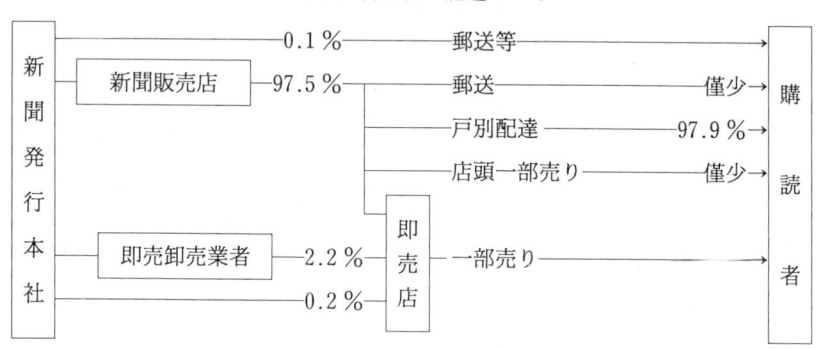

```
                      ─0.1％─── 郵送等 ─────────────→
          新聞販売店 ─97.5％── 郵送 ────── 僅少 ──→
新聞                            戸別配達 ── 97.9％ ─→  購
発行                            店頭一部売り ─僅少─→  読
本社                                                    者
          即売卸売業者─2.2％──┐即
                              │売 ─ 一部売り ──────→
                    ─0.2％──┘店
```

（注）　公取委事務局「適用除外が認められる著作物の流通実態等に関する調査結果の概要」
　　　　（95年10月「公正取引」№540）から

即売紙の　　　公取委・再販問題検討小委の中間報告と併せて、公取委が発表
流　通　　　した「一般日刊新聞紙の流通実態調査報告」[25]に、即売ルートのし

くみが明かされている。「新聞発行本社から駅売店、スーパー、コンビニエンスストア等の即売店への販売ルートには、即売店直売、即売卸売業者経由、新聞販売店経由がある。即売店に対する卸売りは、ほとんどの地区では当該地域の販売権を持つ新聞販売店が行っている。しかし、首都圏においては、在京発行本社の出資する4社の即売卸売業者がほとんどを取り扱っており、新聞販売店と即売卸売業者の間のスキームが設定され、新聞販売店、駅売店以外の例えば、コンビニエンスストア等で一般紙を入手できない状況にある」。

宅配ルートの場合、新聞販売店は発行本社と個別的再販契約を結ぶが、即売ルートでは、即売卸売業者という新聞の問屋が介在する。特に、首都圏では、「4即」と呼ばれる大問屋が、駅売店のスタンドの仕切っている。4即とは、JRのキオスクを仕切る弘済会、読売系の啓徳社、朝日系の「たきやま」、毎日・日経系の春陽堂。新聞発行本社→問屋・卸業者→即売店のルートは、複雑だ。1つの即売店に各種の新聞を卸す業者もあれば、各新聞社のそれぞれの系列の新聞だけ扱う卸し方もある。新聞販売店が卸業者の権利を持ち、近くのコンビニや駅売店に卸すルートなどさまざまである[26]。

問屋の取り分は、発行本社55対問屋45。100円の新聞1部で、問屋に45円支払われる。問屋はこのうちから売店業者に支払い、問屋の口銭として手元に残るのは10％の10円程度といわれる。1部当たりの口銭は少ない。取り扱い部数の多いのは、スポーツ紙だ。首都圏で310万部売れる、といわれる。薄利多売である。

宅配ルートと即売ルートでは、もう一つ異なる販売方式がある。宅配ルートでは、販売店は発行本社が運び込んだ新聞を買い取る契約を結ぶが、即売店は買い取り制ではない。

売れ残れば、新聞社に返品できる。返品された新聞は、卸業者から古紙回収業者に売却され、その売却代金を新聞社と卸業者が分けて受け取る。古紙売却代金が、結構なうまみになる。

96年6月5日開かれた衆院規制緩和特別委員会で参考人として意見陳述した新聞協会再販対策特別委員長・渡邊恒雄の説明によると、「首都圏でもコ

ンビニで実験的に販売しているが、スポーツ紙の場合、駅売りで5割、コンビニで約8割返品がある。われわれが春日部などで実験的に販売しているところでは、平均して10部おいて2部しか売れない。日本は宅配制度が発達しているから世界最高の発行部数をもっているのだ」[27]と、即売の現状を説明した。即売が主体のスポーツ紙でも、返品の方が多い。一般日刊紙の場合、発行部数の93％に戸別配達網を覆いかぶせてあると、公取委・再販問題検討小委は中間報告で述べ、読者が即売を選択できる余地は、ごく少ないことを言外に語っている。

7．同調的休刊日

月1回一斉休刊　01年、全国紙とブロック紙と主要地方紙が実施した新聞休刊日は、次の通りである。

①1月2日（元旦）　②2月13日（第2日曜振り替え）　③3月12日（同）④4月9日（同）　⑤5月7日（第1日曜振り替え）　⑥6月11日（第2日曜振り替え）　⑦7月9日（同）　⑧8月13日（同）　⑨9月10日（同）　⑩10月15日（同）　⑪11月12日（同）　⑫12月10日（同）

新聞協会加盟紙の多くは、月1回、年間12回新聞休刊日を設けている。ほぼ一斉に休刊日を設けているのは、新聞産業の流通部門の態様によるからだ。新聞の販売店は、①一紙だけ扱う専売店　②全国紙と地方紙を売る合売店　③各紙を販売する複合店が混在している。それら販売店は、再販制度に基づいて発行本社の指示通り販売する契約を交わして営業する。複数のブランドの新聞を扱う合売店と複合店の場合、足並みをそろえて休刊しない新聞社があると、その新聞だけを配達しなければならない。一斉休刊に同調しない新聞社が特別手当てを支給しなければ、合売店と複合店は配達員に配達させないであろう。各社各様な休刊日を設ける、と発行本社、販売店ともどもそれ相応の人件費がかかる。その節減をはかるために足並みそろえて休刊する、という日本的新聞経営事情があるわけだ。

新聞各社は、同じ日に輪転機を停止する。その中で、大多数の他社が休刊

しても輪転機を回す新聞社がある。河北新報は、創業者が唱えた「新聞はデーリーが生命だ。一日たりとも休むべきでない」[28]という遺訓を守って、他社より休刊日を3回少なくしている。01年は、4月、9月、10月は休刊日を設けていない。

昭和初期には、休刊日年1回。1月1日だけだった。戦後、年を追って増加。特に、高度経済成長期からバブル期にかけて、販売店は深刻な人手不足難に陥った。配達員に休日を与えることで労務条件を改善し、配達員を確保しようとした。各発行本社は、販売店の要請によって休刊日を増やした。公取委が全国紙5紙に同調的値上げ行為を指摘した80年代から90年代にかけて、値上げ分を労務条件改善に充てるという理由にした休刊日が増えた。

**一斉休刊は　　**ニューヨーク在住のフリーランス川井建男は、日本の新聞
カルテル行為　業界が一斉に実施する休刊日は、カルテル行為であり、新聞業の流通部門が遅れているためだ、と批判する。「アメリカでも、土日を休刊日にしている新聞はいっぱいある。しかし、業界で統一的に休刊日を作ることは、明らかにカルテル行為であって、独占禁止法の精神に違反している。統一新聞休刊日というカルテル行為が是認されてしまったのは、その休日が新聞社のためでなくて、新聞販売店の従業員に休みをとらせる、という大義名分により設けられたものだ。が、いったいこの理由は正当なものであろうか、とあらためて考えてみると、極めて怪しい。生産設備を有効に使うための二十四時間操業体制とか、消費者に利便を与えるために、普通の企業では、交代要員を確保するとかの、それ相応の人件コストを支払い、その一方で機械化、省力化、効率化を進めて人件コストを削減する努力をしている。これが現代的な合理的な経営である。新聞発行・販売というビジネスが、特例的な処置を受ける理由はどこにもない。それが必要になってしまった事情を推量すると、結局のところ、新聞業の流通部門は、現在の雇用ルールも守れないほど遅れた経営によって運営されている、と結論してもいいように思う」[29]。

日本的新聞経営事情によって、読者は休刊日ごとに朝刊代1部110円の損失を負わされている、言い換えると、その分だけ、説明抜きで、値上げされ

た算用になる。

　一斉休刊日を繰り返す新聞を読者はどうみているか、を新聞協会コンサルタントの小島宣夫が披露している。「読者向けの座談会で、そのこと（一斉休刊日）は随分いわれました。どんなニュースがあっても一斉に休んでしまって、『ニュースはテレビでご覧なさい』なんて紙面にのっている。こんなことを繰り返していて、読者が怒っていないというのは、新聞が見放されているんですよ、とさえいわれました」[30]。

　休刊日を増やすことで新聞業界自らが、新聞離れを誘発しているというわけである。

8．揺らぐ協調的寡占体制

産経休刊日即売開始　02年、休刊日事情は一変。仕掛けたのは、前年9月即売紙を1部100円に値下げし、02年4月から首都圏の夕刊を廃止し、朝刊単独紙に移行した産経である。産経は東京本社の生き残りをかけて、協調的寡占・業界横並び体制に挑んで販売改革の手を次々に打った。休刊日の朝刊即売紙発行も、その戦術の一つであった。

　前年まで、新聞休刊日は月に1度、年間12回。新聞各社は02年も、前年通りの休刊日日程を組んでいた。ところが、02年1月23日付産経東京本社発行朝刊に「休刊日朝刊即売版2月12日に第1号」を謳った社告が載った。「産経新聞社は二月から北関東の一部を含む首都圏で、駅の売店やコンビニエンスストアなどで販売している『産経新聞』の朝刊（即売版）を新聞休刊日にも発行します。（中略）第一号は二月十二日（火曜日）付朝刊で、値段は昨年九月から『100円玉ひとつで買えるように』と始めた『ワンコイン作戦』と同じ一部100円です。休刊日の即売朝刊は、普通の日の朝刊と同じ32ページです」。

　休刊日朝刊即売紙第1号を発行した2月12日、横浜駅に立った清原武彦社長はじめ産経の記者たちが首都圏の駅スタンドで、ティッシュ配りをした。ティッシュには、「産経新聞は　休刊日にも　即売朝刊を発売します」[31]と刷り込まれていた。

産経は、新聞業界が日程を同調し、定着させている休刊日に、新聞を販売する、つまり業界のカルテル行為から外れた行動をとった。

読朝毎
反転攻勢　産経が休刊日廃止・即売紙発行を打ち出すと、読売、朝日、毎日、日経の全国紙4社は即応した。それも即売紙発行で追随するのではなく、2月12日の休刊自体を取り止め、冬季オリンピック「特別号」を、札幌・東京・名古屋・大阪・福岡の都市圏で宅配する戦術で、反転攻勢に出た。この5都市圏内のブロック紙・地方紙の9紙も横並びで、朝刊を発行した。

　読売、朝日、毎日3紙は産経が休刊日即売版発行を公表する、とそれに追随して休刊日に即売紙を発行することを次々に明らかにしていた。ところが、急遽、2月12日の休刊日には朝刊を宅配もすることに変更した。「産経新聞の販売店主によれば、『この日の騒ぎは凄かったですよ。産経に対抗して各社とも駅売りを次々宣言していましたが、前日の11日になって読売が実は宅配もやるらしい、となったんです。慌てたのは朝日と毎日。11日の夕方になって配達員を確保したり、折り込み作業をやったりでテンワヤンワ。結局、配達員の都合がつかず、朝日や毎日は都内で配達ができなかったところが続出したそうです」32)。

　読売は、産経が同調的休刊日というカルテル行為から外れたのを、チャンスとして捉え、産経の購読者を読売の購読者に取り込む勧誘工作を行った、と産経の販売店主は言外に説明しているのである。

　「当日うち（産経）のエリアで、読売はなんと産経の購読者ほとんどの家に読売新聞を入れていったんです。もちろん無料。うちの読者にしてみれば、なんで産経が入ってないのに、読売が入っているんだ、となりますよね。おかげで"読売は宅配してお前はなぜやらないんだ"と、抗議電話が殺到しました。（中略）読売は休刊日の宅配を利用して読者をごっそり持っていくつもりでしょう。もうルールもへったくれもない。」。産経が踏み出した休刊日廃止の先行メリットは潰され、逆に販売攻勢をかけられた。

　読売の販売店主の反論。「うちは無料配達なんてしていませんよ。休刊日に配ったのも、産経とは関係ありません。オリンピック特集だから宅配したん

であって、前から決まっていたことだよ」[33]。

　読売、朝日、毎日、日経の全国紙4紙は、産経の休刊日廃止・即売紙発行への対抗措置で、休刊を予定していた2月12日に休刊日を取り止めて、朝刊を宅配した。その各紙の1面には「冬季オリンピック特別号」と特筆大書してあった。6月の休刊予定日に発行される1面には「サッカーW杯特別号」と銘打たれる予定である。

　目立つイベントが催されなかった3月10日の休刊予定日にも、全国紙4紙が全国で通常紙面の新聞を宅配した。全国のブロック紙・地方紙の多くは、全国紙にまた追随して、通常の朝刊を発行した。朝日は、1面1段で「あすの新聞発行します　あす11日（月）の新聞は、休刊の予定を変更し、通常通り発行します。朝日新聞社」という告知を載せた。多くの新聞社は、年初に年間の休刊日を予告していないのだから、休刊予定変更を読者に知らせる必要がないとしてか、素知らぬ顔して「紙面」を作成し、戸別配達した。

　産経の販売店主が実感したように、「業界全体が戦国時代に突入した」。産経の休刊日即売開始はライバル紙に販売攻勢の突破口を与えるようなものだ。休刊日は減るだろう。新聞業界と新聞各社は、発行回数が増えることについて読者にどう説明するのだろうか。

「読者不在」の報復抗争　休刊日廃止・宅配朝刊発行は、「そのきっかけが全国紙間のなりふり構わぬ覇権争いであり、『読者不在』のまま始まった報復抗争である」というのが、新聞労連傘下各新聞労組の見方である。「読者不在」の報復抗争は、①実質的な値下げ、新聞定価の混乱を招き、再販問題で貫いてきた新聞社側の主張を自ら覆すことになりかねない　②発行日のやみくもな増加は、販売店条従業員、新聞労働者への労働強化を招き、休日消化後退など労働条件面で懸念が大きい　③「他社がやるからうちも」式の横ならび主義に基づく紙面発行では、それによるコスト増加が、費用対効果の面で新聞社経営に何ら良い影響を与えない——[34]と懸念している。

　労組側が懸念するように、休刊日廃止・宅配朝刊発行によるコスト増加は、販売収入、広告収入とも減少傾向で、経営不振が続く新聞各社にとって、新たな負担となる。「聞いたところでは、販売員への特別手当等々、2月12日

に読売がかけた全費用は 4 億を下らなかったそうです」というのは、産経の幹部の観測である。

協調的寡占から競争的寡占に転化しようとしている新聞産業で、新聞各社間の優勝劣敗は、最小のコスト増加で、最多のワンコインを集めるという経営の巧拙によって決まるであろう。

「セット割れ・単落ち」　新聞業界の同調的休刊日設定は、自ら新聞離れを招く慣行であったが、現実に新聞離れ現象が顕著になっている。それは、「セット割れ・単落ち」である。セット版は、日露戦争の戦況速報で夕刊から朝刊へとニュースをリレーして以来の朝・夕刊を抱き合わせた商品形態だ。

「日本独特のセット版が、一九七〇年代に入ったころから、ゆっくり崩れだした。強引に勧誘されてしぶしぶの購読だから『夕刊はいらない』『朝刊だけでいい。その代わり安くして』という読者が増えて、業界でいう『セット割れ・単落ち』と呼ぶ現象が進んだ。セット版読者が、朝刊単独の読者に移って行ったのだ。『セット割れ・単落ち』は、つまり夕刊の部数減だ」[35]。長年朝日新聞社に勤めていた本郷美則は著書『新聞があぶない』で、以上のように指摘している。

新聞協会が加盟社 122 社を対象に調べる日刊紙の発行部数のうち、セット部数は 10 年連続で前年割れ。89 年 2,039,000 部であったのが、99 年 1,846,000 部と、9.5％も減った。同じ 89 年から 10 年間に、朝刊単独部数は 16.3％伸びて、99 年 3,338,000 部。朝刊部数の増加したため、総部数も 5.3％の伸びで 99 年 5,376,000 部。セット割れしても、新聞総体は長期不況にめげず売れているようにみえる。

実状は、どうだろうか。『新聞があぶない』で本郷が使った算用を借用する。「各社が部数増を懸命に競っても、全体の部数の伸びは十年間に五・三％、単純平均で年率〇・五三％だから、せいぜい年率一・五％しか増えない世帯数の伸びにすら追い付けない。つまり、完全な頭打ち状態だ。だから、部数を増やすには他紙のシェアの切り取りか、押し込み販売しかない。結局、『そんなに押しつけられても二紙も三紙も要らない。実は夕刊も要らない』と購読

勧誘を断るセット版地域の消費者に対し『値引きするから、せめて朝刊だけでもとって』と押しまくる販売活動が積み重なって、『セット割れ・単落ち』が進んだのである」。

産経朝刊単独紙に移行　全国紙5紙の東京発行分の「セット割れ」状況を、朝日新聞社発行「アエラ」が朝刊部数に対する夕刊部数の比率を90年と01年で比較してみた[36]。

朝日・日経＝60％→50％　読売・毎日＝50％→40％　産経＝40％→30％

5紙は、同じように10ポイント程度落ちた。産経東京本社の発表では、01年11月現在、同本社管内で朝刊82万部、夕刊26万部を発行。朝刊に対する夕刊の比率は31.7％と低迷している。東京本社発行の産経はもともと夕刊比率が低い。「セット割れ・単落ち」の進み方は他の4紙と同じ10ポイントでも、打撃はより大きい。産経の夕刊は10年前37万部。それが30％減少して、26万部に落ちた。同じ10年間に朝刊の減少は3万部台に踏みとどまっているから、夕刊の低落が目立つ。

朝刊と夕刊でニュースをリレーするセット版方式の商品形態では、朝刊しかとらない読者すら、「つなぎ留めが難しいとの危機感が窺える」、というのが「アエラ」の観察だ。その「セット割れ・単落ち」のピンチをチャンスに転換しよう、と産経の経営者は発想した。

産経社長の清原武彦は01年11月7日、東京・日本プレスセンタービルで緊急記者会見を開き、ピンチをチャンスに転換する発想を発表した。02年4月から首都圏で夕刊を廃止し、朝刊単独紙に移行する、という発想である。但し、大阪本社の夕刊は発行を続け、引き続きセット版を販売する方針だ。大阪本社発行の夕刊は63万部で、セット率53％。

会見には、同業他紙の記者ら100人が詰めかけた。清原は、新朝刊の購読料を引き下げると強調した。月ぎめ定価は朝夕刊セット3,850円から朝刊単独紙は、2,950円に、900円安くする。他の全国紙の月ぎめセット定価に比べ1,000円前後も安い、というのがセールスポイントである。

産経広報部は値下げ理由を、こう説明する。「産経は、朝日、読売、毎日、日経と並び、全国5大紙の一角を占めてきた。しかし、10万部以下の県が25

V．新聞購読料

県もある。反対に 10 万部を超えているのは、大阪府の約 50 万部と東京都の約 16 万部だけ。1 万部〜7 万部が、兵庫、奈良、神奈川、千葉、埼玉、京都の 7 府県。部数的には、どう見ても『全国紙』とは言い難い。1 部売りの値下げは、この弱点を克服するための起死回生策だということになる」[37]。

スヌーピーに嚙みつく 　産経は 01 年 9 月から、朝刊の即売価格を 110 円から 100 円に値下げするワンコイン販売を始めた。ABC 調査の即売部数は 9 月、10 月に伸びをみせた。東京本社管内の対前年同月比で 9 月 173 ％、10 月 158 ％。大阪本社管内は 9 月 131 ％、10 月 147 ％。朝刊即売の 10 円値下げで販売部数が急増した「成功体験」が清原社長らが夕刊廃止に急傾斜した契機だ、と「アエラ」はみてとった。「この作戦を拡大すれば、牛丼やハンバーガーなどと同様のデフレ型の価格競争を新聞業界にも持ち込める、との期待感が高まったというのだ」[38]。

産経東京本社は、02 年 4 月の新朝刊売り出しを前に、1 月 15 日からテレビ CM の放映を始めた。このテレビコマーシャルには、アメリカの人気コミック「ピーナッツ」のキャラクターであるスヌーピーらが登場し、ナレーションが流れる。

「夕刊がこの世からなくても犬にとっては困らないわ、夕飯がなくては困るけど……。夕刊やめて、2950 円」

「新聞、新聞って、毎日忙しいんだから……。1 日 2 回読むのは大変だわ」

古典的マスメディアの新聞、その新商品の販売宣伝を、マスメディアの首座を新聞から奪ったテレビが行った。産経の CM が読売、朝日など他紙の経営者を刺激し、物議を醸した。多メディア時代だ。その様子を、週刊誌と月刊誌が取り上げた。

月刊『創』（02 年 3 月号）「値下げ CM めぐって産経 vs 読売　社長同士のバトルの結末」

「1 月 23 日午後、東京・内幸町のプレスセンターで開かれた新聞協会の運営委員会で、渡辺恒雄読売新聞社長と産経新聞の清原武彦社長の間で次のような激しい応酬が展開された。

137

『あのCMは何んだ。あんたンとこは副会長だろう。恥ずかしいと思わんのか！』

『なに怒ってるんですか、本当のことを言ってるだけでしょう。僕は問題ないと思いますよ』

朝日新聞はじめ他の委員は渡辺氏の言葉の激しさに一瞬たじろいだものの、渡辺氏に同調し産経のCMの批判を始めた。(中略)

『いや、もう新聞構造改革戦争の始まりを象徴するような場面でした。読売、朝日にとって産経新聞の値下げは痛いんです。彼らは1000万部、750万部を謳っていますが、所詮は首都圏、大手都市部の読者数をもとにしたもの。その首都圏での値下げ断行ですから、戦争を仕掛けられたという感覚なのでしょう』（新聞協会関係者）」

週刊誌『週刊新潮』(02年2月28日号)「『夕刊なし1000円引き』で『朝読』宅配戦争の雪崩現象」「新聞協会の会長も努める渡辺恒雄・読売新聞社長が、協会の副会長でもある清原武彦・産経新聞社長に対して、

『清原君、副会長を辞めろ』

『さまなければ、私が会長を辞める』

『もう席を外せ』

と、新聞協会の会合の席上で罵倒する騒動にまで発展する。1月23日のことだ。以来、新聞業界はテンヤワンヤの動乱状態に突入してしまったのである。

『産経を徹底的にツブせ』

販売網に絶対的な自信を持つ読売新聞は、業界の秩序を乱して産経に対して徹底攻撃を宣言している」

CM中止、協会副会長辞任　スヌーピー登場のCMは、28日午後で打ち切り。翌29日、清原・産経社長は新聞協会副会長の辞任届を出した。新聞協会副会長辞任の情報は、新聞も載せた。1段、扱いは小さい。

『読売』(02年1月30日)「新聞協会副会長　清原氏が辞任」「日本新聞協

会は二十九日、副会長の清原武彦氏（産経新聞社長）から辞任届が提出されたと発表した。

　先週開かれた同協会理事会は、産経新聞社が夕刊廃止に向けて放映しているテレビ・コマーシャルについて『夕刊否定論、新聞不要論につながる。新聞の公共的、文化的使命を守るという協会の理念に反する』などとして、副会長辞任を求めていた」。

　『産経』（02年1月30日）「産経新聞広報部の話　問題になったテレビCMは、夕刊否定、ひいては新聞不要論につながるような内容とは考えていない。理解していただけなかったのは残念だが、誤解を招くのは私どもの本意ではないので、いったん放映を中止して新たなCMを制作することにした。また、清原社長の辞任は、会長を補佐するという副会長の職責を、現状では十分に果し得ないと判断したためである」。

東京市場、産経劣勢　　以下は、全国紙東京本社発行部数と朝刊のシェア（00年4月現在、各社報告分）である。

①読売＝朝刊654万部（40.9％）　夕刊267万部
②朝日＝朝刊456万部（28.5％）　夕刊232万部
③日経＝朝刊180万部（11.3％）　夕刊96万部
④毎日＝朝刊162万部（10.1％）　夕刊63万部
⑤産経＝朝刊　82万部（ 5.1％）　夕刊26万部
⑥中日東京本社［東京新聞］＝朝刊65万部（4.6％）　夕刊35万部

　首都圏のうち、一般日刊紙の主要市場である東京都は読売、朝日、日経、毎日、産経の全国紙と東京新聞の6紙の寡占市場である。日本の新聞市場は二重構造だ。全国市場としては全国紙の寡占、道府県域市場は地方紙・ブロック紙地域独占ないしガリバー型寡占体制。全国紙あるいは中央紙と称されるが、全国紙の道府県域市場でのシェアは大きくない。各全国紙は、人口・世帯数・官庁・会社本社が一極集中する首都圏で大量販売することによって総部数を上げ、その結果、発行部数順位で上位を占め、全国紙として格付けされる。

　各紙の朝刊総部数のうち、東京本社発行部数が占める割合は、①読売64.1

％　②日経 58.8％　③朝日 54.9％　④毎日 40.6％　⑤産経 41.0％である。

　発祥の地が東京である読売と経済紙の日経は東京本社管内でよく売れる。もともと関西の新聞である産経の部数は、他紙に比べてた見劣りがする。読売、朝日の上位 2 紙と最下位の産経との開きが大きいのも目立つ。

繰り返した同調的値上げ　その産経も含めて、読売、朝日、毎日、日経の一般日刊紙 5 紙は 80 年、公取委から寡占業種に指定された。80 年までに 4 回ほど協調的寡占の特性である同調的値上げをしたという理由で、寡占業種として監視対象に上げられた。

　寡占産業では価格の変更・決定を行う場合、統一的な協定に基づいてカルテル価格を設定するか、業界内の「暗黙の了解」に基づいて各企業が同調する管理価格を定めるか、いずれかによることが多い。新聞は、独占禁止法の適用除外の再販制度の対象品目。寡占産業・新聞の価格は、「縦のカルテル」と呼ばれる法再販制度と業界内の「暗黙の了解」に基づいて同調する「横のカルテル」とが結合して、変更・決定される管理価格である。

　「縦のカルテル」の下では、新聞販売店は新聞発行本社の指定する価格で売る契約を結ぶ。また、それは、同一紙同一価格で販売する裏づけになっている。

　業界「横」並びで統一歩調がとれて「管理」されている管理価格は、カルテル価格のように談合・協定によらなくても、それだけに協調性が強く、市場支配力も持っている。縦横のカルテルが結合した新聞産業では、70 年代から 90 年代にかけて 10 回も新聞代値上げしたが、業界が同調行動をとることができた。

　管理価格は、当該産業内で最も力のある企業がプライス・リーダーとなり、価格先導制（プライス・リーダーシップ）で決定される場合が多い。プライス・リーダーには、シェアが高く、コストが安い、つまり「規模の経済」のメリットを活かしている企業が、その役に就く。

　新聞産業では、発行部数・市場占有率上位 1、2、3 位の読売、朝日、毎日が輪番でプライス・リーダーを努めた。また、3 社の経営者は、持ち回り

で、業界団体・新聞協会会長も勤める。プライス・リーダー社は、先陣を切って購読料改定の社告を1面に掲載する。他の全国紙4紙もほぼ同時期に、同じ値上げ幅で購読料を改める社告を載せる。それに追随して、道府県域市場で地域独占のブロック紙と主要地方紙も、同じ値上げ幅で購読料を改定するのが新聞業界の慣行となっていた。

新聞界も「管理価格」 プライス・リーダーシップで決定される価格変更、それに同調する企業が生産規模など序列化される「管理価格の構造」は知られているところだ。序列の最下位に位置する企業は、限界企業と呼ばれる。当該寡占産業の価格は、"live and let live"（共存共栄）原則に則って、限界企業が成り立つような価格がつけられる。賃上げ、原材料の値上げなど業界共通のコスト変動が生じた場合、各社ともコストが上る。特に、限界企業は値上げ誘因が強まる。限界企業の場合、正常利潤だけを確保するだけで、超過利潤を得ていないので経営に余裕がない。コスト上昇分が正常利潤に食い込み、利潤が消滅すれば、企業として成り立たない。市場からの退出を余儀なくされる。限界企業が退出すれば、その一つ上位の企業が限界企業の位置づけられ、次にコストが上がった場合、当該産業に残れなくなる。コスト上昇の度に、限界企業の退出を繰り返すと、寡占は独占に転化する。現代では各国とも、独占禁止法を制定して、独占化を防止している。そこで、限界企業が市場に留まれないようなコスト上昇が発生すると、プライス・リーダーの企業は価格を上げると、他社が追随する。このような業界が同調する価格の動きが管理価格である。

新聞産業でも、業界共通のコスト変動を値上げの誘因としてきた。89年の値上げは、1月10日、最初に購読料改定社告を載せた読売が「新聞販売店の労務難、宅配確保」を値上げ理由に上げたのに続いて、全国紙もブロック紙・地方紙も筆をそろえて、プライス・リーダー紙と同趣旨の値上げ理由を掲載して、ほぼ同じ値上げ幅で追随した。

93年11月20日、毎日がプライス・リーダー紙として、「長期不況で広告収入減少が経営を圧迫」を値上げ理由にした社告を掲載。93年末から94年春にかけて、またまた新聞協会加盟の全国紙・ブロック紙・地方紙が毎日になら

って、同調的値上げをした。

産経が脱・同調的行動　　長期不況は02年現在、12年間も続き、広告収入も低迷。多メディア・多チャンネル化が進展し、その一方で若者世代の新聞離れ現象が目立ってきた。普及率は伸びない。販売の収入増加も望めない。新聞業界各社は経営難を理由に、戦後、ほぼ3年おきに、購読料の同調的値上げを繰り返してきた。長期不況はデフレをもたらし、物価は下落傾向。値上げに踏み切れる状況ではない。新聞産業は閉塞状態に陥ったままで、各社は長年なじんだ協調的寡占体制から飛び出せず、コスト削減やリストラなど内向きの経営改革で、この場をしのごうとしていた。

　閉塞状態から抜け出そうとしたのは、全国紙5紙のうち、首都圏の寡占市場で限界企業に位置する産経である。東京本社の生き残りをかけて、構造改革に踏み切った。戦後、新聞業界で、価格改定といえば、値上げを意味していた。産経は、「値下げ」を打ち出した。デフレ経済に合わせた安売り商法をとった。01年9月から、ワンコイン作戦と称して、即売紙を100円玉ひとつで買えるよう10円値下げ。

　首都圏市場で、著しい「セット割れ・単落ち」し、部数が低落した夕刊を廃止し、02年4月から、東京本社発行の新聞は朝刊単独紙に切り替えた。朝刊・夕刊セット版を商品形態とする日本の新聞業界で、朝刊単独紙に移行した例は数少ない。例を上げれば、①愛媛新聞が92年、別立ての「夕刊えひめ」を休刊、②長崎新聞が93年、夕刊を廃止して朝刊単独紙に移行、③00年3月、福島民報と福島民友が夕刊廃止と、いった程度だ。各紙は夕刊を廃止すれば、ステータスを損ねると、「セット割れ・単落ち」に耐えている。産経は名を捨てて、実を取ろうとしたのである。

　統合版型朝刊の月ぎめ定価は、他の全国紙のセット版朝刊より1,000円前後安くする。ページ数は増やさない。デフレ時代に対応した商品形態を変えて、販売する戦略だ。

　休刊日は年12回、業界一斉に実施していた。産経は不同調行動を断行。02年から、首都圏では、年間通じて休刊日にも駅売店などでの即売紙販売に踏み切った。

Ⅴ．新聞購読料

首都圏から
全国的競争に　産経の一連の不同調的行動をきっかけに、全国紙の協調的寡占体制は競争的寡占に一転した。限界企業の値下げに対して、プライス・リーダーは、リーダーとして共存共栄の原則に則って、同調行動をとるように働きかけないどころか、反転攻勢に出た。他の全国紙も反転攻勢に加わった。産経は2月12日の休刊日に即売紙を売る予告していた。これに対して、読売、朝日、毎日、日経の4紙は急遽、「特別号」を首都圏だけではなく、札幌、名古屋、大阪、福岡の都市圏に広げて宅配して応戦した。さらに、3月10日の休刊予定日には、全国紙4紙は全国に通常紙面の朝刊を宅配。ブロック紙と地方紙の多くも追随して、通常の朝刊を戸別に配達した。産経が首都圏市場で仕掛けた販売競争は1カ月余で全国市場に波及してしまった。

　首都圏では、産経が夕刊26万部を02年4月から廃止することを、半年前に明らかにした途端、全国紙4紙と東京新聞が産経夕刊読者の獲得合戦を開始した。狙われたのは、夕刊だけではない。「週刊新潮」（02年3月28日号）が載せた「夕刊廃止が凶と出た『産経』残酷物語」の文中に、産経攻勢の有様を伝えている。「夕刊廃止を打ち出してからライバル紙の販売店が"産経は潰れる""あそこはなくなる"というデマを流し始めたのです。その結果、東京本社管内で3万部も部数が減ってしまった」。

　産経対全国紙・東京新聞の販売競争だけではない。2社間の摩擦も生じるのではないかというのが、業界の関心事である。全国紙5紙のうち、東京本社発行朝刊部数654万部で1位の読売と82万部で最下位の産経は提携する仲を保ってきた。産経は大部数を発行する印刷設備を都心部に据える読売に、「夕刊フジ」と「競馬エイト」の印刷を委託している。それに、倉敷のサンケイ瀬戸内印刷と読売坂出工場とは、相互委託印刷をする提携関係にある。ところが、産経が夕刊を廃止すると、夕刊印刷時間帯は設備は遊休化する。「印刷設備を遊ばせておくわけにはいかない。読売新聞社に印刷を委託している『競馬エイト』や『夕刊フジ』を引き上げることも考えられる。すでに『競馬エイト』の引き上げを打診して読売の怒りを買い、読売社内で、岡山と香川でやっている産経との相互委託印刷をやめるべきだという声も出てきたとい

う噂もある。(中略)こういった蜜月関係が、夕刊廃止の余波で微妙になっているのではないかというのだ」[39]。

　新聞産業は、縦のカルテルである法定再販制度と業界内で同調行動をとる横のカルテル体制の下、同一紙同一価格、クローズド・テリトリー制専売店の戸別配達、寡占業種に指定された全国紙の同調的値上げの繰り返しとそれに追随するブロック紙・地方紙、全紙統一的休刊日といった協調的寡占体制を維持し、競争を排除してきた。長期不況・デフレ下に、全国紙では部数・市場占有率最下位の産経が生き残りをかけて、値下げ・安売り、夕刊廃止・朝刊単独紙発行の商品形態変更、即売紙の休刊日販売など経営戦略を打ち出した。産経が打って出た販売競争は、新聞市場全体に及んで、協調的寡占体制を揺れ動かすのではなかろうか。

1）公正取引委員会「再販適用除外が認められる著作物の取り扱いについて（中間報告）平成7年7月25日」（95年、日本新聞協会「新聞経営［別冊］『新聞の公共性と再販②』」）69ページ。
2）菊川貞巳『新聞等の再販制度と市場経済の論理』（96年3月、京都産業大学「経済学経営学論叢」第30号第4号）112〜136ページ。
3）公正取引委員会事務局取引部取引課・流通対策室「再販適用除外が認められる著作物の流通実態等に関する調査結果の概要」（95年10月、「公正取引」No.540）
4）日本新聞協会「公正取引委中間報告・流通実態調査に関する見解」（95年、日本新聞協会「新聞経営［別冊］『新聞の公共性と再販②』」）20〜22ページ。
5）「衆議院・規制に関する特別委員会記録」（99年4月、日本新聞協会「新聞経営［別冊］『新聞の公共性と再販③』」）15〜22ページ。
6）丹宗昭信『独占および寡占市場構造規制の法理』のうち「第三章　管理価格規制の法理　第一節　管理価格と独占禁止法　三　管理価格を生ぜしめている企業集中の類型」（76年、北海道大学図書刊行会）337〜340ページ。
7）藤原碩宣編著『経済と経済学』のうち「第4章寡占経済の理論」（98年、実教出版）101ページ。
8）日本新聞協会『新聞年鑑'00/'01年版』のうち「朝日新聞社」98ページ。
9）行政改革委員会規制緩和小委「規制緩和に関する論点公開（第6次）平成11年5月145日」（99年4月、日本新聞協会「新聞経営［別冊］『新聞ノ公共性ト再販③』」）参照、69〜79ページ。

V．新聞購読料

10) 前掲丹宗昭信『独占および寡占市場構造規制の法理』のうち「第三章 管理価格規制の法理 第一節 管理価格と独占禁止法 二 管理価格の意義とその成立条件」336ページ。
11) 前掲藤原碩宣編著『経済と経済学』のうち「第4章寡占経済ノ理論」参照、101〜103ページ。
12) 前掲公正取引委員会事務局取引部取引課・流通対策室「再販適用除外が認められる著作物の流通実態等に関する調査結果の概要」14〜15ページ。
13) 桂敬一『経済と経済学』(90年、岩波新書) 74ページ。
14) 新聞之新聞「いまなぜ値上げが 消団連、各社に説明求める」(89年1月19日付)
15) 中国新聞「5紙の購読料値上げで 経企庁物価局長」、朝日新聞「新聞代値上げ『遺憾』と談話」、毎日新聞「新聞購読料の改定は国民の納得考えるよう経企庁局長が談話」、読売新聞「新聞代値上げで物価局長が談話経企庁」(89年1月28日付)参照。
16) 藤竹暁・山本明編『図説 日本マス・コミュニケーション三版』(98年、日本放送出版協会) 参照、24ページ。
17) 白川一郎編著『内外格差とデフレ経済』(98年、財団法人通商産業調査会出版部)のうち「第6章内外格差是正と物価対策」参照、155〜158ページ。
18) 前掲公正取引委員会「再販適用除外が認められる著作物の取り扱いについて(中間報告) 平成7年7月25日」69ページ。
19) 長谷川学「『価格据え置き』産経新聞の大きな賭け」(「創」94年4月号) 68ページ。
20) 前掲長谷川学「『価格据え置き』産経新聞の大きな賭け」66ページ。
21) 前掲長谷川学「『価格据え置き』産経新聞の大きな賭け」6ページ。
22) 前掲長谷川学「『価格据え置き』産経新聞の大きな賭け」68ページ。
23) 前掲菊川貞巳『新聞等の再販制度と市場経済の論理』112〜136ページ。
24) 前掲公正取引委員会「再販適用除外が認められる著作物の取り扱いについて(中間報告) 平成7年7月25日」69ページ。
25) 公正取引委員会「一般日刊紙の流通実態等に関する調査報告書の概要」(95年、日本新聞協会「新聞経営［別冊］『新聞の公共性と再販②』」80ページ。
26) プレスネットワーク94編著『現役記者5人が書いた新聞のウラもオモテもわかる本』(94年、かんき出版) 参照、221〜223ページ。
27) 前掲「衆議院・規制に関する特別委員会記録」6ページ。
28) 一力一夫『実践新聞論―東京大学新聞研究所講義録―』(83年、河北新報社) 214ページ。
29) 川井建男『日本の新聞はここがへんです』(「宝島」95年11月号)
30) 日本新聞協会「新聞経営［別冊］『新聞の公共性と再販』」(95年3月、日本新聞協会) のうち「座談会 新聞の再販と流通問題の課題」56ページ。

31)「危機『産経新聞!』」(「週刊ディアス」02年2月28日号)
32)「『夕刊なし1000円引き』で『朝読』宅配戦争の雪崩現象」(「週刊新潮」02年2月28日号)
33) 前掲「『夕刊なし1000円引き』で『朝読』宅配戦争の雪崩現象」
34)「3、6月の社休日廃止」(「中国新聞労働組合NEWS」02年2月20日 №50)
35) 本郷美則『新聞があぶない』(99年、文春新書) 81ページ。
36)「夕刊やめた産経の『勝算』」(「アエラ」01年11月19日号)
37)「『産経が値下げ競争』の口火を切った」(「THEMIS」01年11月号)
38) 前掲「夕刊やめた産経の『勝算』」
39)「産経『夕刊廃止』に新聞界が動揺し始めた」(「THEMIS」02年2月号)

VI. 情報カルテル・記者クラブ

1.「クラブ」八百有余・「記者」1万人有余

取材機関に記者常駐制度　県政改革を打ち出した長野県知事・田中康夫は01年5月15日、「『脱・記者クラブ』宣言」を発表した。宣言は、こう書き出している。「その数、日本列島に八百有余とも言われる『記者クラブ』は、和を以て尊しと成す金融機関すら、"護送船団方式"との決別を余儀なくされた21世紀に至るも、連綿と幅を利かす」。全国に「八百有余」の記者クラブがある、という。「その数」は、「有余」とあり、正確ではない。

「SAPIO」(98年5月27日号)の企画記事「記者クラブは本当に必要ですか？」も書き出しで、記者クラブの数を取り上げた。「日本全国に800とも1000ともいわれ、その数すらはっきりしない『記者クラブ』。世界のメディアを見渡してみても、これほど"奇妙な存在"はない」。

記者クラブとは、「原則的に社団法人日本新聞協会(新聞協会)に加盟している新聞社、通信社、テレビ局などが、主要官公庁、業界団体等の各取材源機関毎にそれぞれ独自の記者クラブを設置し、各取材機関から施設及び設備の提供を受け、クラブ加盟各社が独自の専用ペースを確保して記者を常駐させて、クラブ加盟の記者により取材する制度をいう」。以上の記者クラブ制度についての解説は、日本弁護士連合会第42回人権擁護大会シンポジウム基調報告書[1]のうち「第1章　権力機関と報道機関の関係　第4節3記者クラブ制度」によるものである。

新聞協会加盟社が取材源に配置しているのが記者クラブだ、と解すれば、新聞協会加盟の全国160社の取材記者約12,000人(95年)が「全国に800とも1000ともいわれる」政府各省庁、地方自治体、政党、警察、裁判所、大企業、労組、大学、鉄道、空港、放送局、通信などに設けられた大小の記者クラブに所属している[2]。記者クラブは、全国の報道機関と日本の主要組織を結

びつけている巨大にして、きめ細かい情報ネットワークである。

中央のクラブ、地方のクラブ　一口に記者クラブといっても、「記者クラブの実態は、地方と東京を中心とする中央では全く違いますね。記者クラブができた経緯も、構成も全然違います。地方の場合は、県庁所在地はまだしも、さらに地方に行きますと、協会に加盟してない地元発行の新聞なども入っているわけです。そういう地域の記者クラブであっても取り扱いは中央のクラブと同じということです」[3]。記者クラブの実態の解説者は、岩手日報社編集局次長・藤田耕也。藤田の解説では、地方の場合で、「まだしも」という県庁所在地でも、記者クラブの輪郭はぼやけたままだ。「常駐、非常駐ということでいろいろ問題が出てきます。一人で複数の記者クラブに入って会費も払っているが、常駐していないというケースですね。一か所にしかいられませんから、あとは全部名前だけの登録で、何かの時に当該の記者クラブ活動をするという形になる。日常的には、結局、自分一人でなかなか回りきれなくてニュースソース側にクラブに資料を入れてもらうようになる。実態として発表ジャーナリズムなどと言われるような問題を抱えるわけです」。

新聞協会は97年12月11日、「これまで数次にわたって『記者クラブ』に関する方針・統一解釈を示してきたが、ここに新たな『見解』をとりまとめた」。岩手日報社の藤田は、従来の『記者クラブ』に関する方針・統一解釈の見直し、「新見解」をまとめた新聞協会記者クラブ問題小委員会メンバーの一人である。新聞協会が催した「新見解」をめぐる座談会での解説。

新聞協会が、97年記者クラブに関する「新見解」を打ち出した時期に、新聞界周辺で記者クラブ改革の動きが出ていた。94年4月、日本新聞労働組合連合が「提言　記者クラブ改革」[4]を出した。そのなかで、記者クラブの構成について「記者クラブの加入について、メディアの違いによって排除すべきでなく、また『日本新聞協会の会員であること』など、他組織との関係に左右されない」と、新聞産業の寡占体制化を改め、排他的と批判され続けた記者クラブへの新規参入を促した。

記者会見についても、自由参加を提言した。「取材者の記者会見への参加は、記者クラブ加入のいかんにかかわらず自由である。記者クラブが要求した記

者会見であっても同様である」。

　次いで、元朝日新聞記者・竹内謙が鎌倉市長に当選・就任すると、市政記者クラブ改革を実行した。96年4月1日、従来の記者クラブに代えて、市役所内に「広報メディアセンター」を開設した。新聞協会加盟の新聞、放送6社に限定していた記者クラブ室の提供を取り止め、記者クラブ以外のメディアにも開放した。

　新聞協会は、新聞労連の提言や鎌倉市の記者クラブ改革に対応した形で、19年ぶりに記者クラブに関する「見解」[5]を全面的に見直した。

「親睦団体」を「取材拠点」に　97年の「新見解」は、それまで記者クラブは加盟各社の「親睦団体」と位置づけられていたのを、「取材拠点」と改めた。戦後、記者クラブの性格をどう規定するかについて何度も論議された。親睦機関と取材機関の両面を備えた記者クラブの性格のどちらに比重をおくか論議を繰り返してきた。親睦機関と規定したのは、49年10月に出された「記者クラブに関する新聞協会の方針」だった。戦前戦中の倶楽部は、取材機関であった。

　占領期、GHQ新聞課長インボデン少佐によって、新聞統制の末端機関としての役割を担った記者倶楽部の存在が否定された。「新聞協会の方針」で、「記者クラブは各公共機関に配属された記者の有志が相集まり、親睦、社交を目的として組織するものとし、取材上の問題には一切関与せぬこととする」[6]と規定することで、インボデン指示を躱し、記者クラブなる存在を存続させた。半世紀近くたった97年の新見解は、性格をこう打ち出した。「公的機関が保有する情報へのアクセスを容易にする『取材拠点』として、機能的な取材・報道活動を可能にし、国民にニュースを的確、迅速に伝えることを目的とする」。「新見解」では、取材拠点である記者クラブの構成、構成員はクラブによって事情が異なることに配慮した。藤田が座談会で語っているように、新聞協会加盟で縛る条件を緩和した。「個々の記者クラブには、さまざまな事情もあり、現状からしても、新聞協会加盟社のみに限定することは非現実的である」。そこで新聞協会加盟社に「準ずる報道機関から派遣された記者」も記者クラブの構成員とすることに改めた。在日外国報道協会加盟社など外国報

道機関も同様に扱うことにした。記者クラブへの参入を阻み、情報カルテル化した制度が業界団体の方針・解釈として、門戸を広げることにした。

2．週刊誌、クラブ加盟試行・拒否

「週刊誌」加入資格なし　記者クラブ問題が取り上げられると、決まって指摘されるのはその閉鎖性排他性である。「新見解」は、この情報カルテル的性格にも言及した。「記者クラブは可能な限り『開かれた存在』であるべきであり、一部報道機関の特権ではない。したがって、記者クラブに加盟していない記者、報道機関の取材・報道活動を阻害してはならない」と。

記者クラブの現場は、「新見解」にしたがって、「開かれた存在」に変身したであろうか。「週刊現代」が、それを検証しようと、「記者クラブ『新見解』で何が変わったか――本誌は主要クラブに加盟申請してみた」。検証の結果を、98年の7月18日号、7月25日号、8月1日号に連載した。

新聞記者クラブの問題点は、「既に以前から加盟していた社による"情報ギルド"となったところに多くの原因がある。この閉鎖性が解消されれば、確かに記者クラブは大きく変貌するはずだ」と書き出した。「新見解」では、記者クラブの構成員は、「日本新聞協会加盟社およびこれに準ずる報道機関から派遣される記者によって構成される」という。「本誌は、日本新聞協会には所属していないが、社全体として日本雑誌協会に加盟している」。そこで「これに準ずる報道機関」と解釈して、情報ギルドの6主要記者クラブ「霞クラブ（外務省）」「宮内記者会（宮内庁）」「防衛記者会（防衛庁）」「鍛冶橋クラブ（都庁）」「七社会（警視庁）」「財政研究会（大蔵省）」に加盟申請してみた。

申請の窓口は、各クラブとも幹事社。霞クラブの窓口は、次のように対応した。

―― 週刊現代として、加盟申請したいのですが、どのような手続きをとれば、いいのでしょうか。
幹事　加入条件は、「日本新聞協会に加入している者で、新聞・通信で外務

省を担当する者」になっています。その段階で週刊現代さんは加入資格がないわけです。

―― しかし、新聞協会の新見解では「日本新聞協会加盟社およびこれに準ずる報道機関から派遣された記者」によって、記者クラブは構成されると書かれています。雑誌協会に加盟している週刊現代は、この「準ずる機関」に含まれるのではないでしょうか。

幹事　新見解はいま、私の手許にもありますが、ここでいう「準ずる報道機関」というのは、つまり外国報道機関のことを指すわけです。

週刊現代のコメント　しかし原文を見れば、この「報道機関」の文言の後に「外国報道機関も同様に扱う」という記述があり、両者が別の報道機関を指しているのは明らかだ。ちなみに、外国報道機関に関しては、アメリカの通信社が'91年に東京証券取引所のクラブに加盟要求したのに端を発し、すでに'93年7月に「原則として正会員の資格でクラブへの加入を認めるべき」という新聞協会の見解が出されている。

―― 新見解では、記者クラブは可能な限り「開かれた存在」であるべきだとうたっています。

幹事　ですから、新聞協会の加盟に関しては、できる限り門戸を広げています。

―― では、新聞協会に加盟していなければ、貴クラブ加盟に関しては議題にも上らないということですか。

幹事　記者クラブとはなにかとも含めて、新聞協会に聞いてもらえませんか。確かに「新見解」というのが出ましたが、このクラブに所属しているみんなが、それを読んでいるかというと読んでいませんから……

雑誌協会に加盟している週刊現代が「主要省庁の6記者クラブに加盟申請を出したところすべて断られたこと、それどころかほとんどの記者クラブでは新聞協会の『新見解』そのもの内容をよく把握していなかった。自発的な

改革の試みは、結局看板倒れになりかかっているといっていいだろう。記者クラブの悪弊は、依然続いているのである」という状態にある。

同一省内クラブ差別　記者クラブのアウトサイダーにおかれたままの雑誌は、「新見解」発表後も、記者クラブの排他性閉鎖性は相変わらず続いているという実状を取り上げた。「財界展望 99 年 7 月号」が「制度疲労の『記者クラブ』が自滅し始めた」で報じた同一発表内容の記者会見が 2 度行われたというエピソードも、その一例だ。

「四月二十二日に運輸省で某新航空が設立の記者会見を行なった、と翌日の新聞に掲載された。実はこの日、運輸省内では二度記者会見が行われている。運輸省記者クラブ主催の会見と、新会社が主催した会見である。新会社主催の会見の方は、運輸省内にある喫茶店で行われるという異例のものであった。二カ所で行われた理由は『新会社は経済雑誌にも会見をしたかった。だが、雑誌はクラブ主催の会見に出席できない。そこで会社側が便宜を図って、別途会見を開いた』（運輸省詰め記者）という。伝えられるところでは、運輸省内に常駐している業界紙記者も、この新会社設立会見への出席を求めて運輸省記者クラブに出席を申し入れたが、クラブ側は『前例がない』と業界紙の出席を拒んだという。そのため業界新聞も喫茶店で行われた会見の方に出席した。（中略）同じ省内に複数の記者クラブがあることが多い。運輸省内にも一般紙が加盟する運輸省記者クラブと、業界紙などで構成される運輸省専門新聞記者クラブがある。他省おおむね同様だが、たとえば大臣交代のときに新任会見を行うが、その会見は運輸省記者クラブ主催で、業界紙記者は出席できない。同じ記者クラブでもこのように差別されているのが現状なのだ」。

「開かれた存在」に　「週刊現代」が、主要省庁の記者クラブに加盟申請する企画を立てた誘因となった新聞協会の「新見解」[7]の骨子は、次の通りである。

① 性格、目的など

　記者クラブは、公的機関などを取材対象とする報道機関に所属し、その編集責任者の承認を得て派遣される記者によって構成される組織である。公的機関が保有する情報へのアクセスを容易にする「取材拠点」として、機能的

な取材・報道活動を可能にし、国民にニュースを的確、迅速に伝えることを目的とする。その運営は構成員が自主的に行う。

② 組織、構成員など

記者クラブは日本新聞協会加盟社およびこれに準ずる報道機関から派遣された記者によって構成される。在日外国報道協会加盟社など外国報道機関も同様に扱うものとする。ただし、記者クラブへの参加形態は、常駐、非常駐、オブザーバー加盟など、それぞれの記者クラブの事情に応じて弾力的に運用されることを妨げない。

記者クラブは可能な限り「開かれた存在」であるべきであり、一部報道機関の特権ではない。したがって、記者クラブに加盟していない記者、報道機関の取材・報道活動を阻害してはならない。公的機関側も、記者クラブへの加盟・非加盟を理由に情報提供を操作するなどの行為はしてはならない。

③ 報道協定

(1) 報道協定　記者クラブは安易に報道協定を結ぶことによって構成員の自由な取材・競争を妨げてはならない。ただ、人名・人権にかかわることがら、記事化に相当の時間を要する発表事項、大量の名簿・データ類などについては協定を認める。協定は、新聞協会編集委員会が承認するもののほかは、クラブの総意に基づき、加盟各社の責任者の了解によって成立する。解禁時間を含め、一社でも反対すれば協定は成立しない。

(2) 記者会見　公的機関の記者クラブがかかわる記者会見は、原則としてクラブ側が主催する。クラブ構成員以外から出席を求められた場合、認めるかどうかはクラブ総会などで決める。

④ 記者室

各公的機関は国民に対し積極的に情報公開と説明責任を果たすべき使命を有しており、当該各公的機関で常時取材する記者の活動に資するため、記者室を設けている。記者室は、ニュースを的確、迅速に報道するためのワーキングルームであり、記者クラブは、記者室を活用し、知る権利にこたえる任務の遂行行をはかるべきである。取材、送稿のための施設である記者クラブと、取材記者の組織である記者クラブとは、別個の存在である。組織として

の記者クラブは、会費によって運営されるもので、取材源からは、特別の形で、いわゆる便宜供与を受けるべきではない。

閉鎖性に便宜供与　記者クラブに対しては、雑誌社やフリージャーナリスト、在日外国報道機関から、始終クレームや批判が絶えない。「新見解」はその問題点を認識して、改善をはかろうとはしている。問題点は閉鎖性・排他性、経済的便宜供与などである。

前掲の日弁連の報告書では、記者クラブの問題点は大別すると次の4点である、と指摘した。
①取材源からの情報・資料を記者クラブ会員のみが特権的に独占する排他的閉鎖性。
②取材源機関の記者クラブ利用の情報リリースに依存した官僚主導の発表ジャーナリズム化。
③公権力・企業等の取材源機関からの便宜供与・接待など記者クラブの倫理問題。
④クラブにおける報道協定問題。

報告書は、記者クラブの体質を、こうコメントしている。記者と接触する機会の多い弁護士の観察眼が効いた記者クラブ観である。

「記者クラブ制度により情報を排他的・独占的に入手し、これをベースとして記事としている限り大きな過誤、重大なニュースの『特オチ』はないから、いつの間にかこれに安住し、読者・視聴者の『知る権利』を充足させるかどうかでなく、取材源機関の『掌の上』で取材・報道する傾向に陥り、発表ジャーナリズムと化す」と、指摘している。

そして、「取材源機関から日常的に報道各社が記者クラブの便宜を享受し、記者個人が『接待』を受けている状態にあれば、報道機関に取材源機関を監視し、取材源機関が秘匿したい情報を探知し報道するという緊張・対抗関係を望むことは困難であるという批判がなされている。便宜供与・接待の問題は、倫理問題であるというよりは、取材・報道に関するジャーナリズムの本質的な問題である」と、問題点を摘出する。

VI. 情報カルテル・記者クラブ

改革され　　記者クラブに加入している記者がを組合員でもある新聞労連
ない理由　も、新聞協会の「新見解」に先立って、96年7月、「新聞人(記者)
の倫理綱領」[8]を発表し、記者クラブの在り方について提言した。
　「記者クラブは、権力に対し情報収集権の集団的行使をするための取材記者
の自治組織でなくてはならない。
　①記者クラブはあらゆるメディア・ジャーナリストに開放されなければな
　　らない。
　②『記者室』は取材者だれもが利用でき、市民の出入りも確保されなけれ
　　ばならない。
　③記者クラブは取材・報道に関して談合してはならず、人命にかかわる場
　　合などを除き、報道協定をしてならない。
　④権力側のいわゆる情報の『しばり』は、市民の知る権利に照らし合わせ
　　て、合理的で妥当なもの以外は受け入れてはならない。
　⑤公権力、私企業から報道機関の目的、役割を逸脱するサービスを享受し
　　てはならない」。
　この「倫理綱領」は94年6月、新聞労連がまとめた「提言　記者クラブ改
革」が「実践に移されていないとは言えない」現状にあるので、重ねて発表
した、という。「実践に移されていない」理由は、「新聞労連の組織力の問題
もあろうが、それ以上に各記者の意識の問題がある。とりわけ、ベテラン記
者の中には既得権に安住している者が多いことを認めざるをえない」のであ
る。クラブ内の態様が、クラブ改革を阻んでいる様子をリアルに捉えている。

3．省庁縦割り・クラブも縦割り

内閣記者　　「日本全国に800とも1000ともいわれ」る記者クラブのうち、
会で対立　東京に100前後集中する。最大規模のクラブは、1890年10月、帝
国議会開設に際して設けられた「共同新聞記者倶楽部」を引き継ぐ本邦最古
のクラブ、国会記者会で、登録会員5,000人。全国の新聞、通信、放送の報
道機関の政治、経済、社会部員が登録しているので、規模が膨らんだ。だが、

常駐者は登録者の20分の1にも満たないだろう[9)]、という。

次いで、97社が加盟し、登録者約600人の内閣記者会（永田クラブ）。首相官邸をカバーする。日本を代表する記者クラブで、加盟社は多い。このうち輪番で以下の常駐社が幹事社となる。全国紙の朝日、毎日、読売、日経、産経の5紙。通信社の共同、時事の2社。ブロック紙の北海道、中日、西日本。地方紙の京都、中国。放送のNHK、民放キー局の東京放送、日本テレビ、フジテレビ、テレビ朝日、テレビ東京の5社。記者クラブの運営は、業態別の寡占企業が仕切っている。

内閣記者会はじめ永田町、霞が関に構える記者クラブに異変が生じた。1府22省庁は、01年1月6日から1府12省庁に再編された。省庁再編に伴って、各省庁に設けられた記者クラブの統合が迫られたからだ。

再編前、内閣記者会所属記者は　内閣官房長官の毎日の定例会見も内閣府の前身である総理府の発表も官邸記者会見室でこなしていた。再編で内閣府は、総理府、経済企画庁、沖縄開発庁、金融再生委員会の4府庁の機能が統合された。省庁改革は、「内閣府の新設、政策調整制度の導入により、いわゆる『縦割り行政』の弊害を排除する」のが目的であった。新聞論調も「弊害を排除」を支持していた。しかし、内閣記者会は、府庁統合後も「縦割り」の「弊害を排除」しなかった。旧経済企画庁にあった記者クラブ「経済研究会」（経済部）が「旧経済企画庁につながる経済財政諸問会議担当大臣の会見を、なぜ官邸の会見室でやらなければならないのか。官邸には行けない」と主張した。内閣記者会（政治部）は「経済財政諸問会議担当大臣は内閣の機関である。その担当大臣の会見を、内閣府の会見室に出かけてやらなければいけないのか」と突っぱねた。報道各社を越えた内閣記者会＝政治部と経済研究会＝経済部の権益争いは妥協がつかず、担当大臣は両方のクラブで重複して会見することを余儀なくされた。官邸記者クラブの発表予定ボードには、中央に線を引き、内閣官房と内閣府の記者発表予定がそれぞれ書き出される。行政は、「縦割り行政」の弊害を排除したのに、それを主張した報道側は、記者クラブの「縦割り」に固執したままなのである[10)]。

Ⅵ. 情報カルテル・記者クラブ

1 取材機関に複数クラブ　内閣記者会のほかの省庁の記者クラブは、統合が実施された。建設省、運輸省、国土庁、北海道開発庁を一体化した国土交通省は、各省庁内に設けられていた合計 8 つのクラブを 3 つに統合した。新聞協会加盟の 45 社が常駐する国土交通記者会、専門紙の建設専門紙記者会、交通運輸記者会がそれぞれ記者室を提供された。記者クラブ数は、統合によって減った。さらに、新聞協会の「記者クラブは日本新聞協会加盟社およびこれに準ずる報道機関から派遣された記者によって構成される」という新見解に沿えば、クラブを一つにまとめて、専門紙の記者も国土交通記者会に加盟する構成すれば、省庁再編の趣旨にも合致し、公的費用である記者クラブの便宜供与負担も軽減される。

　自治省と郵政省が統合した総務省では、旧自治省の内政記者会と旧郵政省の郵政記者会が一体化した。新築の庁舎 8 階、280 平方㍍の記者室に事務机 90 個が並べられた。常駐 30 社、非常駐 50 社。主要地方紙のほんとんどが加盟していた内政記者会から新総務省記者クラブでもメンバーになっているので、非常駐社が多い。厚生、労働両省が統合した厚生労働省のクラブも厚生労働記者会に一本化した。

　国土交通省に 3 つの記者クラブが設けられたように、記者クラブは 1 取材源機関（ニュースソース）に 1 クラブとは限らない。

　省庁再編で大蔵省から財務省に改称した財務省には、財政研究会と財政クラブの 2 つのクラブが設けられている。財政研究会には、全国紙、ブロック紙、主要地方紙、通信社、NHK、民放キー局、ロイター通信、AP、ダウ・ジョーンズ経済通信など 29 社が加盟。財政クラブのメンバーは、地方紙や専門紙など 33 社。

都庁 6 階 5 割をクラブ占有　最大の地方自治体、東京都庁にも有楽クラブと鍛冶橋クラブの 2 つのクラブがあった。有楽クラブには読売、朝日、毎日、日経、東京、共同通信、NHK の 7 社が加盟。鍛冶橋クラブの加盟社は産経、日本工業新聞、日刊工業新聞、内外タイムス、時事通信、ジャパンタイムス、テレビ朝日、東京放送、テレビ東京、フジテレビ、日本テレビ、東京メトロポリタン、ニッポン放送、ラジオ日本、文化放送の 15 社。都庁の記者

登録は新聞協会加盟社の記者に限られ、22社、140人（95年）であった。

　新聞協会の記者クラブに関する新見解で「在日外国報道協会加盟社など外国報道機関も（新聞協会加盟社と）同様に扱うものとする」と表記してある。だが、経済大国の首都、都庁の記者クラブに、外国報道機関は加盟していなかった。

　フリージャーナリストの岩瀬達哉は、その著『新聞が面白くない理由』[11]で、都庁に占める記者室の広大さ、豪華ぶりを説明するのに、10ページも割いている。それによると、「都が、両クラブに無償で提供しているこのこの『記者室』の広さは、『有楽クラブ』が四八五平方メートル、『鍛冶橋クラブ』が四四六平方メートル。この他、二一六平方メートルの記者会見室も両クラブの管理下におかれているので、合計一一四七平方メートルものスペースを両クラブは占有していることになる。この広さは、都庁第一庁舎六階のフロアーから、エレベーターホールや廊下などの共有面積を除いた実質有効面積の実に五割以上の広さを占める。いかに広大なスペースが、『記者クラブ』に提供されているかがわかろう」。

　ところが、都知事に就任した石原慎太郎は01年6月、記者室使用を有料化する方針を表明した。その1カ月後、記者クラブ加盟社の社会部長と懇談した席上、記者室使用の有料化方針を撤回してしまった。また、方針変更、同年10月各社の占有面積に応じて、光熱費などランニングコストをクラブ加盟社負担にすることにして、都と加盟社が契約を結んだ。

　警視庁9階には、新聞協会加盟社が3つの記者クラブに分かれて記者室を占有している。読売、朝日、毎日、共同通信など6社の七社会と産経、時事通信、NHKなどの警視庁記者クラブとテレビ朝日、TBS、日本テレビなどのニュース記者会の3クラブである。先発の七社会に後続の社が加盟を申し入れて受け入れられなかったので、別のクラブを構成して3つのクラブが並立した。

クラブ常駐メンバー　中央省庁の記者クラブは、全国紙の読売、朝日、毎日、産経、日経、ブロック紙の北海道、中日（東京新聞）、西日本、通信社の共同通信、時事通信、放送のNHK、民放キー局のテレビ朝日、東京放送、

テレビ東京、フジテレビ、日本テレビが常駐メンバーである。

　46道府県庁に設けられている道府県政記者クラブでは、新聞協会加盟の地元・地方紙が複数の記者を常駐させ、全国紙の読売、朝日、毎日、産経、日経、共同通信、時事通信、NHK、民放キー局の系列地方民放の記者が登録している。このうち産経は山口県以西には支社局を配置していないので、西日本の県政記者クラブに加盟していない。

　道府県政記者クラブのうち群馬、千葉、神奈川、静岡、兵庫の5県では、新聞記者クラブと後発の民放記者クラブが県庁内に設けられた別個の記者室にデスクを据えている。長野、和歌山の両県には3つの記者クラブがあった。長野県では、田中康夫知事が01年5月15日、「『脱・記者クラブ』宣言」を発表し、「県民の共有財産たる県庁舎の3ケ所に位置する『県政記者クラブ』『県政専門紙記者クラブ』『県政記者会』を撤去」する方針を打ち出し、宣言通り撤去した。

　県庁所在地である政令指定都市12市はじめ県庁所在地の市役所におかれた市政記者クラブは、道府県政記者クラブとほぼ同じ社で構成されているクラブが多い。また、ほとんどの道府県警記者クラブの名簿には、道府県政記者クラブに登録社と同じ社名が並ぶ。道県庁所在地には、10〜20の記者クラブが設けられている。その地に発行本社を構えるブロック紙・地方紙は、それらのクラブに記者を張りつける。道府県政記者クラブ、道府県庁所在地の市政記者クラブ、道府県警記者クラブの3つのクラブには、全国紙、通信社、放送関係社も記者が常駐するが、そのほかの記者クラブには登録はしても、非常駐で他のクラブとの掛け持ちがかなりある。地方の記者クラブでは、記者が常駐する地元紙が常任幹事社を務め、クラブ運営を握ることが多い。

在京主要記者クラブ

　官庁　内閣記者会＝永田クラブ(首相官邸、内閣府)、宮内庁記者会(宮内庁)、法曹記者クラブ(法務省)、司法記者クラブ(裁判所合同庁舎)、霞クラブ(外務省)、財政研究会(財務省)、財政クラブ(同)、国税庁記者クラブ(国税庁)、経済産業記者会(経済産業省)、経済産業省新聞記者会ペンクラブ、資源記者クラ

ブ、中小企業庁記者クラブ、国土交通記者会（国土交通省）、農政クラブ（農林水産省）、総務省記者クラブ（総務省）、厚生労働記者会（厚生労働省）、防衛記者会（防衛庁）、文部科学記者会（文部科学省）、環境問題研究会（環境省）、警察庁記者クラブ（警察庁）、気象庁記者クラブ（気象庁）、海上保安庁記者クラブ（海上保安庁）

政治 平河クラブ（自民党）、公明党記者クラブ（公明党）、共産党記者クラブ（日本共産党）、社民党記者クラブ（社民党）、連立与党クラブ（衆議院）、国会記者会（国会）、衆議院記者クラブ（衆議院）、参議院記者クラブ（参議院）

地方自治体 警視庁七社会（警視庁）、警視庁記者クラブ（同）、警視庁ニュース記者会（同）、都庁記者クラブ（02年1月、有楽クラブと鍛冶橋クラブが合併）、都道府県記者クラブ（都道府県会館）

公共 ときわクラブ（JR東日本）、国鉄記者クラブ（同）、丸の内記者クラブ（同）、成田空港記者会（成田空港）、新東京国際空港民放クラブ（同）、東京航空記者会（同）、芝クラブ（中央労働委員会）

経済 金融記者クラブ（日本銀行）、兜倶楽部（東京証券取引所）、檜クラブ（工業品取引所）、みずほクラブ（東京穀物商品取引所）、経済団体記者会（経団連）、東商クラブ（東京商工会議所）、貿易記者会（ジェトロ）、日本たばこ記者クラブ（JT）

放送・芸能・スポーツ・クラブ ラジオ・テレビ記者会（NHK）、東京放送記者会（同）、東京演劇記者会、東京映画記者会、東京音楽記者会、体協記者クラブ（日本体育協会）、東京運動記者クラブ、東京相撲記者クラブ、東京競馬記者クラブ、レジャー記者クラブ、日本囲碁ジャーナリストクラブ、東京将棋記者会

学術 学術記者会

在広島市（県庁所在地、政令指定都市、人口110万人）記者クラブ

広島県政記者クラブ、広島市政記者クラブ、広島合同庁舎記者クラブ、第六管区海上保安本部記者クラブ、JR広島支社記者クラブ、広島商工会議所記者クラブ、中国電力記者クラブ、広島空港記者クラブ、広島県警記者クラブ、広島中央署記者クラブ、広島東署記者クラブ、広島西署記者クラブ、広島南

VI. 情報カルテル・記者クラブ

署記者クラブ、広島可部署記者クラブ
在福山市（中核都市、人口38万人）記者クラブ
福山政経記者クラブ、福山司法記者クラブ
在呉市（人口20万人）記者クラブ
呉記者クラブ、第二記者クラブ（いずれも市役所設置記者室に常駐）

4.「関係者以外入室禁止」

**紙面70％を　　　**全国に各地の政府各省庁とその出先機関、政党、地方自治
クラブが提供　　体、警察、検察庁、裁判所、大企業、労組、大学、鉄道、空港、放送局、通信機関など全国に張りめぐらされた800余の記者クラブから各報道機関に供給されるニュースの量は、どれくらいあるだろうか。元共同通信社編集主幹の原寿雄は、その著書『新聞記者の処世術』（晩聲社）で、こう算定する。「日本中どこにも記者クラブが在って毎日、多くの発表や懇談会という名の非公式発表があり、そこから出るニュースが報道のほぼ九割を占めている」。

発表や懇談会は、どれくらいあるだろうか。

「例えば、東京都庁の九三年度の広報件数をみると、合計で四千五十七件にも上っており、その大部分は資料配布だが、このうち記者に背景などを関係者が説明するレクチャーは百八十件になっている。一日平均で十五件以上という発表の洪水の中で、記者たちはクラブに居続けざるを得ない結果となる。これは都庁クラブに限られたことではなく、他の記者クラブも変わりなく『発表漬け』の状態に陥り、独自記事の減少、画一的紙面へとつながってしまう」[12]。

岩瀬達哉は朝日、毎日、読売3紙の朝刊紙面（96年2月27日〜3月2日）に載っている発表記事が、記事の総本数に占める割合を算出した[13]。

発表と発表関連記事以外の記事は、3紙合計で、観測記事＝5.83％、解説記事＝1.87％、独自取材と思われる記事＝14.28％。記者クラブを供給源とする記事が、全国紙の紙面の70％近くも占めていた。

	朝日		毎日		読売		3紙合計	
	本数	%	本数	%	本数	%	本数	%
明確な発表記事	259	47.52	224	48.8	270	54.55	753	50.29
発表＋周辺取材記事	33	6.06	27	5.882	89	5.86	89	5.932
会見記事＆番記者記事	57	10.46	53	11.55	49	9.90	159	10.63
合　　計	349	64.04	304	66.23	348	70.3	1001	66.86

記者クラブからニュース・情報が供給されないと、どうなるであろうか。

マスコミ専門紙記者の算用では、「記者クラブ制度が崩壊すれば、4～5頁の紙面しか作れないだろう」[14]という。

記者クラブの効用、コスト安　日本の新聞制作法では、ニュース・情報の記者クラブ依存度が非常に高い。それは、なぜか。

新聞各社にニュース・情報を配信している共同通信の元編集主幹・原は、こう解説する。「その理由としてまず新聞、放送業界にとっての効用がある。記者クラブは公共情報の収集の場として極めて便利である。各社別々に取材、競争する場合に比べて人手もコストもかからない」からである。

原によると、競争を排除して、「人手もコストもかからない」ニュース・情報入手法には、「日本のように報道機関が官公庁などニュース・ソースの部屋を占有して常駐し、記者会見や情報・資料を特権的に独占する仕組み」が存在することが必要である。

ニュース・ソースの部屋を占有・常駐し、会見・情報を特権的に独占している存在は、記者クラブである。全国の記者クラブの多くは、新聞協会加盟社で構成されている。東京のクラブでは、新聞は読売、朝日、毎日、産経、日経、北海道、中日、西日本、通信社は共同、時事の10社が常駐。放送では、NHKと民放キー局6社。道府県のクラブでは、全国紙に地元紙とNHK、民放キー局の系列地方民放と、ここでも新聞協会加盟社が常駐する。

常駐社は、取材源機関が便宜供与した「部屋を占有」する。その部屋の「戸には『関係者以外の入室を禁じます』という貼り紙が出されている。さらに、会見も『クラブ会員以外の出席はお断りします』とされることが多い」と、

VI. 情報カルテル・記者クラブ

いう記者クラブの排他性閉鎖性を象徴する手法が、『現役記者5人が書いた新聞のウラもオモテもわかる本』[16]に、描写してある。

協定違反で処分　クラブ会以外の会見参加を排除するばかりか、クラブ会員にもクラブ用語で「しばり」と言い合う報道協定が交わされることがある。「黒板協定」は、その典型である。会見や配布資料の発表日時を取材源機関の申し出やクラブ会員の申し合わせによって決め、記者室の黒板やボードに書いて、発表日時を守り合う。抜け駆けは、協定違反で処分されるという協定である。

　黒板協定違反について、こういう事例を新聞労連研究部編『提言　記者クラブ改革』が取り上げた。「当局の都合に基づく黒板協定　目黒雄司(北海道新聞記者)『記者クラブだけの協定は認めない』─。北海道教育記者クラブ(加盟社19社)は、規約で明確に定めている。それは絵に描いたモチに過ぎない。93年9月、北海道新聞は同記者クラブから黒板協定違反を問われ、クラブ出入り禁止10日間の処分を受けた。処分に至るクラブ内の論議は『協定は認めない』とするクラブ取材の建前が、いかに空文化しているかを示している。協定違反に問われたのは、北海道新聞が9月7日付朝刊1面で報じた北海道教育委員会の『公立高校適性配置計画原案』のスクープ記事。(中略)道教委幹部はこう言ったものだ。『まだ道議会に説明していないし、地元への説明も済んでいない。だから、計画は表に出せない』。つまり、関係者への根回しが終わるまで、マスコミの計画発表を控えてほしいというわけだ。道教委はこのやり取りの直後、記者クラブに対し、黒板協定を申し入れた。赤字で解禁日が記入され、その日まではどんな質問にも一切応じないという構えに出た」。

　北海道教育記者クラブは加盟社19社であるように、多くの記者クラブは新聞・通信社10社内外、放送数社で構成されている。業態別には、寡占情報体制である。「関係社以外の入室禁止」の排他的な記者室内で、独占的に取材源機関から情報の提供を受ける。記者クラブは、その情報について競争を排除する協定を結び情報カルテル化する。情報カルテル化した記者室で、記事を書いている限り「大きな過誤、重大なニュースの『特オチ』はないから、い

163

つの間にかこれに安住し、読者・視聴者の『知る権利』を充足させるかどうかではなく、取材源機関の『掌の上』で取材・報道するという傾向に陥り、発表ジャーナリズムと化す」[17]と日弁連の『人権と報道』で指摘されている。

　それに、記者クラブに依存した取材・報道は、「各社別々に取材、競争する場合に比べて人手もコストもかからない」。記者クラブ改革論が起こると、決まってその閉鎖性が問われ、記者クラブを開く改革案が提示される。だが、実現に至らないのは、新聞経営にとって、記者クラブの効用が、取材経費を節減させる効果を上げているからであろう。

5．記者室備品無償供与

クラブ運営費は公的資金　　日弁連人権擁護委員会編『人権と報道』で記者クラブにかかわる問題として、取材源機関の記者クラブに対する経済的便宜供与について疑義を呈している。東京弁護士会会員・岡部保男も『自由と正義』（00年3月号）で「『記者クラブ』制度と知る権利」[18]を発表し、そのなかで「官公庁の記者クラブに対する経済的便宜供与として『記者クラブ』専用の部屋の無償使用、什器備品・水道光熱・電話番職員の給与等を取材源機関が負担していること」を問題視する。

　日弁連人権擁護委、弁護士の岡部ともに、フリージャーナリストの岩瀬達哉が「新聞各社は『記者クラブ』を介して、年間でいくらの取材経費を各公的機関に肩代わりさせているのだろうか」についてアンケート調査した結果を用いた岩瀬の試算は合理性がある、として紹介している。

　岩瀬は、「これまで『記者クラブ』について論じられた、どのレポートや文献にもこの実態を把握したものがない」ので、全国800の公的機関に記者クラブに対する経済的便宜の一切合切について質問票を送った。回収率66％、536通の有効回答を得た。その回答は整理され、『新聞が面白くない理由』に「全国調査　記者クラブの便宜利益供与一覧表」に掲載した。

　岩瀬の見解である。「アンケートの集計、分析作業を行なったところ、なにより明らかになったことは、新聞各社はとうてい自分たちでは負担できない

であろう『記者クラブ』の運営経費を取材相手先に負担してもらってきたという事実である」。岩瀬の試算によると、「什器備品類の総額が 3 億 2556 万円。クラブ担当職員の人件費や記者室の資料、提供を受けている電話やファックスの料金などのトータルが 107 億 5203 万円となった。つまり総額 110 億 7760 万円ものクラブ運営費が税金等で肩代わりされていたわけである。これは全国紙一社あたりで見ると、約 5 億 3000 万円という具体的数字となってあらわれてくる（朝日新聞、毎日新聞、読売新聞 3 社平均額）」。

「全国調査　記者クラブの便宜利益供与一覧表」のうち主なクラブと中国地方の記者クラブへの便宜利益供与総額は、別表の通りである。

クラブ費用返還請求訴訟　「記者クラブの便宜利益供与一覧表」に載っている京都の府政記者クラブと市政記者クラブへの便宜供与に対して、京都市伏見区、農業、藤田孝夫が 90 年 4 月、府知事を被告として、また、92 年 6 月、市長を被告として費用返還請求訴訟を起こした。府知事には、府政記者クラブに供与した記者室の電話料金、クラブ職員人件費、記者室使用料約 859 万円の損害を府に支払えと訴えた。市長には、市政記者クラブに供与した記者室電話料金、会食費など約 294 万円の損害を市に支払えという訴訟を提起した。京都地裁は、府知事に対する訴訟、ついで 92 年 2 月、市長への訴訟には 95 年 4 月それぞれ請求を棄却した。「ジャーナリストの倫理違反等の当不当の問題が生ずることは別にして、京都府・市の府・市政担当者と府・市政記者との間に全く緊張関係が失われ、府・市政記者が自主的な取材活動をしなくなり、京都府・市民の知る権利が侵害されている」との事実まで認めることはできない、というのが棄却理由である。

弁護士の岡部は「『記者クラブ』制度と知る権利」で、この訴訟を評価した。「府庁舎や市庁舎の一部を報道機関の専用記者室として使用を許してきた歴史的経過があるにしても、あらためてかんがえるならば、私的企業に公的財産を無償で使用を許すということが果たして妥当であろうかという疑問を禁じ得ない」[18]。日弁連人権擁護委員会編『人権と報道』も「便宜供与に関する裁判例」として取り上げ、「この訴訟は、報道機関に対して改めて記者クラブの便宜供与問題を考えさせるきっかけとなった」と評価した。

中央官庁	記者クラブ名	加盟社数	供与総額(円)	1社当たり総額(円)
大蔵省	財政研究会	29	184,461,639	6,361,436
	財政クラブ	33	48,990,308	626,995
首相官邸	永田クラブ	97	166,562,855	1,717,142
宮内庁	宮内庁記者会	27	91,755,912	3,398,367
防衛庁	防衛記者会	51	38,495,939	1,132,234
農林水産省	農政クラブ	53	90,154,633	1,701,031
通商産業省	通産記者会	51	243,994,467	4,784,205
建設省	建設クラブ	52	104,059,385	2,001,142
	建設省専門誌記者会	32	34,439,699	1,076,240
外務省	霞クラブ	52	168,321,410	3,236,950
(以下略)				
26省庁合計			2,797,274,199	

都道府県				
東京都	有楽クラブ	7	157,897,740	22,556,740
	鍛冶橋クラブ	15	146,103,834	9,740,256
京都府	府政記者クラブ	13	15,928,094	1,225,238
大阪府	大阪府政記者会	24	34,340,306	1,430,846
鳥取県	鳥取県政記者会	15	8,553,527	570,235
島根県	島根県政記者会	14	12,045,936	860,424
岡山県	岡山県政記者クラブ	17	16,843,954	990,821
広島県	広島県政記者クラブ	——	18,894,948	——
山口県	県政記者クラブ	14	21,426,146	1,540,40

政令指定都市				
札幌市	札幌市政記者クラブ	21	27,570,800	1,312,895
横浜市	横浜市政記者会	14	27,757,064	1,982,647
名古屋市	名古屋市政記者クラブ	16	44,214,170	2,763,386
京都市	京都市政記者クラブ	12	15,123,946	1,260,329
大阪市	大阪市政記者クラブ	24	40,676,722	1,694,838
広島市	広島市政記者クラブ	17	37,256,538	2,191,561
福岡市	福岡市政記者会	15	22,367,356	1,491,157

VI. 情報カルテル・記者クラブ

各種団体

日本共産党	共産党記者クラブ	16	6,994,828	437,177
日本銀行	金融記者クラブ	17	72,781,242	4,281,250
経済団体連合会	財界記者クラブ	16	38,646,667	2,415,417
中国電力	中電記者クラブ	19	6,965,004	366,579

「新聞」の姿勢を問う　　京都府・市政記者クラブへの便宜供与に関する裁判以後も、各記者クラブに対する便宜利益供与は続けられた。新聞業界側からすれば、原寿雄が指摘するように「新聞、放送業界にとっての効用がある」からだろう。

　新聞産業の規模は、大きくない。新聞協会のまとめによると、協会加盟42社の99年の総収入は2兆441億円、総費用1兆9,994億円。新聞産業全体の総収入は、製造業トップのトヨタ自動車の売上の3分の1程度である。新聞業界で最大規模の読売、朝日の売上でさえ4,000〜5,000億円で、他産業のトップ企業に比べると見劣りする。新聞産業も、91年以降の長期不況に伴う広告収入の不振と発行部数の伸び悩みで、総収入は横ばい乃至前年実績を下回っている。この不況期に新聞各社は、経費削減を徹底的に進めてきた。

　岩瀬は、全国800の公的機関を対象に記者クラブに対する便宜利益供与ついてアンケート調査した。回答率66％であったが、総額約111億円ものクラブ運営費が税金等で肩代わりされている、と試算している。経費削減を余儀なくされている新聞産業にとって、無視できない額である。

　記者クラブへの便宜利益供与を調査した岩瀬は、便宜利益供与が経費面の効用にだけあるのではない、それは本質的な問題を提示しているのである、と念を押す。「全試算額に占める什器備品類の試算額の割合は、わずか三パーセントでしかないからだ。さらに言えば、より本質的な問題は試算額にあるのではなく、『新聞』が取材・執筆活動をするにあたって必要不可欠な備品類まで、取材相手に負担させて平気でいるという、その姿勢にこそある」[19]と。

6．記者倶楽部誕生

国会開設を起源に　今や、新聞協会加盟の全国 160 社の取材記者約 12,000 人が配置される 800 余の記者クラブの起源は、1890（明治 23）年秋、帝国議会開設であった。議会開設の筆陣を張った新聞記者の社会的地位は、低かった。「記者は車夫馬丁と全く同じ扱いをうけていた。記者クラブが生まれた当時は、せいぜい建物玄関わきの『供待ち』の部屋しかあてがわれなかった」。開設議会には、全国の新聞 183 社、記者 300 人以上が押しかけた。社会的地位の低い記者連中は、議会当局に議事堂の傍聴席を要求するため、共同戦線を張った。共同戦線参加記者は、議事筆記の作成、記事素材の交換などの取材互助組織をつくったのが記者倶楽部の起こりだ、いわれる[20]。

　時事新報の記者らが呼びかけ、東京朝日新聞、東京日日新聞、郵便報知新聞、都新聞、読売新聞が加わり、議会出入記者団を結成した。間もなく共同新聞記者倶楽部を呼称し、同盟記者倶楽部に改称した。

　記者倶楽部は、大ニュース発生に促されて出来する。帝国議会開設の折りに、第 1 号の同盟記者倶楽部が結成されたのに、次いで 1894（明治 27）年の日清戦争開戦から 1904〜05（明治 37〜38）年の日露戦争時をはさんで明治 40 年代にかけて、現在まで存続している記者倶楽部が結成された。

日清・日露戦の報道管理　日清戦争時には、外務省の霞倶楽部、海軍省の潮沫会、陸軍省・参謀本部の北斗会が設けられた。潮沫会は日露戦争後、黒潮会に改称し、第 2 次大戦中は花形記者倶楽部の呼び声が高かった。農商務省の朶女倶楽部、司法省の司法記者倶楽部、内務省の大手倶楽部、警視庁の丸の内倶楽部、文部省の竹橋倶楽部、鉄道院の鉄道研究会が相次いで誕生した。日清戦争時、東京だけではなく広島など地方にも軍事拠点が設けられ、にわかに取材拠点になったが、記者倶楽部は設立されなかった。日清戦争に際しては、当時、政論新聞から商業新聞に転換をはかっていた各社が、戦況報道の速報戦を演じた。各社は、競って従軍記者を派遣した。地方紙も加わって従軍記者は、66 社、114 人に上った。しかし、当時の通信事情では、中

国、朝鮮に展開した戦地の局地的戦況の把握や速報性は、軍部の方が新聞社と比較にならないほどすぐれていた。全般的な戦局は、政府・軍部が掌握していた。政府・軍部は、報道統制することも必要であり、速報も戦況も外務省に霞倶楽部、陸軍省・参謀本部に北斗会、海軍省に潮沫会を設けて発表する方式をとった。発表ジャーナリズムの原型である。記者倶楽部の発表記事、従軍記者の戦況通信に対して、陸海軍は厳重な検閲をし、削除される個所が多かった。それにもかかわらず、速報の号外合戦が激烈をきわめ、報道合戦によって各紙の部数は急増した。

臨戦体制で山陽鉄道を広島まで延ばした政府は、戦地の中国、朝鮮と至近距離の師団司令部所在地・広島に94年9月から翌年4月まで大本営を置き、明治天皇がその間、広島に駐在した。広島も東京に次ぐ、戦況報道拠点になり、各社は特派員を送り込んだ。国民新聞の徳富猪一郎（蘇峰）、日本新聞の正岡子規、幸徳秋水も広島特派員であった[21]。

広島が、日清戦争で軍事拠点になった際には、まだ記者倶楽部が設けられなかったが、10年後の日露戦争時には、地方では珍しく記者倶楽部が設立された。

日露戦争に臨んでは、取材側の新聞社、ニュースソースの政府・軍部ともに日清戦争に対応した経験者が、現役で残っていたので、双方要領を得た戦時報道体制をとった。04年2月10日、ロシアに宣戦布告する2日前、小村壽太郎外相は外相官邸で新聞、通信社の代表に日露交渉の経過説明をした。現在では、記者クラブで日常茶飯事と化しているブリーフィング（背景説明）を行って報道管理をはかったのである。開戦後も外務省は霞倶楽部、陸軍省・参謀本部は北斗会、海軍省は潮沫会でそれぞれ公報提供するとともに戦況のブリーフィングを続けた。

広島臨戦記者倶楽部結成　第二軍の基幹師団である第五師団司令部所在地の広島には、日清戦争時同様に東京、大阪の新聞社から特派員や通信員が派遣された。第五師団司令部の記者対応は、東京の政府・軍部の報道担当ほど場慣れしていないし、報道体制も整っていない。取材に協力的でなかった。特派員と地元紙の藝備日日、中国の記者は共同戦線を張って、記者倶

楽部を立ち上げて、「共同一致の歩調をとること」で第五師団司令部の報道姿勢を変えさせようとした。記者倶楽部結成趣意書で、司令部当局の態様をこう指摘した。「我々新聞記者が温厚な態度を取りつつあるにも拘らず冷遇すること殆ど奴隷の如く徒に口を軍機漏洩に借りて近時益々圧迫の度を高め遂に天下に耳目を汚さんとするに至り黙する忍ばざらしむ」[22]。

倶楽部結成の有力メンバーの一人は、中国の主筆の荒川五郎だった。荒川は、代議士兼務の新聞人で、議会開会中は議会の記者倶楽部・同盟新聞記者倶楽部からニュース原稿や論説を広島の本社に送稿していた。記者倶楽部の機能も心得ていた。

在広新聞記者倶楽部の結成式は、04年7月17日、広島市内の春和園で開かれた。参加したのは、地元紙の藝備日日、中国と東京・大阪の日本、東京日日新聞、時事新報、読売新聞、国民新聞、東京朝日新聞、毎日新聞、戦時画報、大阪朝日新聞、大阪毎日新聞、大阪新聞の特派員、通信員。

結成式で次の規約を決めた。

第一条　本倶楽部を在広新聞記者倶楽部と称す。

第二条　本倶楽部は戦時に於ける新聞記者の職責を全うせんが為め共同一致の歩調を取ること。

第三条　本倶楽部は軍事当局者をして新聞記者に対し相当の待遇を為さしめん事を期す。

在広新聞記者倶楽部の結成後、第五師団司令部は、「代議士であった荒川五郎、有田温三ら有力メンバーを中心としており、軍当局はかなり新聞記者への認識を改めた」。

日露戦で記者クラブ原型形成　日清戦争時に比べて、出先の第五師団司令部まで新聞記者対応を改めたように、軍部は報道活動にサービスするかのような態様をとる一方で、日清戦争時より一層厳しい規制をした。宣戦布告と同時に陸海軍ともに軍事外交に関する記事の制限及び検閲に命令を発し、従軍記者心得を公布した[23]。

VI. 情報カルテル・記者クラブ

陸軍従軍記者心得　従軍記者の通信書は高等司令部に於て指示せる将校の検閲を経た後に非ずんば之を発送することを得ず、通信書に暗号又は符号を用ゆることを許さず
海軍従軍記者心得　従軍新聞通信者は艦隊軍隊の指揮者の司令せる将校の検閲を経るに非ざれば軍事に関する一切の文書を発することを許さず

　厳しい報道統制に対抗しようと臨戦記者倶楽部を組織したが、軍当局は統制を緩めなかった。従軍記者だけではなく、内地の記者倶楽部の記事も検閲された。その結果、抹殺された個所が多かった。各社独自に局地戦の従軍記者報道や総括的な戦況報告を掲載することは、不可能な状態におかれた。
　日露戦争時に軍部がとった報道統制方式は、来るべき第2次大戦に際して政府・軍部が体制化した総括的報道統制管理・情報操作の原型を用意した。統制管理は、開戦を機に軍部の機構に設置された記者倶楽部を通じて行われた。いつの時代も戦争の状況は、マスコミが最もほしいニュースである。だが、戦局戦況を握っている軍当局は、都合の悪い情報は軍機として秘匿する。戦時中、あらゆる情報を入手したい新聞記者を強権をもって規制した。その一方、軍部に都合のいいように情報操作しようとした。そのため、新聞記者を軍部の機構内に取り込める記者倶楽部を設けて、発表やブリフィーングを使って一括管理した。発表に基づいて書かれた原稿も検閲した。それでも、通信手段が不備だった当時、一刻を争う号外合戦を勝つためには、東京本社と至近距離にある陸海軍省の記者倶楽部での発表が、最短の時間で入手できる情報源であった。
　明治末、政府・軍部が行なう記者倶楽部発表に依存した報道姿勢は、ニュースの主要供給源を記者クラブとするDNAを形づくった。

権力の至近距離に移動　陸海軍省は、軍機保持を理由に、報道規制をはかったが、明治時代の省庁で最も秘密主義の姿勢を崩さなかったのは宮内省であった。その宮内省が、坂下倶楽部を省内に常駐させることを認めたのは、明治の終焉がきっかけだった。12（明治45）年7月30日、明治天皇が逝去。

天皇逝去に関する報道によって、新聞の影響力を改めて認識させ、坂下倶楽部（宮内省記者倶楽部）が秘密主義に凝り固まっていた宮内省に居を構えることができた[24]。権力とメディアの力関係から記者クラブの形成過程をみると、力の弱い新聞が一致団結して、権力から情報を引き出す情報公開の機関として生まれ、権力の動向を監視する機関として育ったのが記者クラブである。宮内省記者倶楽部は、欽定憲法権力体制で天皇のすまいの至近距離から、その最高権力者を監視する足場を確保したという象徴的な意義があったといえよう。

　「権力・官庁側からみると、当初は知らしむべからずで新聞を拒否していたが、次第に報道の威力に押され、新聞への恐れから譲歩し、出入りの記者連中を一本化して管理できるし、広報活動まとめて行うことができるというメリットを計算して、記者クラブを受け入れ、各庁舎の中にそれが誕生することになったものと思われる。記者クラブが生まれた当時は、せいぜい建物玄関わきの『供待ち』の部屋しかあてがわれなかった。（中略）新聞と新聞記者の社会的地位が上がるにつれて、記者クラブの場所は建物の隅っこの方から、より権力者に近い中心部の場所に次第に、移動していく。権力とメディアの力関係を象徴している」[25]。

　権力者が記者倶楽部を権力に近い中心部の場所に引き寄せたのは、1898（明治31）年7月に成立した大隈重信内閣の首相である。大隈は、首相官邸内に記者倶楽部専用の建物・記者室を初めて新築した。歴代内閣で、首相共同記者会見を始めたのも大隈である。この首相共同記者会見は、大隈首相以来100年以上たった現在までも官邸記者クラブ（内閣記者会）の慣行として引き継がれている。

　大隈は大隈内閣前の松方正義、伊藤博文の両内閣が、倒閣した原因に学んだ。倒閣は新聞の政府批判攻撃によるところが大きいとみてとった。前者の轍を踏まないため、新聞記者に接近し、排除するより取り込む策をとったのである。

　明治末には、政府・各省庁だけではなく、各政党もシンパとして記者倶楽部を構えはじめた。国民党が1907（明治40）年につくった国民倶楽部が、政

党記者倶楽部の先駆け。次いで政友会に十日会ができた。

大正時代、記者クラブ多様化　政府・各省庁の主要記者倶楽部は、明治末までに出そろった。大正時代は、新聞の隆盛期だった。明治の自由民権運動と並んで、大正デモクラシーは民主主義をめざす国民運動となり、多くの新聞は言論機関としての機能を発揮した。一方、商業新聞としても、23（大正12）年9月の関東大震災は、東京新聞界に地殻変動をもたらした。震災で打撃を被った萬朝報、やまと、二六、中央は経営不振に陥り、替わって大阪資本の東京朝日、東京日日が飛躍的に東京市場に進出し、新聞界の寡占化傾向を強めた。東京と大阪に拠点を固めた朝日、東京日日・大阪毎日は地方版を拡充して、地方市場進出をはかった。商業新聞としての競争によって社会報道が重要視され、社会部は明治時代の警察中心の取材から政治、経済問題、それに大正時代に急速に発展した労働、婦人、思想のジャンルに取材対象が広がった。取材範囲の拡大に伴って、各官庁に社会部の記者倶楽部も設けられた。太平洋戦争時の戦時新聞統制による記者倶楽部整理統合以前には、東京には80以上も記者倶楽部があった。

　地方でも東京・大阪紙が進出し、地方紙との取材競争場の県庁、市役所、陸軍師司令部、海軍・鎮守府などに東京の記者倶楽部をモデルにした記者倶楽部が設けられるようになった。

7．大本営発表

情報局、新聞連盟設立要求　第2次近衛内閣は太平戦争開戦1年前の40年7月、内閣情報局制を公布した。情報局は新聞界に近衛内閣主導の大政翼賛会創立に協賛した形で、一元的統制機構を設けることを要求した。国策通信社の同盟・古野伊之助が呼びかけて、朝日・緒方竹虎、毎日・高石真五郎、読売・正力松太郎の全国紙3社代表が要求について協議した。その結果、41年5月、社団法人日本新聞連盟が設立。新聞連盟は、自主統制することで、政府による統制を回避しようと謀った。この方策に対して、同盟が介入し、情報局が参入した。連盟の参与理事として、情報局次長、同局第二部長、内

務省警保局長が乗り込んだ。理事長に中外商業社長・田中都吉、新聞14社から理事・監事が就いた。実質的に情報局出向の官僚組が新聞統制に当たった。110社が連盟に加入。連盟が情報局に代行して、新聞用紙割り当て、活字規格統制、販売店の統一などを行った。それに、記者クラブの整理統合にも乗り出した。

東条英機内閣は、大戦開戦直前の41年11月28日、「新聞の戦時体制化に関する件」を閣議決定した。相次いで、開戦5日後の12月13日、政府は新聞事業令を公布した。新聞事業のすべてを政府が掌握するという法令である[27)28)]。

「記者会規約」策定
「記者資格制」　新聞連盟は閣議決定を受けて、記者倶楽部を統制するため、「記者会規約」を策定した。

規約は、一省庁一記者倶楽部を原則とした。それまで倶楽部加入は、個人が主流であったが、新聞社・通信社単位での加入に改められた。中央省庁では、倶楽部員となるのは有力社10社、1社4人以内という基準を設けた[29)]。

新聞連盟は設立9カ月後の42年2月に解消。連盟理事会に政府系参与理事が新聞統合を議題として提出した。朝日、毎日、読売の3社が反対した。理事会は紛糾した挙げ句、新聞統合案を撤回する条件で妥協した。そこで、情報局は新聞界が自主的に新聞統合をする形の設けようと謀り、新聞連盟を解消、それに換えて日本新聞会を創立するように事を運んだ。情報局は、全国の有力新聞社104社を新聞会の有資格会員に指定した。会長に新聞連盟理事長の中外商業社長・田中都吉が就任、各新聞社から評議員、委員を送り込んだが、情報局と内務省からも部長、課長職に出向した[30)]。

記者会規約の運用管理は新聞連盟から新聞会に引き継がれた。新聞会は42年3月、記者会の会員となる記者規程を定めた。規程には、「記者会の会員である新聞社、通信社は、新聞会登録記者以外は記者として使用できない」と、登録記者の資格制度を設定した。

その資格は、「国体に関する観念を明徴にし記者の国家的使命を明確に把握し且常に品位を保持し公正廉直の者、高等専門学校以上の卒業者又は必要なる知識経験ありと認むる者」。記者資格銓衡委員会が資格条件に照らして審査

し、合格者だけを記者として登録する制度を実施した。44年8月現在で、56社から登録申請9,181人、登録8,051人。審査で適格とされても、思想事件の前歴があり、非転向者など39人は、内務省の個人調査で登録保留となった[31]。

記者室入室は登録記者限り　情報局は、記者登録制を記者室管理に使った。情報局は、記者室を設け、各省の会見発表をその記者室で一方的に行い、記者室に出入りできる記者を「情報局においてとくに許可を与えたる記者のみ」と制限した。現在でも、記者室のドアに「関係社以外の入室を禁じます」という貼り紙のある記者室がみられる。情報局の入室制限は、その原型といえる。

新聞会が記者登録制を実施し、情報局が記者室の入室制限する以前の記者倶楽部は、倶楽部自治体制だった。倶楽部員は「本社の意向にかかわらず、それぞれが現場で自由に決め、取材源に対抗するのに有効であれば、本社の指令を待たず現場で取材協定を結び、ときには不発表ニュースの入手まで敢行したものである。そこには、"悪徳記者"が紛れこむ弊害もあったが、強い自主権が実態として存在していた」[32]。

日本新聞会登録記者だけが、情報局が各省に設置した記者室に入室許可される掟が布かれると、各記者倶楽部の自治的運営や倶楽部主導の会見も否定された。日本新聞会は、記者倶楽部の現場での協定や会費の決定を一切禁止した。記者会規約には、「記事写真の協定並びに本会内の申合に違反したる場合」は、「日本新聞会に申告し、戒告・出入停止・除名・記者登録の取消しの処分」を行うこととしていた[33]。

「こうした仕組みが地方、民間機関にも準用され、登録記者のうち各取材源機関から認められた記者だけがそこでただ発表を待つという、戦時言論統制下の取材様式ができあがった」。今でいう発表ジャーナリズムの起源である。

戦果発表6倍、損害5分の1　代表的な「発表」は、戦局の「大本営発表」であった。第2次大戦（太平洋戦争）開戦の41年12月8日の第1回から終戦の3年8カ月にわたって909回発表した。37年11月20日の大本営設置の伴って、大本営陸・海軍部が設けられた。第2次近衛内閣は、政府情報の一

元化を打ち出して、40年12月に内閣情報局を設置した。開戦後、天皇直属の大本営と首相管理の情報局とで不協和音を生ずるようになった。42年11月、「純軍事関係の報道宣伝」は、大本営陸・海軍部が管掌するものとされた。大本営発表は、開戦から連戦連勝の5カ月間は正確であった。42年6月5日から7日にわたるミッドウェー海戦の敗戦以来虚偽の発表が行われるようになった。戦果の誇張率は平均6倍、損害は5分の1に発表[34]。大本営担当記者は発表通り書き続けることを余儀なくされた。

緒方朝日新聞副社長が情報局総裁 連敗つづきの44年7月18日、東条内閣が総辞職、22日に小磯国昭内閣が成立。小磯首相は、東京朝日新聞副社長元主筆・緒方竹虎を国務相兼情報局総裁に据えた。首相から言論政策を一任された緒方総裁は、同年9月20日、全国有力新聞編集責任者会合で「言論暢達」を打ち出した。「政府の発表でも、時局に添わぬもの、新聞にのせるにふさわしくないものは、遠慮なしに削ってもらいたい」と述べた。緒方は、軍部などの言論統制、指導を一元的に情報局で行い、新聞人の創意を生かして国策への協力を求める方針であった。また、緒方総裁は、日本新聞会を解散させて、編集面の統制を和らげようとした。

緒方の意向にも拘らず、軍部は戦局の悪化につれて、直接新聞に介入、圧迫を強めた。緒方情報局総裁の陸海軍報道部を情報局に合併する方針も阻まれ、小磯首相が設けた政戦両略吻合調整を目的にした最高戦争指導会議にも出席できず、情報局は新聞統制の機能を失っていた。記者室管理、記者登録を管掌した新聞会を解消したが、軍部は編集関係の統制だけは情報局で行うことにして、45年3月1日、新聞公社を創設して、新聞用紙の配給、資財の調整、記者登録を一括統括することにした。

広島「原爆投下」を大本営発表 小磯内閣は、日中和平工作の失敗、戦争指導機構改組も失敗して45年4月5日総辞職。緒方も言論暢達政策の成果を上げぬまま情報局総裁を去った[35]。同月7日成立した鈴木貫太郎内閣の情報局総裁に、東京朝日新聞副社長、日本放送協会会長を歴任した下村宏（海南）が就いた。鈴木内閣は、迫りくる本土決戦に備えて、大本営陸・海軍部の報道部への一本化、さらに情報局と大本営報道部の実質的一体化の改組

した。終戦準備段階に至って、やっと情報局は、戦局情報統制システムの集約化、自律性をもちかけた。

　相次ぐ東京空襲、全国各地がアメリカ空軍の爆撃で焼失しても、大本営発表は「損害軽微」を繰り返していた。下村総裁は、戦局情報の部分的開示を行った。神社仏閣の被災情報が解禁された。大本営が初めて「相当の被害が生じた」と発表したのは、45年8月7日15時30分。「一、昨八月六日広島市は敵B29少数機の攻撃機の攻撃により相当の被害を生じたり。二、敵は右攻撃に新型爆弾を使用せるものごときも詳細目下調査中なり」。各紙は、8日付紙面に載せた。紙面の少ない当時、トップの見出しは通常3段扱いだったのに、広島に新型爆弾（原爆）投下の短文の大本営発表を朝日など全国紙は4段で報じた。本社屋が壊滅した広島の地元紙・中国は、発行不能。大阪と九州の朝毎西部本社、西日本新聞社、松江の島根新聞社に使者を派遣して代行印刷を依頼した。4社から9日付け中国新聞合計262,000部が広島駅に送られ、駅で仕分けして配布した[36)37)]。

　小磯、鈴木両内閣以降、情報局は、陸海軍に対して主体性を徐々に獲得していた。アメリカ空軍の広島、長崎への原爆投下について、内閣情報局はじめ政府内で、原子爆弾の使用を国内外に発表することが検討された。対外的には、その非人道性を訴える。国民には、「戦争遂行に新たなる覚悟」を求めるという狙いであった。軍部は、国内向け発表は、国民の士気の低下招く、と反対したため実現しなかった。一方、対外放送では、原爆投下を発表した。原子爆弾使用という歴史的事実は、終戦の翌日16日になって、やっと紙面にに載った。15日正午。昭和天皇の終戦の玉音放送が流された。戦時中、毎日行われた大本営の戦況発表同様、速報性では、新聞は放送にかなわなかったが、放送出力の低下や玉音が文語でよく聞き取れなかった国民は翌16日の新聞紙面で終戦を確認した。

戦時体制引きずる現記者クラブ　『日本の近代　メディアと権力』[38)]の著者・佐々木隆は、第2次大戦時の記者会（倶楽部）制度と現在の記者クラブの在り方を、次のように秤量する。

　①「日本の政治・経済・社会のシステムが戦時体制をひきずっているとは

新聞がよく指摘することだが、それは新聞界も例外ではないのである。
② 新聞会を当該官庁・記者クラブに置き換えると、現在、記者クラブの相互規制・排他性とされるものとことごとく符号する。
③ 施設の無料利用、消耗品の無償提供など取材対象からの便宜供与の常態化などの弊害を指摘されている。こうした慣習は数十年をかけて形成されてきたものだが、それを制度化・統一化したのは戦時体制である。

8．変身、倶楽部がクラブに

GHQ、マスコミ直接管理　第二次大戦の終戦、新聞を含めてマス・コミュニケーションの世界は、一見一変した。日本を6年7カ月占領した連合軍のマスコミ政策は、基本的にはマスコミを通じて、日本の民主化をはかることにあった。しかし、事実上占領管理に当たったアメリカ主体の連合軍最高司令部（GHQ）のマスコミ政策は、日本の軍部に代わって新たな統制を加えたに過ぎなかった。GHQの占領政策は、全般にわたって間接管理方式をとったが、マスコミに対しては例外的に日本政府の関与を許さず、直接管理方式をとった。

軍政を布いた2日後、45年9月10日、「言論および新聞の自由に関する覚書」が出され、その後2カ月間にプレス・コードなど7件の覚書が次々に発せられた。これにより新聞、放送の検閲が始まり、同時に占領軍の動静批判、占領政策の妨げになる報道は禁止された。戦時中、日本政府が公布した国家総動員法、新聞紙法、新聞事業令などマスコミ取締法令を全部廃止した。

次いで、9月27日、日本新聞連盟→日本新聞会→日本新聞公社と改組した官制新聞統制機関の新聞公社を解散させた。新たに自治的共同機関の日本新聞連盟が発足した。この新聞連盟は46年10月、新聞共販連盟に改組した。同年末、内閣情報局が行政改革によって解散し、戦時中5年間にわたって言論統制に当たった日本政府の機関は消滅した[39]。これに代わって、46年5月、GHQ民間情報教育局長ダイク代将が各新聞・通信社代表を集めて、マッカーサー連合軍司令官のメッセージを伝えた。「日本新聞界が自発的には一つの連

合団体を組織し、すみやかに新聞倫理基準を確立することを望む」という実質的な司令官命令である。

新聞協会を設立　6月27日、全国紙・通信社・主要地方紙12社で結成準備会を開き、7月23日社団法人日本新聞協会を創立した。同日制定した定款で、目的（第4条）を「全国新聞、通信、放送の倫理水準を向上し、共通の利益を擁護すること」とした。会員（第6条）は、「新聞倫理綱領を守ることを約束する新聞、通信および放送事業を行なう者で、別に定める定款細則所定の入会手続きを経て、理事会が承認した者とする」と定めた。

創立時の会員は新聞180社、通信12社、放送1社。戦時統合整理で55社に減っていた新聞社は、GHQの新興紙発刊奨励策に促され、新興紙が急増していた。新聞倫理綱領の前文で、綱領を貫く精神として「自由、責任、公正、気品」を謳った。「日本を民主的平和国家として再建するに当たり、新聞に課せられた使命はまことに重大である。これをもっともすみやかに、かつ効果的に達成するためには、新聞は高い倫理水準を保ち、職業の権威を高め、その機能を完全に発揮しなければならない。この自覚に基づき、全国の民主主義的日刊新聞社は経営の大小に論なく、親しくあい集まって日本新聞協会を設立し、その指導精神として『新聞倫理綱領』を定め、これを実践するため誠意をもって努力することを誓った。そして本綱領を貫く精神、すなわち自由、責任、公正、気品などは、記者の言動を律する基準となるばかりでなく、新聞に関係する従業者全体に対しても、ひとしく推奨さるべきものと信ずる」[40]。

記者クラブは「親睦団体」　GHQは、「新聞倫理綱領」の自由、公正に依って、記者倶楽部の解散を求めてきた。GHQ新聞課長のインボデン少佐は、戦前戦中の新聞統制で、その末端機関として重要な役割を担った官制記者倶楽部（新聞会）の存在を明確に否定した。戦中、記者倶楽部から締め出された地方紙が加入を要求していた事情もあり、「報道の自由」を守るために、報道機関に取材の自由のすべてを保障することを原則とするよう指示した。

会員の「共通の利益を擁護する」新聞協会は、49年10月26日、「記者クラブに関する新聞協会の方針」とする戦後版の記者クラブの定義を明らかにした。

「記者クラブは各公共機関に配属された記者の有志が相集まり、親睦社交を目的として組織するものとし、取材上の問題には一切関与せぬこととする」と規定してみせた。記者クラブの性格には、取材機関と親睦団体の両面を備えている。新聞協会は、そのうち「親睦団体」の面だけを取り上げ、わざわざ「取材上の問題には一切関与せぬこととする」と取材機関の面をカット。この申し訳で、インボデン少佐の矛先を躱した。

　ところが、この時期、冷戦構造が顕になっていた。48年、ベルリン封鎖。49年、中華人民共和国、ドイツ民主共和国成立。「"Kisha-Kurabu"は日本と韓国にしかないユニークな制度で、日本帝国主義による治安維持法下で今日の形になった。敗戦後、米国は反共政策の要として天皇制と記者クラブ体制を残した」[41]。冷戦政策の一環として、記者「倶楽部」を「クラブ」に書き換えて、存続を謀った、というのだ。

「親睦」と「取材」の両面容認　52年4月28日、対日平和条約発効、GHQの占領期新聞規制は終わった。GHQ対策上、親睦団体と割り切っていた「記者クラブに関する新聞協会の方針」と取材現場・記者クラブの現実と矛盾が露呈した。記者クラブと取材源機関との間で、紳士協定や黒板協定といった取材・報道を制限・規制するカルテル的行為が続出した。新聞協会は、62年7月17日、「記者クラブの協定に関する方針」を出して、記者クラブの性格を修正した。

　修正した方針は、「記者クラブだけの協定は、これを認めない。各社の幹部がその必要を認め、これが各社の協定とならぬ限り、報道の出先だけの協定を認めることはできない」というものである。その理由は、「本来、親睦機関である記者クラブが協定という名のもとに報道制限を行うことは取材活動自由の原則に反する」である。

　49年の「記者クラブは親睦団体」とした「新聞協会の方針」のタテマエは残しながら、「取材上の問題には一切関与せぬ」という規定からは逸脱した。記者クラブの実態である取材機関と親睦団体の両面を容認してしまった。各社間協定による記者クラブ協定は、いわば、協調的寡占の情報カルテル化である。62年の「記者クラブ協定方針」が定められてから各社間協定のクラブ

協定がふえた。新聞協会でも、記者クラブは、取材機関か親睦団体かをめぐって議論がつづけられた。

取材の調整的機能　78年10月14日、「記者クラブに関する日本新聞協会編集委員会の見解」で、現状を追認して「取材機関」の性格を打ち出した。78年の「見解」は、それ以降の記者クラブの指針とされた。

見解は、冒頭で「記者クラブは各公共機関を取材する報道各社の有志が、所属各社の編集責任者の承認を得て組織するもので、その目的はこれを構成する記者が、日常の取材活動を通じて相互の啓発と親睦をはかることにある」と目的を定めた。49年の「方針」の「親睦と社交」が「啓発と親睦」に変えられた。以下の項目では、49年の「方針」では、書き込まれていなかった取材・報道の調整的機能を認め、さらに統制的性格を打ち出した。

①取材活動の円滑化をはかるため若干の調整的な役割を果たすが、この調整的機能が拡大、乱用されないように注意する。

②調整機能のひとつであるニュース協定については各社間協定以外の出先だけの協定は認めない。

③取材源である各公共機関は取材活動を行うあらゆるメディアの記者に対して正確な情報を提供する責務がある。記者クラブはクラブ加盟社以外の報道機関と当該取材源との間での取材上の問題について影響力を行使する立場のにはない。

④同行取材についてのクラブ加盟社以外の同行の希望は、認めるのが望ましい。

⑤外国特派員の取材については、公式記者会見には参加を認めるべきなどの便宜をはかるべきである。

⑥取材源からのいかなる形においても特別の便宜供与を受けてはならない。

78年の「見解」は、終戦直後の46年、GHQの実質的な命令で新聞協会を創立した当メディアを取り巻く社会的環境が大きく変化してきことによって記者クラブの在り方が問われ、その結果、修正せざるを得なかったといえよう。新聞協会創立に際して、制定した「新聞倫理綱領」には、新聞の指導・

責任を、こう定めていた。「新聞が他の企業と区別されるゆえんは、その報道、評論が公衆の多大の影響を与えるからである。公衆はもっぱら新聞紙によって事件および問題の真相を知り、これを判断する」。

時代の変化に合わせ修正　46年当時、新聞は夕刊はなく、朝刊2ページのペラだった。それでも新聞がメディアの世界を独占していた。60年代から70年代前半、経済高度成長・高度情報化時代期を迎えて、メディアが多様化してきた。活字メディアも週刊誌、月刊誌、スポーツ紙が次々に誕生した。オールカラー化したテレビの普及に対して、新聞の普及の伸びは低下傾向で、広告収入もテレビに抜かれ、新聞はマスコミの首座をテレビに譲りかけていた。外国の報道機関も増大し、記者クラブ加入の申し入れが相次いだ。読者・視聴者としての国民も情報公開、知る権利の拡大を求め、国民のメディアを見る目も厳しさを増してきた。メディアをめぐる時代環境が変化したなかで、新聞記者を主導する「取材装置としての記者クラブだけが従来のままで許されるはずがない」[42]。

新聞協会は、78年の「見解」で記者クラブの性格を、それまで「親睦団体」から「取材機関」でもあると実態に合うように改めた。それと同時に、記者クラブの統制と倫理についても指導方針を示した。現場の記者クラブでは、「見解」は徹底せず、「従来のまの取材装置でありつづけた「記者クラブに対する風圧が次第に高まった」。

「クラブ見解」修正を修正　新聞労連と学者・ジャーナリストで構成する現代ジャーナリズム研究会は96年10月、新聞協会が「方針」「見解」を次々に修正せざるを得ない問題点を検証した。その結果、次の4つの問題点を指摘した[43]。

①閉鎖性　ある週刊誌が官庁のスポークスマンに定例記者会見出席を要請したが、拒否された。記者クラブは、一部の報道機関と官庁の黙契による報道自由独占の場なのか。

②発表ジャーナリズム・官庁情報垂れ流し　記者クラブの本質は取材・報道カルテルであり、官庁の報道コントロールの重要な手段になっている。

③取材源の便宜供与　部屋の無償供与や職員人件費など維持管理負担に対

する批判がある。都道府県、政令都市、市役所、地方議会にアンケートした結果、税金で賄われるマスコミ接待にも批判があった。

④公権力監視機能　記者クラブが展開する「公権力監視機能」論については、公権力の監視は記者が個々に展開すべきであり、取材や報道で報道機関が手を組む必要はない。報道の本質は取材相手と個々の記者がどのように向かい合うかに依存する。

新聞協会編集委員会は、85年9月3日、次いで93年6月10日に、78年の「見解」を修正した。閉鎖性＝クラブ加盟社以外のメディアとの関係、便宜供与などについて、念を押した修正を加えた。

①記者クラブ所属記者は、当該クラブに加盟する他社の自由な取材、報道活動を尊重し、その行動を阻害もしくは規制するかのような協定、申し合わせを行うべきではない。

②取材源である各公共機関は加盟社であると否とにかかわらず、あらゆるメディアの記者に正確な情報を提供するのがその責務であり、記者クラブは加盟社以外の報道機関と当該取材源の取材上の問題について、影響力を行使する立場にない。

③各公共機関が記者室に什器、備品などを備えて行っている便宜供与は、公共機関を常時取材する記者に対するもので、組織へのものではない。

記者クラブ問題は、これで解決したわけではない。新聞協会編集委員会は97年にも「見解」を修正、さらに02年その修正に修正を重ねた。記者クラブは、痼疾を抱えている。

---

1) 日本弁護士連合会人権擁護委員会編『人権と報道』(00年、明石書店) 20ジー。
2) 柴山哲也『日本型メディア・システムの崩壊』(97年、柏書房) 104ジー。
3) 日本新聞協会『新聞研究』(98年3月号、日本新聞協会)のうち「座談会　どう位置づけ、どう活用するか―記者クラブに関する新見解をまとめて」104ジー。
4) 日本新聞労働組合連合新聞研究部編『提言　記者クラブ改革』(94年、日本新聞労働組合連合) 8〜11ジー。
5) 日本新聞協会『日本新聞年鑑 '00/'01年版』(00年、電通)「記者クラブに関する

日本新聞協会編集委員会の見解」参照、10～13ページ。

6) 現代ジャーナリズム研究会・編『新聞報道［検証］SERIES 記者クラブ』（96年、柏書房）のうち「前坂俊之『記者クラブの歴史と問題点 その改革』」参照、143ページ。

7) 前掲日本新聞協会『日本新聞年鑑 '00/'01年版』10～13ページ。

8) 前掲現代ジャーナリズム研究会・編『新聞報道［検証］SERIES 記者クラブ』160～163ページ。

9) プレスネットワーク94編著『現役記者5人が書いた新聞のウラもオモテもわかる本』（94年、かんき出版）50ページ。

10)「省庁再編で矛盾を再びさらけ出した 官僚もあざ笑う記者クラブの権益争い」参照、116～117ページ。『THEMIS』（01年3月号）

11) 岩瀬達哉『新聞が面白くない理由』（98年、講談社）43～48ページ。

12) 前掲現代ジャーナリズム研究会・編『新聞報道［検証］SERIES 記者クラブ』のうち「前坂俊之『記者クラブの歴史と問題点 その改革』」148ページ。

13) 前掲瀬達哉『新聞が面白くない理由』107ページ。

14)「新聞堕落の元凶記者くらぶ改革ならず」前掲『THEMIS』（00年6月号）106ページ。

15) 前掲日本新聞労働組合連合新聞研究部編『提言 記者クラブ改革』22～23ページ。

16) 前掲プレスネットワーク94編著『現役記者5人が書いた新聞のウラもオモテもわかる本』52ページ。

17) 前掲日本弁護士連合会人権擁護委員会編『人権と報道』23ページ。

18) 前掲岡部保男『自由と正義』（00年3月号）のうち「『記者クラブ』制度と知る権利」104～105ページ。

19) 前掲岩瀬達哉『新聞が面白くない理由』95～96ページ。

20) 前掲現代ジャーナリズム研究会・編『新聞報道［検証］SERIES 記者クラブ』のうち「前坂俊之『記者クラブの歴史と問題点 その改革』」140～141ページ。

21) 中国新聞社史編纂委員会『中国新聞社80年史』（72年、中国新聞社）参照、51ページ。

22) 前掲中国新聞社史編纂委員会『中国新聞社80年史』63～64ページ。

23) 佐々木隆『日本の近代14 メディアと権力』（99年、中央公論）221ページ。

24) 前掲現代ジャーナリズム研究会・編『新聞報道［検証］SERIES 記者クラブ』のうち「前坂俊之『記者クラブの歴史と問題点 その改革』」141ページ。

25) 前掲現代ジャーナリズム研究会・編『新聞報道［検証］SERIES 記者クラブ』のうち「前坂俊之『記者クラブの歴史と問題点 その改革』」141～142ページ。

26) 山本文雄編著『日本マス・コミュニケーション史［増補］』（93年、東海大学出版会）126～127ページ。

27) 前掲山本文雄編著『日本マス・コミュニケーション史［増補］』参照、126～127

Ⅵ. 情報カルテル・記者クラブ

28) 朝日新聞百年史編修委員会『朝日社史 大正・昭和戦前編』(91年、朝日新聞社) 参照、565～571ページ。
29) 前掲朝日新聞百年史編修委員会『朝日社史 大正・昭和戦前編』参照、587ページ。
30) 読売新聞100年史編集委員会『読売新聞100年史』(76年、読売新聞社) 参照、435～438ページ。
31) 前掲朝日新聞百年史編修委員会『朝日社史 大正・昭和戦前編』601～602ページ。
32) 桂敬一『現代の新聞』(90年、岩波新書) 34～35ページ。
33) 前掲佐々木隆『日本の近代14 メディアと権力』373ページ。
34) 前掲山本文雄編著『日本マス・コミュニケーション史［増補］』198ページ。
35) 前掲朝日新聞百年史編修委員会『朝日社史 大正・昭和戦前編』参照、627～629ページ。
36) 前掲朝日新聞百年史編修委員会『朝日社史 大正・昭和戦前編』参照、641ページ。
37) 前掲中国新聞社史編纂委員会『中国新聞社80年史』参照、195～196ページ。
38) 前掲佐々木隆『日本の近代14 メディアと権力』399ページ。
39) 前掲山本文雄編著『日本マス・コミュニケーション史［増補］』227ページ。
40) 前掲中国新聞社史編纂委員会『中国新聞社80年史』参照、185～187ページ。
41) 浅野健一『日本新聞協会・記者クラブ新見解の限界 記者クラブはやはり［解体］するしかない！』(「創」02年3月号) 121ページ。
42) 前掲現代ジャーナリズム研究会・編『新聞報道［検証］SERIES 記者クラブ』のうち「前坂俊之『記者クラブの歴史そ問題点 その改革』」146ページ。
43) 前掲現代ジャーナリズム研究会・編『新聞報道［検証］SERIES 記者クラブ』のうち「山室寛之『体験的記者クラブ必要論』」52ページ。

Ⅶ. 脱・記者クラブ

1.「『脱・記者クラブ』宣言」黙殺

県政記者「記者室」退去予告　長野県紙・信濃毎日新聞は、01年5月15日付朝刊で「県の記者クラブに退去要請　知事定例会見は県主催」という見出しを付け、次の予告記事を載せた。

　「田中康夫知事が、県政を取材・報道している新聞社、放送局が加盟する『記者クラブ』に対し、夏にも常駐している県庁の記者室からの退去を求める方針を固めたことが十四日、明らかになった。その跡はプレスセンターなどの名称で、記者クラブ加盟以外の雑誌や個人の取材者にも開放、記者会見や資料提供の場にする。
　知事はさらに、記者クラブ主催の定例記者会見を、県主催に切り替える意向。報道機関側が主催していた会見を県主催にすることは、行政側が都合の良い時だけ情報を流すことにもなりかねず、県民の知る権利や公権力と報道の関係をめぐり論議を呼びそうだ。
　方針は近く、記者クラブ側に通告、『メディアが多様化する中、特定の報道機関で構成する記者クラブに光熱費や部屋代を無償で提供することは、県民の理解をえられない』などを理由に掲げるとみられる。
　長野県政に関する記者クラブは、信濃毎日新聞社など日本新聞協会加盟社かこれに準ずる各社でつくる『県政記者クラブ』(十六社)と、『県政専門紙記者クラブ』(七社)『県政記者会』(七社)の三クラブがあり、本庁舎三-一階にそれぞれ記者室がある。
　このうち県政記者クラブは、電話代やコピー代などを各社が負担、県はスペースを提供し、光熱費、クラブ担当職員の人件費を負担している。
　知事の定例会見は現在、三クラブ共催で原則、週一回開いている。ク

ラブ加盟社以外の報道機関の場合、前日までにクラブの幹事社に申し出て、個々に協議し、参加している。　長野県に限らず、国の諸官庁や各都道府県が、記者クラブに記者室を提供。行政の公務を速やか、適確に取材・報道し、定例会見を報道機関側の主催で行うことで、災害情報、などを県民に混乱なく伝えることや、行政のチェック機能も担っている。その一方で、便宜供与の在り方やクラブ加盟社以外の取材者が記者会見に参加しにくいなどの閉鎖性が全国的に論議を呼んでいる。

　　　［県政記者クラブ］日本新聞協会加盟の信濃毎日新聞社など日刊新聞、放送局16社が加盟。県庁3階に記者室がある。広さ約194平方メートル。各社ごとについてで区切り中央に記者会見などを行う共用のソファを置く。県が机、いす、庁内の内線電話などを提供。登録した各社の記者約60人が活用する。県のほか、市民団体や企業の記者会見、資料提供に広く利用されている。」

クラブ改革「長野モデル」に…　信濃毎日が、予告記事を載せた15日、田中知事は、緊急の記者会見を開き、「『脱・記者クラブ』宣言」を発表した。会見には、100人を超える報道陣が詰めかけた。

　宣言は、作家として新聞時評を手がけた田中康夫知事が執筆し、新聞を中心としたメディアに対するこだわりをにじませた公文書らしくない文体である。閉鎖的な記者クラブの問題点を摘出し、記者クラブ制度を見直す先駆けとなった元朝日新聞記者の竹内謙・鎌倉市長が96年、記者クラブへの記者室提供を取り止め、広報メディアセンターを設置した改革より、さらに記者室の公開を拡大しようとする意志を示した。

　「宣言」から、8カ月後の02年1月23日、新聞協会編集委員会はまたまた、「記者クラブに関する新見解」を発表し、その中で「宣言」で見直すことを打ち出した記者室の便宜供与について、「報道側の応分の負担」を明記するなど田中宣言に対応する姿勢をみせた。

VII. 脱・記者クラブ

「『脱・記者クラブ』宣言」[1]

その数、日本列島に八百余とも言われる「記者クラブ」は、和を以て尊しと成す金融界すら"護送船団方式"との決別を余儀なくされた21世紀に至るも、連綿と幅を利かす。

それは本来、新聞社と通信社、放送局を構成員とする任意の親睦組織的側面を保ちながら、時として排他的な権益集団と化す可能性は拭いけれぬ。現に、世の大方の記者会見は記者クラブが主催し、その場に加盟社以外の表現者が出席するのは難しい。

また、日本の新聞社と通信社、放送局が構成員の記者クラブへの便宜供与は、少なからず既得権益化している。

長野県に於いても、例外ではない。県民の共有財産たる県庁舎内の3ケ所に位置する「県政記者クラブ」「県政専門紙記者クラブ」「県政記者会」は、長きに亘って空間を無償で占有してきた。面積は合算で263.49㎡に及ぶ。部屋と駐車場の使用料に留まらず、電気・冷暖房・清掃・ガス・水道・下水道の管理経費、更にはクラブ職員の給与も、全ては県民の血税で賄われてきた。推計での総額は年間1500万円のも上る。これらを見直されねばならぬ。

須く表現活動とは、一人ひとりの個人に立脚すべきなのだ。責任有る言論社会の、それは基本である。

2001年6月末を目途に3つの記者室を撤去し、仮称としての「プレスセンター」を、現在は「県政記者クラブ」が位置する3階の場所に設ける。194.40㎡の空間にはスタッフを常駐させ、コピー、FAX等は実費で承る。テーブル付きの折畳み椅子を数多く用意し、雑誌、ミニコミ、インターネットなどの媒体、更にはフリーランスで表現活動に携わる全ての市民利用可能とする。使用時間等を予約の上、長野県民が会見を行う場としても開放する。更には「ワーキングルーム」として、現在は2階に位置する「県政専門紙記者クラブ」の空間（30.24㎡）にも、同様の椅子を並べる。

平日の10時45分と16時30分の2回、政策秘書室の担当者が「プレ

スリリース」を掲示し、希望者に無料で頒布する。併せて、その場で質疑応答を受け付ける。必要に応じて、関係部課長等も件の会見に出席し、資料説明を行う。知事も又、その範疇に含まれる。

如何なる根拠に基づいてか、記者クラブ主催だった長野県知事の記者会見は今後、県主催とする。

知る得る限り、記者会見を毎週行う都道府県知事は、長野と東京のみである。而して長野県に於いては、往々にして毎回の記者会見に割く時間は1時間以上に亘る。知事室を始めとする県庁内、視察現場等での"ぶら下がり"なる符丁で知られる記者との遣り取りも、拒んだ過去は一度もない。その精神は変わらない。

従来と同じく事前に日時を告知した上で週1回開催する知事会見には、全ての表現者が参加可能とし、質疑応答も行える形式に改める。但し、質問者は氏名を名乗らねばならぬ。前述の「プレスリリース」も同様、会見の内容はホームページ上に掲載する。動画でのアップも導入する。

天変地異を始めとする緊急記者会見の開催通知や資料提供を希望する表現者は、所定の用紙に連絡先等を予め届け出る形を考える。

以上、ここに「『脱・記者クラブ』宣言」を発表する。

今回の宣言が、県民の知る権利に更に拡充する上での新たな「長野モデル」の一つとなる事を切に願う。

更なる詳細は、全ての表現者との開かれた話し合いを踏まえて決定する。

猶、任意の親睦団体としての記者クラブの存在は、長野県に於いても加盟各社の自由意思であり、これを妨げない。

2001年5月15日

長野県知事　田中康夫

クラブはメルトダウン　「宣言」発表後、「宣言」をめぐって次のような会見が行われた[2]。

―― 知事が代わった場合、週１回の定例会見は維持されるか。県側に都合の悪い場合、会見しない可能性も排除できないのではないか。

知事　少なくとも私が知事の職にある限り、宣言や説明の通りだ。表現者からの質問に対し、公人として、時間や姿勢において、最も開かれた形を取るよう心がけてきたといういささかの自負がある。知事が代わった場合、県としてどうするかは検討しなければならない。何らかの手だては、開かれた形で話し合っていく中で生まれてくると思う。

―― 任意団体としての記者クラブから会見の申し入れがあった場合はどうするか。

知事　突然の天変地異などを除けば、県として用意すると明言している中で、限りなくすべてに対処できると考えている。

―― 緊急の場合や「表現者」から会見の要請があった場合、個別に検討すると言っているが、その一つと考えて良いか。

知事　（会見を開かないという）可能性がゼロであるとか、決してあり得ないと言っているわけではない。県側として提示するあらゆる機会の中で、対応しきれると考えている。

――県と対立する住民がプレスセンターで会見を開く申し込みをした場合、県側が排除しない担保はあるのか。

知事　担保は今までの県や私の姿勢から判断していただくしかない。少なくとも、私が知事である限り、そういう形の可能性は杞憂であるとはっきり申し上げる。

―― 十一日の記者会見で「記者クラブはメルトダウン（炉心融解）しつつある」と言った。今回の宣言との関係は。

知事　あらかじめ横一線で、ある情報に解禁日時を指定することは、表現に携わる人間としては、一時の調和を重んずるあまりの、まさにメルトダウン行為であると思っている。

―― 今回の宣言が県政に与える影響は。

知事　実際に行わないと分からない。ただ、受け手の側がより多面的、多角的にご判断いただける機会は増える。

―― 会見の場は県庁だけにするのか。

知事　プレスセンターをほかの場所に設ける可能性もあると思うが、現時点において、費用対効果を勘案すれば、現在の記者クラブに置くことが現実的と考える。

「地方政治家の発作的行動」　田中知事は、同月21日、東京・有楽町の日本外国特派委員協会（ジェームス・トリース会長、会員2,000人）が主催した講演会でも、出席者200人に対して「『脱・記者クラブ』宣言」の趣旨を英語で説明した。「宣言については、どこも社説に取り上げていない。日本の報道機関は、護送船団方式で守られ、利益を得ている」と、日本のマスコミ批判をした。

田中知事が01年2月、就任早々のに打ち上げた「脱ダム宣言」は、新聞、テレビが大きく取り上げた。それに次ぐ、新聞自体の在り方についての問題提起である「『脱・記者クラブ』宣言」に対しては、地元紙・信濃毎日だけは時系列で、その後の動静を追ったが、全国紙は「社説に取り上げていない」どころか、田中知事が次のように指摘するほど紙面の扱いが小さかった。「象徴的なのが、会見当日の読売新聞の紙面です。社会面でベタ記事扱い。〈脱・記者クラブ』宣言〉という単語さえ使っていない。おまけに、長野県版での県政面でも、一字も触れないという徹底ぶりでした。ナベツネ読売は、宣言自体を黙殺したいんでしょ。なのに抗議（「宣言」に対する記者クラブから知事への抗議文提出）には参加するなんて、読売は意思のない護送船団の一員だよね。逆に産経新聞は、松本市長が『ウチは記者クラブを続けます』と言ったという記事を、デカデカ掲載し、『脱・記者クラブ』宣言を出した田中がおかしいと言いたげな報道をする。本当に私が言っていることが問題と思うならば、正面から正々堂々とぶつかってくるべきですよ」[3]。

「ナベツネ読売は、宣言自体を黙殺したいんでしょ」という田中の読みの通りに読売新聞社長で、新聞協会会長の渡邉恒雄は、同年10月16日、福岡市で開かれた第54回新聞大会で行った会長挨拶で[4]、「『脱・記者クラブ』宣言」を揶揄した。その一方で、記者クラブについて新聞協会の「見解」を見直す

と述べた。

「長野県知事の起こした記者クラブ問題は、地方政治家の発作的行動であって、他の多くの自治体が、これにならうことがなかったことは、喜ばしいことであります。協会の編集委員会は現在、記者クラブの役割や存在意義等について、一般読者にも容易に理解を得られるよう『見解』の全面的な見直しを進めています。いずれにしても長野県の例は、協会加盟社の正当で真剣な取材の障害となることはなく、一時的、局地的現象に終わるものと確信しております」。

渡邉は、「『脱・記者クラブ』宣言」という表現を避けて、「長野県知事の起こした記者クラブ問題」と表して、この問題が「一時的、局地的現象に終わるものと確信して」いるとしながらも、「記者クラブの役割や存在意義等について」見直すとアンビバレントな言及をしてみせた。「長野モデル」が、全国、特に東京の取材源機関に波及するのを懸念して、記者クラブの在り方を見直そうとしたのであろうか。

2．異例・県主催記者会見

県政クラブが知事に抗議　宣言発表後、新聞協会加盟社で構成する県政記者クラブは、総会を重ね、対応を協議した。5月22日は宣言発表後、宣言で示した県主催初めての知事会見予定日である。総会では、クラブが一体となって対応する姿勢をとることは各社共通した。だが、宣言そのものに対する評価や、記者室撤去については、会見前夜まで各社の意見はまとまらなかった。各社の認識が一致したのは、記者会見の主催問題。結局、「県主催の会見は、認められない」という申し入れを盛り込んだ抗議文[5]を会見の日の午前になって提出した。

長野県知事　田中康夫殿

2001年5月22日

長野県政記者クラブ

定例記者会見を県主催とすることへの抗議と申し入れ

　知事が5月15日の記者会見で明らかにした「『脱・記者クラブ』宣言」で、定例記者会見を現在の「県政記者クラブ」「県政専門紙記者クラブ」「県政記者会」の3クラブ共催から「県主催」に変更すると一方的に通告したことに抗議します。
　会見をどこが主催するかは、公権と報道のあり方にかかわる重要な問題であり、知事がクラブ側と何ら協議することがないまま、県主催への変更を表明したことは遺憾です。
　日本新聞協会編集委員会は97年12月にまとめた「記者クラブに関する見解」の中で「公的機関の記者クラブがかかわる記者会見は、原則としてクラブ側が主催する。記者クラブに加盟していないメディア、記者の取材活動を阻害してはならない」との考え方を示しており、私たち県政記者クラブの報道機関もこの見解を踏まえ、定例会見を開いてきました。
　県主催の会見は、公権の都合で左右されたり情報操作が行われかねない問題をはらんでおり、一方的な変更は認められません。交換もないまま、突然一的に出されました。日々の取材活動に大きな支障をきたす恐れがあり、このまま受け入れることはできません。県政記者クラブとしては、今後も記者クラブ主催の定例会見を求めます。

知事会見は論戦の場に　22日午後の知事会見は、記者クラブ主催から県主催に変更。県庁内の3クラブ加盟社のほかに、フリーライターや政党機関紙記者、NPO団体関係者ら約100人が出席した。県側は、記者だけではなく、対象を表現者に広げたので、名称を「定例記者会見」から「定例会見」に変えるとした。

VII. 脱・記者クラブ

　県政記者クラブ幹事社の信濃毎日記者が、同年4月以降、会見前日まで申し出があれば、クラブ加盟社でない記者も会見に参加でるよう改めたことを強調して、クラブ主催会見の必要性を説いた。これに対して、田中知事は、「赤旗、聖教新聞など政党機関紙、宗教団体の新聞が会見に締め出されている」「県政記者会加盟の松本を中心に7万部以上発行する市民タイムスが県政記者クラブの記者室で行う会見に01年8月からオブザーバー参加さえ認められなくなった」事例を引き合い出して、「これまでの記者クラブは開かれていたか」と逆質問。また、知事は、「宣言を県内版で1行も報じていない新聞があり、これこそ情報操作ではないか」[6]と批判した。会見は論戦の場となり、議論はかみ合わず、主催権問題は結論が出なかった。

　県政記者クラブは、5月30日、知事に対して、①プレスセンター（仮称）の開設、運営方法について具体的な全体像を提示を求める　②5月22日付の「定例記者会見を県主催とすることへの抗議と申し入れ」について、文書回答を求める−の申し入れをした。

　6月4日、知事から県政記者クラブに回答した。①プレスセンター（仮称）の開設、運営方法について早急に素案を提示するとともに記者クラブ加盟社及び全ての表現者との話し合いの場を設定して協議していきたい　②「『脱・記者クラブ』宣言」やその後の知事会見で申し上げた通り、今後は県主催で知事会見を行っていきたい。

会見に市民も参加　　知事の県政記者クラブへの回答から3日後の6月7日開かれた定例知事会見には、県庁西舎4階会議室に県庁内記者クラブの記者のほかに東京から出向いたジャーナリストら約100人が集まった。会見は約1時間半近くに及んだが、焦点の記者会見の主催権問題について、双方口火を切らない。

　会見の終わりに知事が、この問題に触れた。「主催はどうであれ、会見の場で質問する表現者の気概があれば言論の自由は保たれる。県主催ならそれが保たれないというのは、気概のなさを自ら露呈するようなものではありませんか」。こう言い放って「以上です」[7]と会見を締めくった。

　知事会見のスタイルは、定着した。週1回、県庁5階に新設された会見場

で開かれる。毎回、クラブ加盟社の記者50～60人に加え、政党機関紙の記者、インターネットで県政情報を発進する市民ら10人が出席する。質問者は、挙手して、知事に指名されると、所属と氏名を名乗る。即日、県のホームページにやりとりが載せられ、数日後にテープを起こした質疑応答が質問者の実名入りで掲載される。

　田中知事は、記者クラブの閉鎖性を突いて、開かれた会見のスタイルを変えたのだが、肝心の会見の主催権をめぐっては、「宣言」から10カ月たっても、記者クラブと知事側で見解が分かれたままである。

3．開かれた「表現道場」

記者室を「表現センター」に改装　　「宣言」で「長きに亘って空間を無償で占有してきた」長野県庁内の3記者クラブの記者室の撤去し、プレスセンター（仮称）設置すると明らかにした方針について、6月12日、田中知事はプレスセンターの名称を「表現道場」とすることを発表した。

　表現道場という名称について、信濃毎日は、こう評した。「県民生活に密接な報道活動と、時に文学的活動や言葉遊びも含まれる表現活動一般を同列にしてよいか、そのために三千万円余の予算を使うことが県民益と言えるのか、論議を呼びそうだ」（01年6月13日付）。表現道場は、02年2月から「表現センター」に改称された。

　表現道場は、3階の記者室を改装し、いすや机、棚、有償のファクスやコピー機を設置し、県側が広報発表したり、個人や民間団体が予約して会見を開く場に利用する。1階の記者室は利用者が執筆作業できる「表現工房」、2階の記者室は利用者の携帯物を有償で保管する「表現倉庫」とすることとした。3記者室の改修工事に2,594万円、備品購入費488万円、計3,082万円を6月補正予算案に計上された。

　新規予算支出を伴わない改革では、01年5月17日から記者クラブを対象に提供していた報道発表資料を県庁1階のエレベーター横に掲示板を設置して掲示を始めた。また、県の発表資料は、クラブ加盟社以外の報道機関、そ

Ⅶ. 脱・記者クラブ

れに個人にも希望に応じて配布するように改められた。

県会、記者室撤去予算否決　6月27日開かれた6月県会の一般質問で、表現道場設置案について質疑が交わされた[8]。

―― 記者室の廃止・改装に3,080万円余を計上する無駄遣いが許されるのか。
知事　多くの県民益をもたらし、開かれた表現活動を保障するためである。6月末で記者室を廃止する。廃止後、表現者のため100席の座席を備えた施設に改修する予算を計上した。
―― 記者クラブと協議して進めるべきだ。便宜供与がけしからんなら、応分の負担を求めればいい。
知事　「宣言」後、1カ月以上にわたって、ご異義やご提案はいただけなかった。

6月県会本会議の質疑に基づいて、7月4日、県会総務委員会で記者クラブへの便宜供与問題が取り上げられた。

―― 記者室撤去・表現道場設置は、記者クラブと合意していないのではないか。
―― 既に「仮設表現道場」の看板がかけてある。予算可決前に既成事実化するものだ。
政策秘書室長　知事に「宣言」を撤回する意思はない。既に記者室からの撤退は終わっており、仮に予算を承認していただけないとすると、仮設として開いた現状の対応でやっていかざるを得ない。

県会、記者室改修案を再否決　記者室撤去・表現道場設置事業費3,082万円を削除する修正案が、7月6日の6月県会本会議で可決された。望月雄内・総務委員会委員長が削除する理由を説明した。「記者クラブなどがいまだ合意しておらず、豪華で過剰な設備。県民の理解が得られない」。共産党議員は削除案に反対討論し、「記者室改修で県民に開かれたスペースができることを歓迎する」と述べた。

記者室撤去・表現道場設置事業費案が否決された裏事情を、6月県会開会の時期に田中知事は「週刊文春」(01年7月19日号、169ﾍﾟ)のインタビューで説明した。「『脱・記者クラブ』に反対するNHKの記者がね、『予算案を否決してくれ』と根回しに来たと複数の議員が言ってる。公共放送って凄いんだぁ(笑)」。

　県は9月県会に、記者室を表現道場に改修する予算案を再提出した。再提案に当たり、改修計画を見直し、1,200万円余減額した1,790万円の予算案とした。県政会、県民クラブ、社会県民連合の3会派は「記者クラブとの合意ができていない」などを理由で削除を提案。共産党は「最低限の整備は必要だ」と予算修正に賛成。本会議で、否決された。

　本会議後の知事会見で、「仮設の現状は支障がある。有益な予算と思うので、既存の記者クラブや表現者と話し合いは今後も行う」と説明した。

　01年度の6月県会と9月県会と2度も否決された仮設表現センター改修関連経費は、02年度当初予算案に計上しなかった。既存の仮設表現センターや設備を使う。

　「仮設の現状」について、朝日新聞(02年1月26日付)は「長野県『脱・クラブ』宣言から8カ月」でこう伝えている。「長野県庁では、朝日新聞など16社でつくる『県政記者クラブ』があった。この部屋がなくなった。それに代わる会見場には、机といすが並ぶだけ。記者は空いた机で原稿を書き、携帯電話で送稿する。(中略)そもそも、それまでのクラブの閉鎖性を知事に突かれたのが宣言の意味だった。記者室などの便宜供与がなくなった分、貸し借りなしで知事と記者側が議論し合える環境になった」。

4．知事・市長主導でクラブ改革

　記者クラブ改革は、首都周辺の3人の自治体首長が手をつけた。いずれの首長も活字メディアにかかわりをもっている。新聞、出版界の表裏の事情にも通じているだけに、ニュースソースである公権力者の座に居ると、記者クラブの在り方を改めたくなるのであろう。

Ⅶ. 脱・記者クラブ

　先行したのは、元朝日新聞記者の竹内謙・鎌倉市長。96年、新聞協会加盟の6社で構成していた鎌倉記者会が占有していた市庁舎内の記者室を利用登録したメディアの記者全員に開放し、記者会見の主催者を記者クラブから市に変えた。

　次いで、作家で新聞時評執筆者の田中康夫・長野県知事。01年、「『脱・記者クラブ』宣言」を発して、鎌倉市と同じように県庁舎内の設けられていた3つの記者クラブが占有していた記者室を撤去した。それに変えて、田中特有の表現を使った「表現者」であれば、誰でもが出入りできる「表現センター」を庁舎内につくった。記者クラブが主催権を握っていた知事記者記者会見を知事主催の「会見」に切り変えた。会見主催権については、クラブ側と合意を得ないまま、クラブ所属記者もインターネット通信をしている市民、政党機関紙の記者、在京のフリーライターも同席で定例知事会見を続行。記者クラブ配布資料は、掲示板に張り出す。クラブ所属記者もオープンスペースの表現センターの空いている机で原稿を書き、携帯電話で原稿を送る。県庁舎内からクラブ占有の記者室は消え、記者クラブへの便宜供与もなくなった。「長野モデル」は、新聞協会加盟社で構成する寡占情報体制の記者クラブの問題点とされる排他性閉鎖性、発表ジャーナリズム、それに取材源機関からの便宜供与をほぼ「脱」した。

　長野県の田中知事が、01年6月末までに記者室を撤去する、と宣言した同じ6月、作家でもある東京都知事・石原慎太郎は、都庁内にあった3つの記者クラブが占有している3つの記者室の使用料を徴収する、と発表した。この方針は、一旦撤回されたが、3カ月後の9月、都庁の記者室に常駐する新聞、通信、放送の各社と占有面積に応じて、光熱費、水道料、清掃料を負担する契約を結び、10月から徴収した。02年はじめ、有楽クラブと鍛冶橋クラブが合併して、都庁記者クラブをつくった。都は、都庁記者クラブに加盟していない報道機関が使える共用記者室を設けた。記者クラブに供与していたランニングコストを取り止め、加盟社負担に切り替え、一方、クラブ未加盟社の記者にも記者室使用に便宜をはかった。後述する新聞協会編集委員会が02年1月に発表した記者クラブのあり方についての新しい「見解」で記者室

の「利用に付随してかかる諸経費については、報道側が応分の負担をすべきです」と提案したが、その提案を先取りしたことになる。
　新聞協会の渡邉会長は、新聞大会の挨拶で、「『脱・記者クラブ』宣言」、その実施に対して、「長野県知事の起こした記者クラブ問題は、地方政治家の発作的行動」と誹謗しながらも、「一時的、局地的現象に終わるものと確信しております」としきりに「長野モデル」が波及することにこだわった。
　現に、言葉を継いで「協会の編集委員会は現在、記者クラブの役割や存在意義について、一般読者にも理解を得られるよう『見解』の全面的な見直しを進めています」と強調した。
　長野県の県紙・信濃毎日（01年6月15日付）は、「『見解』の全面的な見直し」の状況を次のように報じていた。「日本新聞協会の編集委員会（信濃毎日新聞社など新聞、放送五十八社加盟）は十四日、東京の日本プレスセンターで開き、一九九七年十二月に同委員会がまとめた『記者クラブに関する見解』について、時代の変化に対応しているかどうかを見直す小委員会を設置することを決めた。田中知事の『脱・記者クラブ』宣言や東京都の都庁記者室使用料徴収申し入れ、さらに急速に普及したインターネットによる情報発信など、マスメディアを取り巻く状況の変化を踏まえ、記者クラブのあり方を再検討する」。信濃毎日の報じるところでは、記者クラブ改革の「長野モデル」と東京都の記者クラブへの便宜供与改定が、「見解」を見直す誘因のとなっている。

5．「記者クラブ」と「記者室」

記者「など」で構成　　新聞協会編集委員会は02年1月23日、「全国の記者クラブの基本的指針となる新たな見見解」を発表した。24日付の各紙は、そろって同じ趣旨の見出しを付けた。

　　読売「開かれた記者クラブ目指す」
　　朝日「より開かれた記者クラブに」
　　毎日「開かれた記者クラブへ　条件付け門戸開く」
　　中国「記者クラブ　開かれた自主的組織」

97年「見解」は、記者クラブを従来、「加盟各社の相互啓発や親睦」のため構成するとしていたのを「取材拠点」と改めた。97年「見解」を前面的に改めたという02年「見解」では、記者クラブの位置づけを拠点＝場から「組織」へと変えた。「記者クラブは、公的機関などを継続的に取材するジャーナリストたちによって構成される『取材・報道のための自主的な組織』」と規定した。

　その組織は、記者クラブの問題点の一つとされる排他性閉鎖性に対して、「記者クラブは、『開かれた存在』であるべきです」と謳った。「開かれた存在」の記者クラブの構成について、97年「見解」より門戸を広げた。但し、毎日の見出しが指摘するように条件が付いた構成である。「記者クラブは、日本新聞協会加盟社とこれに準ずる報道機関から派遣された記者などで構成されます」と定めている。97年「見解」には入っていなかった「記者など」の「など」が付け加わった[9]。それにしても、02年「見解」は、まず「記者クラブは、公的機関などを継続的に取材するジャーナリストたちによって構成される」と規定し、その中に「継続的に取材する」という条件が挿入してある。「見解」に付随する「解説」で「など」に当たるのは、「報道活動に長く携わり一定の実績を有するジャーナリストにも、門戸は開かれるべきだ」としている。

記者室は必要か　さらに、「記者室はなぜ必要か」という項目でも「取材の継続性」の文言をを伏せ込んだ。「記者室を記者クラブ加盟社のみが使う理由はありません。取材の継続性などによる必要度の違いも勘案しながら、適正な利用を図っていく」という。

　長野県では田中知事の「脱・『記者クラブ』宣言」の実施で、記者クラブが占有していた県庁舎内の記者室は撤去された。記者室は「開かれた存在」の「表現センター」に改修された。クラブ所属記者も「など」に当たるジャーナリストも長野県政を「継続的」に取材していない東京のフリーランサーも「報道活動に長く携わり一定の実績を有」していないインターネット通信を始めたばかりの長野市民も、「取材の継続性などによる必要度の違いも勘案」しないで、すべての表現者は「表現センター」で同席して県主催の知事会見に臨むことができる。

　これに比べて、02年「見解」は、「開かれた存在であるべきだ」と強調しな

がらも、「公的機関などを継続的に取材する」「日本新聞協会加盟社とこれに準ずる報道機関から派遣された記者などで構成」と規定している。半世紀にわたって新聞協会加盟社で固め、自主運営する慣行の現場の記者クラブが、再三再四出される新「見解」を真摯に受けとめて、規定を弾力的に解釈し、「など」に当たるジャーナリストの新規加入を受け入れるであろうか。その「など」に当たるジャーナリトの「実績」をどこで、どう判断するのか明確な記述は見当らない。

02年「見解」では、長野県知事が「脱・『記者クラブ』宣言」を実施して、記者クラブと記者室を別個のものとした実績には、触れていないが、「記者室はなぜ必要か」という項目で、記者クラブと記者室の関係を明記した。「注意しなければならないのは、取材・報道のための記者クラブと記者クラブのスペースとしての記者室は、別個のものだということです。したがって、記者室を記者クラブ加盟社のみが使う理由はありません」。

記者クラブと記者室の関係については、新聞労連も02年2月8日、「21世紀の記者クラブ改革にあたって――私たちはこう考える」を発表した。その中で、記者クラブへの参加は「原則として希望する取材者にすべて開かれる」としている。公的機関などにある記者室は、「クラブに加盟しているかどうかにかかわらず、すべての取材者が平等に利用できる」ものとして、新聞協会の02年「見解」よりもより「開かれた記者クラブ」を目指す改革を提言した[10]。

長野県知事が、「脱・『記者クラブ』宣言」を実施するに当たって、知事と記者クラブ側の意見が対立したのは、記者会見の主催権を情報供給源の知事と記者クラブのどちらが持つかについてである。知事は、県主催で定例会見を実施し、記者クラブ以外の、知事が表現者と呼ぶあらゆる人々も会見に臨んでいる。記者クラブ側は、02年「見解」が発表された時期に至っても、会見は記者クラブが主催すべきだ、という主張を譲らないままである。

02年「見解」では、記者会見の主催について、「公的機関が主催する会見を一律に否定するものではない」と、従来の新聞界の共通認識であった記者クラブ主催を修正した。その一方で、「公的機関が主催する会見は」運営などが「一方的判断によって左右される危険性」があるので、「記者クラブが主催す

るのは重要なこと」と付記してある。

　02年「見解」は、記者室の設置については、「公的機関にかかわる情報を迅速・的確に報道するためのワーキングルームとして公的機関が記者室を設置することは、行政上の責務であると言えます」。

利用経費は応分の負担　その上で、これも記者クラブの問題点とされる便宜供与に触れた。「記者室が公有財産の目的外使用に該当しないことは、裁判所の判決や旧大蔵省通達でも認められています。」と、司法と行政の判断をもって公的機関施設内に記者クラブが占める部屋の確保の正当性について念を押している。続けて「見解」の最後尾に「ただし」書きを副えた。「ただし、利用に付随してかかる諸経費については、報道側が応分の負担をすべきです」。ここにいう「応分の負担」とは、「諸経費」のうちどの程度のものであろうか。東京都が、02年「見解」発表に先立って、01年10月から都庁記者クラブ常駐社が諸経費を負担する契約を結んだ例がある。記者室を各社で区分けして占有する面積に応じて、光熱費、水道料金、清掃料などランニングコストを負担している。占有面積は平均30平方㍍、全国紙で月約5,000円。

　「見解」では、記者室設置は行政上の責務だと決めつけた。その責務と諸経費の報道側の応分の負担とは矛盾しないか、と元共同通信記者の同志社大教授・浅野健一は指摘する。「東京都と記者クラブ加盟社は、公的機関が行政の責務として公共目的のために置いている記者室からランニングコストをとるという全く理解に苦しむ協定を結んでいる。田中知事の試みに負けじと企画したのだが、加盟の新聞・通信、放送各社は個別に代表が都の財務当局者と協定にサインしている。『ザ・プレス』の自殺行為ではないか」。

「より開かれた」を強調　新聞協会編集委員会が02年1月に発表し、「より開かれた記者クラブに」と各紙が見出しを付けた『全国の記者クラブの基本的指針となる新たな見解』は、次の通りである[11]。

　取材・報道のための組織　記者クラブは、公的機関などを継続的に取材するジャーナリストたちによって構成される「取材・報道のための自主的な組織」です。

日本の報道界は、情報開示に消極的な公的機関に対して、記者クラブという形で結集して公開を迫ってきた歴史があります。記者クラブは、言論・報道の自由を求め日本の報道界が1世紀以上かけて培ってきた組織・制度なのです。国民の「知る権利」と密接にかかわる記者クラブの目的は、現代においても変わりはありません。

　ネット時代を迎え、種々の情報発進が可能になっています。公的機関の中には、ホームページ情報を直接発進しているケースもあります。しかし、情報が氾濫し、また情報の選定が公的機関側の一方的判断にゆだねられかねない時代であるからこそ、取材に裏付けられた確かな情報がますます求められていると言えます。そうした時代にあって、記者クラブは、公権力の行使を監視するとともに、公的機関に真の情報公開を求めていく重要な役割を担っています。

　記者クラブには、公的機関などが保有する情報へのアクセスを容易にするという側面もあります。その結果、迅速・的確な報道が可能になり、されにそれを手掛かりに、より深い取材や報道を行うことができるのです。(中略)

より開かれた存在　記者クラブは、「開かれた存在」であるべきです。日本新聞協会には国内の新聞社・通信社・放送局の多くが加わっています。記者クラブは、こうした日本新聞協会加盟社とこれに準ずる報道機関から派遣された記者などで構成されます。外国報道機関に対しても開かれており、現に外国報道機関の記者が加入するクラブは増えつつあります。

　記者クラブが「取材・報道のための自主的な組織」である以上、それを構成する者はまず、報道という公共的な目的を共有していなければなりません。記者クラブの運営に、一定の責任を負うことも求めれます。(中略)

　記者クラブが主催して行うものの一つに、記者会見があります。公的機関が主催する会見を一律に否定するものではないが、運営などが公的機関の一方的判断によって左右されてしまう危険性をはらんでいます。その意味で、記者会見を記者クラブで主催するのは重要なことです。記

者クラブは国民の知る権利にこたえるために、記者会見を取材の場として積極的に活用すべきです。

記者会見参加者をクラブの構成員に一律に限定するのは適当ではありません。より開かれた会見を、それぞれの記者クラブの実情に合わせて追求していくべきです。公的機関が主催する会見は、当然のことながら、報道に携わる者すべてに開かれたものであるべきです。

記者室はなぜ必要か　報道機関は、公的機関などへの継続的な取材を通じ、国民の知る権利にこたえる重要な責任を負っています。一方、公的機関には国民への情報開示義務と説明責任があります。このような関係から、公的機関にかかわる情報を迅速・的確に報道するためのワーキングルームとして公的機関が記者室を設置することは、行政上の責務であると言えます。常時利用可能な記者室があり公的機関に近接して継続取材ができることは、公権力の行使をチェックし、秘匿された情報を発掘していく上でも、大いに意味のあることです。

ここで注意しなければならないのは、取材・報道のための組織である記者クラブとスペースとしての記者室は、別個のものだということです。したがって、記者室を記者クラブ加盟社のみが使う理由はありません。取材の継続性などによる必要度の違いも勘案しながら、適正な利用を図っていく必要があります。

記者室が公有財産の目的外使用に該当しないことは、裁判所の判決や旧大蔵省通達でもみとめられています。ただし、利用に付随してかかる諸経費については、報道側が応分の負担をすべきです。

「長野モデル」の普及を　97年の「新見解」でも、「開かれた存在である記者クラブ」が打ち出された。それを検証するため、「週刊現代」が「七社会」など6主要記者クラブに加盟申請を試みて、すべて加盟を断られた。

「より開かれた存在」を謳った02年「新見解」が発表されると、今度は「22年間共同通信の記者を勤め、2年3カ月警視庁記者証を持っていた」浅野健一が、5年前の「週刊現代」と同じような試行をした。02年「新見解」で「公

的機関が記者室を設置することは、行政上の責務である」とされた3つの公的機関に、「私が記者室を使うことは可能かどうか尋ねた」のである。

次の回答が寄せられた。

①警視庁広報課＝クラブに加盟社以外の人が入るのは無理でしょう。記者室にはクラブ以外の人は入れない。

②宮内庁長官官房総務課報道第一係長・中山浩一＝記者会以外の記者が入ることは、皇居の中にあるという警備上のこともあって不可能だ。見解は25日付で郵送されてきた。新聞協会が決めたことで、こちらは何も変わらない。あなたが記者室に入ることはとてもむりだ。

③都知事本部政策報道部報道課長補佐＝新聞協会の見解で変わることはないと思う。あなたが取材したければ、報道課に申し込んでほしい。

以上の回答に対する浅野・元記者の見解である。「記者室に記者クラブ加盟以外の報道機関またはフリーの記者が入って、『取材・報道』できる日はいつ来るのであろうか。問われているのは記者室の記者クラブ以外への開放をどう実現するかである。(中略) 長野県庁にあった三つの記者クラブが使っていた記者室を廃止して、表現者はだれでも利用できる『表現道場』をつくろうとしている田中知事の英断から学び、全国に広めていく以外方法はない」。

閉鎖的な情報カルテル・記者クラブ、特に首都にある記者クラブが「長野モデル」のように開かれれば、横並び発表ジャーナリズムは解消する。紙面競争が盛んになる。新聞が多様化する。権力を監視するジャーナリズムとして競い合う。記者クラブが変われば、新聞が変わる。その構造改革は政治が、経済が、社会が変わる動因を用意することにほかならない。

---

1) 時事通信「地方行政」01年5月28日。
2) 「信濃毎日新聞」01年5月16日。
3) 週刊文春（01年5月31日号）「田中康夫［『脱・記者クラブ』宣言］に予想通り大新聞記者のいちゃもん」42ページ。
4) 「新聞協会報」（日本新聞協会、01年10月23日）
5) 「総合ジャーナリズム研究」（総合ジャーナリズム研究所、01年秋季号 №178）

62ページ。
6) 丸山昇「『脱記者クラブ宣言』炸裂の波紋」(「創」01年7月号) 462ページ。
7) 中国新聞・夕刊「長野県 脱記者クラブ宣言 知事vs記者収拾見えず」01年6月12日。
8) 「信濃毎日新聞」01年6月28日。
9) 浅野健一「日本新聞協会・記者クラブ新見解の限界 記者クラブはやはり『解体』しかない!」(「創」02年3月号) 参照、120ページ。
10) 朝日新聞「日本新聞協会・新見解を発表 より開かれた記者クラブに」参照、02年1月24日。
11) 中国新聞・朝日新聞「新聞協会編集委員会の見解」02年1月24日。
12) 前掲浅野健一「日本新聞協会・記者クラブ新見解の限界 記者クラブはやはり『解体』するしかない!」125ページ。

　　　　あ と が き

　文学部で、経済学とマスメディア論を担当している。野球用語を借りると、マスメディア論担当は、リリーフ登板した。先発した民放 OB の非常勤講師が病気で降板。「元新聞記者でしょう。来期から頼みます」と、教壇に立たされた。
　長年勤めた稼業である。新聞作法なら、ウォーミング・アップなしでも伝授できる。だが、聴講者の多くは記者志望ではない。教師の都合で新聞作法を押しつけても、聴講者の耳目を属さないだろう。教室の多数派は、読者だ。新聞の在り方、特にその特性を取り上げれば、新聞の読み方に役立つであろう、と独り合点した。
　その時期、経済学で、競争・寡占・独占について講義していた。新聞産業も寡占だ。全国紙は同調的値上げを繰り返して、公正取引委員会から寡占業種の指定されていた。同一産業の市場を少数の企業で占有し、その企業同士が産業全体の利潤を上げるため協定して、競争を避け、同調的行動をとる横のカルテル行為は、原則として独占禁止法で禁じられている。経済学では、そう解説する。新聞産業は、新聞代の値上げで同調的行動をとってきた。それに、新聞は著作物として独禁法の適用が除外される縦のカルテルと呼ばれる再販売価格維持制度の対象とされている。日本の新聞が、縦・横のカルテルを結合させて販売している特異な商品であることを、リリーフ教師は改めて認識させられた。教えることで、学ばされるわけだ。
　時あたかも、再販制度の存廃をめぐって、公取委と新聞協会が激論を交わしていた。廃止論の公取委、存続派の新聞協会双方が持ち出すその主張理由は、それぞれの視点から新聞産業の形成過程・構造・市場行動の特性を浮き彫りにしてみせてくれた。
　学生が読み解くことができる新聞、その特性を、マスメディア論の 3、4、

5番に据える打線を組むことにした。講義ノートに「新聞の特性」を書き込むため、昔操った杵柄を振るってみた。搗きこなれていないのが気になったが、その1部を「安田女子大学紀要」に3編分載した。

「寡占・日本の新聞産業――ヤヌスの巻」（安田女子大学紀要　No.30 2000年）
「寡占・日本の新聞産業――『江戸の敵』の巻」（安田女子大学紀要　No.31 2001年）
「寡占・日本の新聞産業――『パンドラの匣』の巻」（安田女子大学紀要　No.32 2002年）

さらに、「安田女子大学紀要」2003年版に「寡占・日本の新聞産業――『信濃の乱』の巻」を掲載する準備をしていた。この年、安田女子大学平成13年度研究助成費が交付された。

研究助成費交付を決定して下さった河野眞学長に、お礼を申し上げます。

助成費で、「寡占・日本の新聞産業――形成・構造・行動――」にまとめて出版することが認められた。出版を機会に、紀要に分載した小論をほぼ全面的に書き改めた。但し、統計や資料は再使用した。少々古くなりかけた数字がまぎれ込んでいる。

東京・永田町で勤める長女の林かおりは、資料と情報の収集に努めてくれた。

畏友の木村逸司・渓水社社長には、旧式のワープロで打った原稿を整える手数を煩わした。渓水社には、この度も丁寧な本作りをして頂いた。感謝します。

2002年3月

林　立　雄

著者 林　立雄（はやし　たつお）
　　1956 年 中国新聞社入社
　　1996 年 安田女子短大教授

著書―『戦後広島保守王国史』（溪水社）
　　『朝鮮訪問記』（共著、そしえて）
　　『丸山眞男と広島―政治思想史家の原爆体験―』（編著、広島大学平和科学研究センター）

論文―「女子大学文学部『経済学教育』のあり方―ヤヌスの如くに―」（「経済学教育」19 号、2000 年 4 月）など

寡占・日本の新聞産業
――形成・構造・行動――

　　　　　　　　　　　平成 14 年 3 月 25 日　発　行

　　著　者　林　　立　雄
　　発行所　㈱溪水社
　　　　　　広島市中区小町 1 - 4　（〒 730-0041）
　　　　　　電話（082）246-7909／FAX（082）246-7876
　　　　　　E-mail：info@keisui.co.jp
　　　　　　URL：http://www.keisui.co.jp

ISBN4-87440-704-8 C3036